国务院侨务办公室立项

彭磷基外招生人才培养改革基金资助

Writing

大学写作

主编 ◎ 聂巧平

暨南大学出版社
JINAN UNIVERSITY PRESS

中国·广州

图书在版编目（CIP）数据

大学写作/聂巧平主编．—广州：暨南大学出版社，2014.8（2021.7 重印）
ISBN 978－7－5668－1096－0

Ⅰ.①大…　Ⅱ.①聂…　Ⅲ.①汉语—写作—高等学校—教材　Ⅳ.①H15

中国版本图书馆 CIP 数据核字(2014)第 166259 号

大学写作
DA XUE XIE ZUO
主　编：聂巧平

出 版 人：张晋升
策划编辑：史小军
责任编辑：梁嘉韵　王莎莎
责任校对：王雅琪　周优绚
责任印制：周一丹　郑玉婷

出版发行：暨南大学出版社（510630）
电　　话：总编室（8620）85221601
　　　　　营销部（8620）85225284　85228291　85228292　85226712
传　　真：（8620）85221583（办公室）　85223774（营销部）
网　　址：http：//www. jnupress. com
排　　版：广州市天河星辰文化发展部照排中心
印　　刷：佛山市浩文彩色印刷有限公司
开　　本：787mm×960mm　1/16
印　　张：19.5
字　　数：335 千
版　　次：2014 年 8 月第 1 版
印　　次：2021 年 7 月第 5 次
印　　数：12001—12800 册
定　　价：38.00 元

序

聂巧平

中国古人有“三不朽”之说：“太上有立德，其次有立功，其次有立言。虽久不废，此之谓不朽。”（《左传·襄公二十四年》）“立德”指做人，“立功”指做事，“立言”指做文章。魏文帝曹丕云：“盖文章者，经国之大业，不朽之盛事。”（《典论·论文》）日本汉学泰斗吉川幸次郎在《中国文章论》中，开篇第一句话即说：“在中国人的意识里，做文章——即把想用语言表达出来的东西用文字写下来——是人间诸生活中最重要的事情。……由此而来的结果，文章作为人格的直接象征，在中国人的生活中，至少在已往的生活中，占有着极其重要的位置。”此言不虚。的确，对传统的中国人而言，无论怎样美誉文章之事都不为过。

“写作”是一门科学，它有独立的理论、规律和知识系统。我国古代的文章学之成立，殆在宋代。其主要标志在于专论文章的独立性著作开始涌现，如陈骙《文则》、吕祖谦《古文关键》、真德秀《文章正宗》和李淦《文章精义》等。明清时期是我国文章评说的繁荣时期，如明代归有光《文章指南》、茅坤《唐宋八大家文钞》与清代刘大櫆《论文偶记》、曾国藩《鸣原堂论文》等即是著例。近代林纾《春觉斋论文》和《韩柳文研究法》，是对传统文章学理论的总结。现代的写作学科则正在建立和发展中。学习写作，必须掌握一定的写作理论知识。例如，从文体讲，有记述文、议论文、说明文，还有实用性的新闻通稿、公函等，每种文体都有其独特性与具体要求，有其必须遵守的体式规范；从写作过程讲，从选材、构思到语言的表达，每个环节都有具体的理论和科学方法；从文章构成的要素讲，材料、主题、结构、语言以及语言的表达方式等，也都有理论与内在的规律。掌握这些基础理论知识，对于学习写作具有普遍的指导意义。

“大学写作”是大学阶段的一门公共基础课，其基本任务是引导学生学习写作通论知识，领会写作的要义与妙处，培养自觉的文体意识和较高的写作能力。文章是人们进行社会交际不可缺少的手段，学好“大学写作”自然是非常必要的。

文章贵在自得，如人饮水，冷暖自知。虽然写作需具备必要的理论知识，但是一切理论都有其适用的范围和局限性。如清代章学诚《文史通义·文理》曰：“至于不得已而摘记为书，标识为类，是乃一时心之所会，未必出于其书之本然。比如怀人见月而思，月岂必主远怀？久客听雨而悲，雨岂必有愁况？然而月下之怀，雨中之感，岂非天地至文？而欲以此感此怀，藏为秘密，或欲嘉惠后学，以谓凡对明月与听霖雨，必须用此悲感方可领略，则适当良友乍逢，及新昏宴尔之人，必不信矣。是以学文之事，可授受者规矩方圆，其不可授受者心营意造。”文章之道有可道者，有不可道者。可道者，不过授人以大概的规矩方圆。至于作者“心营意造”的独特感悟，则难以道者。与输入型的语文学习最大的不同之处在于，写作是一种输出型的、创造性的脑力劳动，它是作者的智慧、意志与生活阅历、思想感情等多种素质的综合体现。《文史通义·文理》指出了这个道理，“故古人论文，多言读书养气之功，博古通经之要，亲师近友之益，取材求助之方”。写作能力的提高，主要是通过写作者自己的生活感悟、揣摩研习与系统的习作训练等多种途径获得的。因此，综合性、创造性和实践性是写作课的主要特点。

本书各章末所附例文，选自海内外华人的文章，篇篇堪称精品，形式与风格多样化，而且各章结合具体的写作知识做了适时的解读，相信对读者会有所启发。

是为序。

2014 年 8 月 19 日于暨南园

目 录

第一章
言之有物（上）

立德、立功、立言称之为人生的“三不朽”。关于“立言”之旨要，隋唐间大儒孔颖达疏曰：“立言，谓言得其要，理足可传。其身既没，其言尚存。”意思是所立之言只有理足言正，才能传世。清代章学诚《文史通义·文理》曰：“夫立言之要在于有物。”言之有物，就是要求所立之“言”有充实之“料”。

具体而言，言之有物，是指文章含有具体而实在的思想内涵，能反映出作者独有的生活经验，对宇宙万物有自己独到的思考与识见，具有独特的审美价值。与“言之有物”相对的就是“言之无物”，即说空话、假话、废话、套话，人云亦云、无病呻吟。真正意义上的写作，不管是作为自由表达个人情感与思想的个人化写作，还是用于人际交流或实际事务、工作需要的应用型写作，都应该言之有物，否则就失去了表达的价值。所以，言之有物是判定文章价值的基本标准。写作如果不能达到言之有物的要求，那么它即使在其他方面（比如语言文字）达到很高的水平，也不能算是成功的写作。

言之有物的“物”，就是通常所说的书写文本，即文章的内容，包括材料和思想。本章主要讲写作的材料问题。

第一节　材料的含义与作用

一、材料的含义与类别

（一）什么是写作的材料

材料，是指被写作者用来提炼和表现文本思想的那些事实、现象、理论、言论、数据等。对于“材料”应作宽泛的理解。

“材料”的概念有广义和狭义两种。广义的“材料”泛指被写作者关注并意识到具有某种写作价值而予以搜集积累以备选用的一切原始资料，也被称为素材。狭义的“材料”则是专指经过写作者的选择和加工，已被使用到文本之中，成为文本的构成要素之一的那一部分素材。对写作者来说，既要广泛地积累、储存各种素材以备今后写作之需，又要在写作之时对所积累储存的丰富素材进行精挑细选，以便恰当地用于文本之中。

写作的过程，就是一个从摄取写作材料，到选择和加工写作材料，最后运用语言把加工的成果艺术性地表现出来的过程。没有足够的写作材料，写作者就会感到“巧妇难为无米之炊”，写不出精彩的文章来。很多学习写作的人，往往都有一种共同的感受和经历——绞尽脑汁也写不出来。提起笔，却不知写些什么、从哪里写起，这样的写作状态显然难出佳作和精品，写作者自己也备感煎熬和痛苦。这主要是因为写作者所掌握的写作材料极其匮乏，故不可能有左右逢源、游刃有余的写作状态。

（二）材料的类别

从形态上看，材料主要分为两大类，即事实性材料和观念性材料。

1. 事实性材料

所谓事实性材料，是指客观存在的现实或者材料所反映的事物，主要包括历史记载、统计数据、实际发生的事件等，还可以是虚构与想象性的，比如神话传说、科学幻想、自编的故事等。事实性材料既可以通过自己亲身实践获得，也可以通过各种媒介和信息载体获得。

2. 观念性材料

观念性材料是指被社会实践证明了的理论知识和方法，主要包括各种理论、观念、常识和法则等，譬如名人和名著中的名言、论断，各种定理、规律、公式，以及民间的谚语、俗语等。观念性材料主要通过阅读和学习等途径获得，但这些材料很多时候也需要通过自己的亲身实践去验证。名人说的、书上写的，并不一定都是正确可信的，也需要根据自己的实践去求证其真实与否。

二、材料的作用

材料的作用十分显著。实用性文章中，科学的思想和正确的观点，不是凭空产生的，而是从大量确信的材料中分析和归纳出来的。只有建立在材料分析基础之上的主题，才有可能满足“正确”和“准确”的要求。在学术论文的写作中，材料的意义也显得格外重要。不占有大量的丰富的材料，就无法科学选题；只有掌握了充足的材料，才有可能发现较好的选题。如果不熟悉别人已有的研究成果就擅自选题，就会导致重复选题、低水平研究的弊病。同样，文学作品的主题也不是“天外来物”，它也是诞生于丰富的生活素材基础上的。那些经过加工的素材即题材，被称为主题的载体。

材料的作用，具体有以下几点：

第一，材料触发写作意愿。作者往往是在某种偶然的机缘之下，受到某个或某些素材的刺激而产生想法或情感，于是将它诉诸文字，写成文章。

第二，材料产生写作的主旨。文章的立言命物不是凭空产生的，而是来自于作者对素材的分析、研究或感悟。

第三，材料表现主题思想。文章的主题思想，不管是表现为观点、情感、知识、形象还是其他，都需要通过材料来呈现。材料是文章思想的载体。

第四，材料充实文章内容。材料是一篇文章内容的物质基础，俗话说“巧妇难为无米之炊”，没有原料就生产不出产品。有很多文章内容空洞，说服力或者感染力不强，原因就在于缺乏足够的材料。

总之，文章质量的高下与作者自身所储备之“料”有密切关系。例如，钱锺书先生的《宋诗选注》是一部大家熟悉的普及性读物，这部小部头著作虽小却不简单，学术分量极重，为海内外中国古典文学研究者所钟爱。究其原因，得益于该作品的材料功夫。其注释或评解往往有理有据，头头是道。如宋代陆游《游山西村》“山重水复疑无路，柳暗花明又一村”，《宋诗选注》对这一名联的渊源进行了详细的考证：

这种景象前人也描摹过，例如王维《蓝田山石门精舍》：“遥爱云木秀，初疑路不同。安知清流转，忽与前山通”；柳宗元《袁家渴记》：“舟行若穷，忽又无际”；卢纶《送吉中孚归楚州》：“暗入无路山，心知有花处”；耿沣《仙山行》：“花落寻无径，鸡鸣觉有村”；周辉《清波杂志》卷中载强彦文诗：“远山初见疑无路，曲径徐行渐有村”；还有王安石的《江上》：“青山缭绕疑无路，忽见千帆隐映来”。不过要到陆游这一联才把它写得“题无剩义”。

最后一句话“不过要到陆游这一联才把它写得‘题无剩义’”，表达对陆游的敬意。不过，钱锺书先生提醒我们，这句名联不是孤立存在的，也不是没有来源的。至于陆游是否参考了前人的作品，钱锺书虽然没有指出，但是，这样的旁征博引以明其渊源，无疑能给后世学者带来新的思考与启发。

第二节　文学作品的材料与实用性文章的材料的不同特点

文学作品的材料和实用性文章的材料不但分类略有差异，而且二者的性质和特点也存在着较大区别。

一、对真实性的要求不同——艺术真实与生活真实

文学作品的材料和实用性文章的材料都要求真实典型。但是，文学作品的真实与实用性文章的真实不同。实用性文章的真实，是指材料所反映的内容必须是现实生活确实发生的，就连一个数字、一个百分比也必须保证准确无误。在实用文写作中，作者无论是选择材料还是使用材料，都必

须格外注意正确性和准确性，绝不能疏忽大意，否则会给我们的工作和生活造成意想不到的损失。文学作品也提倡真实，但它指的是艺术的真实，只要合乎情理，能够反映生活本质即可，不必要求真有其事。不仅亲身实践得来的材料可以进入作品中，就连那些道听途说的、历史传说中的，甚至于想象的，也同样可以根据创作的需要成为写作的材料。譬如梁祝“化蝶”的故事从生活真实的角度看无疑是虚假荒诞、不可思议的，但从艺术真实的角度看，却完全符合真实性的原则，它真实地表现了现实生活中人们对忠贞不渝的爱情的赞美与向往之情。梁祝的爱情故事千百年来一直为人们所传颂，正表明了它的真实性和感染力所在。而实用文写作强调实事求是，没有调查就没有发言权，最忌道听途说、以讹传讹，一切虚构的材料都与实用文写作无缘。

二、在文章中所处的地位不同——主导地位与从属地位

文学创作主要运用形象思维，生活现象和生活事件是作品主要的甚至是全部的内容。作品主题一般是渗透于内容中的，具有委婉含蓄和多义的特点，很少直截了当、明明白白地表现出来。因此，在文学作品中作者着力表现的是材料，读者阅读和欣赏的主要内容也是材料，理论批评者对作家作品的把握一般也要从材料入手。因此，文学作品的材料处于相当重要的地位。而实用文写作主要是靠逻辑思维，提出和论证主题是其写作的根本目的。实用性文章材料的使用是为了说明主题或证明主题，使读者更好地理解主题、接受主题。因此，在实用性的文章中，材料明显地处于从属地位。

如冰心的散文《说梦》中作者对海外朋友们的种种思念，主要是通过一组组梦境展现出来的。虽然在文章的结尾处，作者留有点睛之笔：

> 梦中当然欢乐，醒后却又有些辛酸。但我的灵魂寻到了一个高旷无际的自由世界，这是我的躯壳所寻不到的，我愿以我的“奇泪”和一缕情思，奉献给我海外的梦中人物！

但是，整个文章给人印象最深刻的地方仍然在于一连串的梦境描写，这些梦境的材料显然正是文章的重心和精彩之所在。读者所倾心的阅读对象就是“我梦见”的具体内容，那些梦中的海外人物和景色，寄托了作者

对海外朋友们的思念之情。这些梦境是作者的情感寄寓物，也是读者审美的对象和目标，因而它们在文章中占据了相当重要的位置。

三、选材的范围不同——广泛自由与严格限制

文学创作往往没有直接的功利目的，它只是满足人们的审美需要而已，因此文学作品的选材范围就比较广泛而自由，受限制较少。而应用文写作往往具有直接的功利目的，作者要根据写作意图和工作需要去搜集和选择材料，因此它的选材范围相对而言没有那么广泛和自由，所受的限制较多。

文学作品的材料都是比较感性和生动的，包括各种人物、树木花草、神魔鬼怪、飞禽走兽、民俗传说等，无论是真实的还是虚幻的，无论是有形的还是无形的，总之，天上人间的一切事物几乎都可以成为文学写作的材料，这些材料都可以经过作者情感的投射和构思的选择而成为文学描写的对象。

实用文写作讲求实用性和时效性，为适应这一特点和要求，实用文的主题在文章中居主导地位，只有和主题相关的材料才会被搜集、选择和使用。主题支配着写作的全过程，材料只是主题的附属品。因此，实用文写作的材料不能由个人主观的情趣和爱好来选择与使用，必须紧密配合主题思想的主导方向，以此来决定如何选材。那些反映风花雪月、儿女情长的个人话语可以成为文学作品的题材，那些反映经济、政治和文化发展的国家话语也可以成为文学作品的题材。文学作品的题材几乎无所不包。但是，实用文写作的选材却总是受到专业和工作的限制，往往把那些非专业领域的、非当前工作需要的材料都过滤了，只保留那些与主题思想最密切的材料。由此可见，实用文写作的选材不能像文学创作那样自由、灵活和多变，它的选材范围远不及文学作品那样广阔。

第三节 材料的积累、选择和使用

一、材料的搜集和积累

一个人的写作素养往往与占有材料的多少有着密切的关系，要想写出好文章，首先就要从积累材料做起。材料是一切写作活动的基础，要使文章言之有物、言之有理，就必须有足够的准确翔实的材料来支持。写作能力不仅体现在写作过程中，而且还体现在写作的准备过程中，写作者所占有的材料是否丰富，这会直接影响到文章质量的优劣。

对于材料的积累，著名作家茅盾曾这样比喻过："采集之时，贪多务得，要跟奸商一般，只消风闻得何处有门路，有货，便千方百计钻挖，弄到手方肯死心，不管是什么东西，只要是可称为'货'的，便囤积，不厌其多。"（《有意为之——谈如何收集题材》）

材料的积累大致有两种情况：一种是平时点滴积累，一种是现用现搜集。平时积累，就是要养成随时随地留心和记忆材料的良好习惯，这样占有的材料就量多面广，可以为写作提供取之不尽用之不竭的源泉。现用现搜集就是有了明确具体的写作意图而有针对性地去搜集相关材料。

总的来说，积累材料途径主要有以下几种：

（1）观察体验。观察是指有意识有目的地关注和了解身边的人、事、物。鲁迅主张"如要创作，第一需观察"，可见观察的重要性。体验即亲身参与、实践，深入体验生活。

（2）调查采访。对于不了解的事情就必须亲自去调查采访。写调查报告、报告文学、新闻这类实用性文章往往离不开调查采访。文学创作有时也需要通过调查采访来获取资料。鲁迅写《阿Q正传》时写到阿Q赌钱就写不下去了。因为鲁迅从未赌过，不知道是怎么个赌法，于是他找来一位工人请教"赌牌九"、"押宝"这些赌钱的方法。

（3）阅读查找。阅读查找可弥补实际经验之不足。除了阅读书籍、报刊之外，还要善于运用广播、电视、电影、互联网这样的媒体来获得材料。阅读对积累材料至关重要，它是一切学问的基础，也是写好作文的必要条件。如例文《〈对话〉的余思》，讲钱钟锺先生几乎无书不读，且读得熟，读得精，读书速度快，掌握要点准，值得我们学习和参考借鉴。

（4）上网检索。互联网促成了“地球村”的形成，使原本在地理上相隔遥远的国家和地区变得不再遥远，整个世界越来越趋向于一体化的发展。网络以其快速高效的特点和优势，使我们进入一个信息“大爆炸”的时代。上网检索可以在最短的时间内获取最大的信息量，大大提高了人们搜集材料的效率。上网检索受时间空间的限制较少，人们在家中或图书馆就可以轻而易举地获得全世界范围的相关材料。目前，这是一种最普遍也是最受欢迎的搜集材料的方法。现在，有很多图书馆已经考虑到人们的需要，为人们提供各种各样的专门的大型数据库，人们可以根据自己的实际工作和爱好，上网浏览和下载自己所需要的信息。

在材料的来源上，观察体验与调查采访所获得的信息属于第一手材料，阅读查找与上网检索所获得的信息属于第二手材料。第一手材料属于作者的独家资源，一般感受真切，用到文章中会显得真实、生动、新鲜，但未必典型，要多加工；第二手材料容易出现错讹，须多加核实和鉴别。

二、选材的原则和要求

在写作活动中，“选材”这一环节十分关键，必须下一番功夫。朱光潜指出：“在作文运思时，最重要而且最艰苦的工作不在搜寻材料，而在有了材料之后，将它们加以选择与安排，这就等于说，给它们一个完整有生命的形式。材料只是生糙的钢铁，选择与安排才显出艺术的锤炼刻画。”（《谈文学》）选材的基本原则和要求是“切题”、“真实”、“典型”、“新鲜”这四项。

1. 切题

“切题”是选材的首要原则和基本要求，就是要求所选用的材料与文章所要表达的思想完全吻合。材料是用来说明主旨的，必须围绕写作的主旨来选材。为此，选材时要有勇于割爱的精神，那些与主旨无关或关系不大的材料，再真实、再生动都不能写进文章。否则不仅无助于文章主旨的表现，还会破坏主旨的集中与鲜明。

一般来说，原始材料往往是芜杂的，具有多种含义，可以作多种理解。因此，在材料的诸多意义内涵之中我们应该尽量从基本义、主导义的角度来使用，才叫作切题。如果只是从材料的次要含义、附属含义的角度来使用，往往就不算切题。比如，人们常常拿花木兰的故事作为材料来说明爱国、尽孝、尚武、巾帼不让须眉、英雄主义等主题，这都是不切题的用法。因为从花木兰故事的出处——古代民歌《木兰辞》来看，花木兰是被作为一个“反战”、“反英雄主义”的形象来塑造的。《木兰辞》开头细腻描写木兰从军前的无奈、犹豫心理，结尾又大写特写其辞官归故里之后的合家欢乐，唯独对她在战场十年的功绩一笔带过。这种详略对比的写法无疑昭示了作品反战、反英雄主义的思想主题。作为一首民歌，它反映的正是民间对和平安宁的家庭生活的向往和对功名利禄的轻视这样一种朴素的民间生活理想和价值观。显然，花木兰这一文学形象的主导义并不是宣扬孝道、爱国、尚武之类，在这些意义上使用该材料就显得比较牵强。

要想取材切题，还必须防止原始材料本身可能引来的悖论。比如，某国有企业的老总专程赴德国为其进修时的导师祝寿，该单位将此事写成消息报道，赞扬老总尊师重教、尊重知识和人才。结果，报道出来后却引发职工们对该老总涉嫌“腐败”的猜疑。职工们认为老总出国祝寿的花费很可能是公款，用公款办私事是明显的腐败。即使老总自掏腰包，他在正常的工作时间出国办私事，也是疏忽职守的违纪行为。这样，一篇原本赞扬性的报道却适得其反，事与愿违。像这样的材料，由于本身歧义丛生，就不是切题的好材料。

2. 真实

“真实”包含“事实”、“可能”、“可信”这三种情形。所谓事实，是指历史上确曾发生过、存在过和生活中实有的。“可能”即按照普遍的情理和逻辑，在现实生活中很有可能发生的（尽管不一定是实有）。“可信”则是人们觉得可以相信的，即便这种事发生的可能性极小，毕竟现实生活中也充满着许多偶然和巧合。

不同类型的文章，在材料的真实性上的要求也不一样。一般说来，文学创作在使用材料时比较自由，“事实”、“可能”、“可信”这三种类型的材料都可以使用，而且文学创作更强调的是“可能”与“可信”。亚里士多德在《诗学》中就指出：“诗人的职责不在于描述已经发生的事，而在于描述可能发生的事，即根据可然或必然的原则可能发生的事。”也就是说，有时候，事实性材料由于不符合常规情理，不具可信性，也不应该轻易用到文学作品中去。据史书《三国志》记载，怒鞭督邮，以下犯上本是刘备所为，但小说《三国演义》却把这件事写成是张飞做的，因为小说中张飞性格粗鲁莽撞，最适合做这种事，而刘备性格温文谦让，不太像会做这种事的人。这就是小说对历史材料的创造性使用，是“可能”、“可信”高于“事实”。甚至有时，“为了获得诗的效果，一桩不可能发生而可能成为可信的事，比一桩可能发生而不能成为可信的事更可取”。（亚里士多德《诗学》）所谓“诗的效果”也就是审美和心灵抚慰的效果，为了弥补人们现实生活中的缺憾，文学往往就要虚构一些不可能存在的东西，给读者以想象性的满足和安慰，因此科幻小说、神话小说、民间传说、武侠小说等文学类型往往含有大胆想象和荒诞不经的虚构性材料。

而实用性的文章材料要符合客观事实，不能弄虚作假，随意编造和设计。因为实用性文章是面对现实，为解决实际存在的问题而写作的，因而它使用的材料必须是“事实”这个层面的材料。比如新闻报道、公文、历史著作、调查研究报告等的写作都必须使用事实性材料。而介于应用文和文学作品之间的一般性的文章，则允许合理虚构一些材料，比如有时找不到合用的材料，临时编造一个，也是权宜之计，但必须合情合理。有时，甚至一些纪实性作品如报告文学、人物传记，都允许虚构一些非“事实”性材料，但这些材料也多半属于“可能发生的事”。比如美国著名传记作家帕森·威姆斯在为美国第一任总统乔治·华盛顿写的著名传记中就编造了一处无关大局的情节。他想要说明华盛顿在童年时期就是一个诚实的孩子，于是就编造了一个有名的“小斧子和樱桃树”的故事，说华盛顿少年时用自己的小斧子砍倒了父亲的樱桃树后，主动承认了错误。

3. 典型

材料不在于多，而在于精，只有典型材料才最有说服力和表现力。例文《奥巴马，请您出示暂住证》选取阻碍中国人才自由流动的“暂住证”这一典型问题来反映大制度问题，揭示中美之间的差别实质上是能否在制度上保证人尽其才的差别这一主旨。此文在谈及不利于人才生长的制度环境时说：“中国缺少的不是奥巴马、不是千里马，而是产生奥巴马和千里马的土壤和机制。很多种子还没有来得及发芽，就被板结的土壤压住闷死了。”

“典型”包含本质化与普遍性两重含义。所谓本质化，就是选取最能反映事物本质，最能说明问题的材料。所谓普遍性，即所取材料要有大量同类的案例而不是极少数的或是孤例，不是偶然性事件、个别化现象、特殊性现象。我们可以用“爱国主义”为例来详加解释。按照列宁所说，爱国主义是人类普遍具有的一种无私奉献的美好情感，它是不讲条件的。按照我们中国的传统说法，叫作“天下兴亡，匹夫有责”。可见，只有兼具这种本质化（自觉、无私）和普遍性特征的材料才是爱国主义的典型材料。所以，许多以屈原、文天祥、郑成功、林则徐等历史人物为例谈爱国主义的文章都不算太典型。屈原是楚国的王族和高官，他劝谏楚王的爱国行为既是他应尽的职责，也难免带有维护自己地位的性质。文天祥、林则徐都是朝廷高官，其抗击外敌保家卫国的行为也是一种职务行为。郑成功收复台湾的背景则是由于清朝即将统一全国，他无路可走，只好夺取台湾以作为存身的根据地。他们的爱国行为都与个人利益或职责脱不了关系，都不是"自觉"、"无私"的最佳代表。更重要的是，作为历史名人，他们毕竟只是凤毛麟角，不具普遍性。相较之下，曹刿、玄高的故事就更符合典型的标准。春秋时代的曹刿本是一介布衣，可是当他的国家被敌国打败，即将亡国，而国王、高官们都束手无策的时候，他挺身而出、毛遂自荐，率兵打退敌军。（《左传·曹刿论战》）当他出面时，好友曾劝阻他说："肉食者谋之，又何间焉？"意即不在其位，不谋其事，何苦拿生命去冒险？同样的还有春秋时代的郑国商人玄高。当时，秦军试图偷袭郑国，结果在行军途中被郑国商人玄高察觉。玄高立即一面派人向郑国国君送讯，一面送十二头牛到秦军营中，谎称是郑国国君派来犒劳秦军的。这让秦军以为郑国人已有防备，只好放弃偷袭的打算。这个商人见义忘利，牺牲自己的财物去挽救国家的危亡，是真正的无私奉献的爱国者。显然，曹刿与玄高的例子既符合本质化要求，又合乎普遍性要求，是用来说明中华民族的爱国主义传统的最典型的材料。可见，选择典型材料并不一定要选择已广为人知的案例，因为知名的案例往往不具有普遍性，倒是平凡小事反而更加典型。我们要善于发现、运用生活中"到处都有"的那些材料。

4. 新鲜

新鲜的材料能激发读者的好奇心，能使写作的价值最大化。老掉牙的材料不仅让读者失去兴趣，更可能不合时宜，缺乏说服力与感染力。因此，要尽量选择能给人以新鲜感的材料。

写作时应首选新近发生的事情或现象。新近发生的事情带有当下的时代气息和社会气息，贴近人们当下的生活，容易为当代的读者接受，这样写出来的文章其现实价值才能更突出。如雾霾、沙尘暴等环境问题常年困扰着我们，影响着大众的生活质量，引起了当下人们的普遍关注。所附例文《二十四片犁铧》，写拖拉机牵引着的二十四片犁铧将草原犁为田亩，用来耕耘播种麦子，鲜明地表现出现代化对草原的破坏，对古老文明征服的惨烈。这种为了经济利益而违背生态规律的破坏大自然的行为，在当今中国社会愈演愈烈，令人发指。又如，走遍中国的大都市，有一种现象有目共睹，那就是图书馆稀少，大酒店、歌舞厅、洗脚店、桑拿房则鳞次栉比。这一现象反映了我们国家公民的文化意识淡薄，享乐主义至上的问题，也反映了一个民族如何对待文化的大问题。梁晓声《中国人，你缺了什么》一文，从社会缺少对公民的要求、中国人缺少对公共道德的遵守、中国人缺少好人文化教育以及我们的文化剔除了对后人有影响的元素四方面，论述了中国社会普遍存在的问题。归根结底，中国人没有能够接受好的教育，致使中国文化里好的东西逐渐被丢弃，而糟粕却大行其道。这样的文章有的放矢，亦令人耳目一新。

所谓新鲜的材料也包括新发现或少为人知的材料，比如新的考古发现、新发现的文献资料、旧事钩沉等。这类材料虽然不是新近发生或出现的，但少为人知，对大多数人来说也具有新鲜感。例如，著名杂文家邓拓从班固的《汉书·刑法志》中寻出“秦始皇躬操文墨，昼断狱，夜理书”一句，写进了文章《生命的三分之一》中，用来说明古代的大政治家们是怎样珍惜时间的。关于秦始皇，人们熟知的是其暴政，但其勤政好学的一面却少为人知，故使用此材料也具有新鲜感。

新鲜感的来源还包括老材料翻新意。有时换个使用的角度，换个语境，旧的材料也能显示出新的意义。比如“三十六计”和《孙子兵法》的故事都是老掉牙的历史故事，可是当有人用这些旧的历史故事作类比材料来谈当今的企业经营管理谋略或者是炒股策略时，就给人以新鲜感。

三、材料的加工与使用

经过精心的分析与选择之后，确定了哪些材料可以进入文章之中。但这些材料不能原封不动地放入文章中，而是要有所加工与安排。因为原始材料是芜杂的、零散的、粗糙的，缺乏逻辑与条理，或者充满着意义上的含混、矛盾之处，所以必须对其加以整理提炼，以使其更纯净、更合用。具体来说，材料的加工与使用包括以下几个方面：

（1）综合。综合是指将原本零碎但性质相同的材料整合在一起，以形成更饱满、更典型的材料。著名作家高尔基说：“假如一个作家能从二十个到五十个，以至从几百个小店铺老板、官吏、工人中每个人的身上，把他们最有代表性的阶级特点、习惯、嗜好、姿势、信仰和谈吐等等抽取出来，再把它们综合在一个小店铺老板、官吏、工人的身上，那么这个作家就能用这种手法创造出‘典型’来，——而这才是艺术。”这也就是鲁迅所说的：“杂取种种人，合成一个。”鲁迅小说《祝福》中的祥林嫂形象就是这种综合的结果。《祝福》中女主人公祥林嫂的故事情节取自五个生活原型：第一个是鲁迅家的女工王阿花，她受丈夫虐待，从乡下偷偷逃出来到鲁迅家做工，结果丈夫从乡下追到城里要把她抢回去。第二个是鲁迅老家绍兴的一个寡妇“单妈妈”，她是寡妇但又有同居的男人，她迷信死后在阴间要被阎王锯为两半，分给两个男人，因此去寺庙里捐门槛。第三个是鲁迅老家一个看坟的女人，因为小儿子在门口剥豆给马熊拖去吃了，她悲伤得眼睛都哭瞎了。第四个是鲁迅的一个远房表姐，男家来抢亲，她从后窗爬出，却失足落水，河里恰好泊着男家的船，被捞起来载了去。第五个是鲁迅一个远房的伯母，常常拄了一支长竹竿，神色凄凄惶惶地去找鲁迅的母亲。上述五个原型的部分故事都被综合在祥林嫂一个人物身上，使其悲惨命运更显得丰满、典型。

（2）概括。概括是指用精炼、简洁的语言归纳原材料的主要内容。比如议论文中作为论据的材料，以及说明文中用作举例说明的材料一般都要求简明扼要，不可像记叙文那样仔细铺排、描写，因此要对材料进行概括与浓缩，否则就会使文章枝蔓、累赘。如例文《人无癖不可与交》一开头就举了明人袁宏道、明朝遗民张岱、清人张潮、当代学者陈传席四个例子，共同谈“癖”与“性情之交”大有关系，此即“人无癖不可与交”。接着举晋代王济的“马癖”和杜预的“《左传》癖”、唐代白居易的“文章癖”、宋代米芾的“石癖”和倪云林的“洁癖”，全用概述，没有详细叙述各人的事迹。

（3）释义。释义是指在使用材料时，不是机械地照抄照搬，而是解释性、分析性、评说性地引用。这有助于读者对某些较复杂的材料（背景、实质等）的理解，也有助于主旨的说明，防止材料和观点两张皮。比如议论文中论点和材料之间的联系往往不是一目了然的，这就需要对材料加以说明和解释，以显示二者间的逻辑联系。

（4）组织。组织是指材料的次序安排、使用技巧等。要将有用的材料按照恰当的逻辑次序编织进文章中。使用材料时可以根据场合的不同，而用多种方法、多副笔墨来表述。比如可以用节录式，也可以用全引式，还可以用转述式；可以用庄重的笔调，也可以用轻松活泼的笔法。

附例文

人无癖不可与交

姚展雄

明人袁宏道有句话，颇值得玩味。他说："余观世上语言无味面目可憎之人，皆无癖之人耳。"（袁宏道《瓶史·好事》）

无独有偶，明朝遗民张岱的话更加惊世骇俗、一针见血："人无癖不可与交，以其无深情也。"（《陶庵梦忆》卷四）

清人张潮其言更见性情，他说："花不可以无蝶，山不可以无泉，石不可以无苔，水不可以无藻，乔木不可以无藤萝，人不可以无癖。"

然而何者为癖？当代学者陈传席有一段精辟的论述，他说："癖者，大抵爱一物而不能自已；为得一物而至倾家荡产；为护一物，乃至投之以生命。爱物尚如此，况爱人乎？爱人尚如此，况爱国乎？待物尚如此，况待友乎？然其能如此者，皆因深情所致也。"（陈传席《中国紫砂艺术》）

斯言不谬。

试想，一个人若没了嗜好，对什么都提不起兴趣，眼前空无一物，才疏学浅，心浮气躁，无真情可言。推物及人，对物如此，对人能好到哪里？这样的人，当然不值得交往。

自古迄今，终成大事者，不唯有经天纬地之才、坚忍不拔之志，亦有爱物成痴之癖。

《晋书·杜预传》载：杜预说王济有"马癖"，晋武帝闻之，直接问杜预："卿有何癖？"杜预回答："臣有《左传》癖。"

《晋书·王羲之传》载：东晋大书法家王羲之生性爱鹅，当时会稽有一位老妇人养了一只鹅，叫起来很好听，王羲之想把它买回却没有买到，只好带着朋友前去观看。谁知老妇人听说王羲之要来，就把鹅宰了，煮好招待他，王羲之为此惋惜了一整天。又有山阴的一个道士，养了好多漂亮的鹅，王羲之前去观看，心里很是高兴，坚决要求买了这些鹅去。道士说："只要你能替我抄写《道德经》，我这群鹅就全部送给你。"王羲之高高兴兴地抄写完《道德经》，就用笼子装着鹅回家了，觉得很快乐。

《世说新语》载：王羲之第五个儿子王子猷偶然到别人的空宅里暂住，刚住下就令人种竹。于是，有人疑惑地问："你只是暂住而已，何必那么麻烦呢？"王子猷沉吟良久，指着竹子说："何可一日无此君！"

东晋和尚支遁隐居支硎山，有人赠送他一匹好马，支遁也不拒绝，就饲养了起来。当时有人讥笑他，"此非道人所宜"，出家人养马，有点不合事宜吧？支遁回答："贫道爱其神骏，聊复畜耳。"后来，有朋友从建康慕名拜访，又带来一对幼鹤，作为见面礼送给支遁。日子一天天过去了，这对幼鹤羽翼渐丰，有了想飞的苗头。支遁非常爱惜，生怕幼鹤飞走了，"乃铩其翮"，就把它的翅膀剪短了。看着剪短了翅膀的幼鹤，"反顾翅垂头，视之如有懊丧意"，支遁心里突然难受起来，若有所悟，大发感叹："既有凌霄之姿，宁为人作耳目近玩乎！"是啊，鹤本云中之物，冲天凌霄是其天性，怎么能够作为我们耳目玩赏之物呢！于是，支遁好生静养这对幼鹤，等到幼鹤的翅膀重新长出时，他捧着这对幼鹤来到支硎山顶，让它们凌空而去。养马，爱其神骏；放鹤，慕其灵逸。他那"风神潇洒，不滞于物"的晋人风度深得"癖中三昧"。

唐代诗人白居易《〈因继集〉重序》言："足下虽少我六七年，然俱以白头矣，竟不能舍章句、抛笔墨，何癖习如此之甚欤？"遂写诗以昭其癖："人皆有一癖，我癖在书章。"

唐代诗人卢仝干脆自号"癖王"，其《自咏》诗之三云："物外无知己，人间一癖王。"

《宋史·米芾传》载：北宋大书画家米芾，爱石成痴。据说他出任无为州监军，见衙署内有一巨石十分奇特，高兴得大叫起来："此足以当吾拜！"于是，命令左右为他换了官衣官帽，手持笏板纳头便拜，并尊称此石为"石丈"。

除了石癖，米芾还"好洁成癖，至不与人同巾器"。

宋代大书画家倪云林的"洁癖"是出了名的，据《古今笑史》等资料记载，倪云林每天洗头时要换十几次水，穿上衣服，也要拂振十几次灰尘。对于日常用品，要求极高，不能染一点灰尘，"性好洁，文房拾物，两童轮转拂尘，须臾弗停"。室内的卫生清洁如此细致倒也罢了，就连院里的大树，也让仆人没早没晚地挑水擦洗，以至于将树皮洗烂，树木枯死。

明代王锜著《寓园杂记》载：倪云林的仆人每日挑山泉水回来，他必用前桶煎茶，后桶洗脚，有人不解，问其原因，倪云林答：后面的那桶水有可能被仆人的屁熏脏，所以用来洗脚。

此外，还有林和靖梅妻鹤子，朱彝尊嗜书如命，谢灵运之着屐，嵇叔夜之爱琴，陶渊明之赏菊，陆鸿渐之烹茶，周敦颐之垂莲，郑板桥之画竹等等，无一不是有癖之人。

林散之先生也说："一个人要有癖好，古人云，不要友无癖者。因有癖，才有真性情，真心得。一个人一生要有一好，如书、画、琴、棋、诗文等。人生多苦难，有点艺术是安慰。"

是啊，人生在世，苦多乐少，除了儒家教给我们的勇于担当的沉重之外，为什么不能举重若轻，将深情寄托于天地万物，假道家之羽翼，给心灵一片自在遨游的天空呢?!

梁启超先生说得好："凡人必常常生活于趣味之中，生活才有价值。"(梁启超《饮冰室合集》) 所以，人还是有一种癖为好。或琴棋书画，或金石古玩，或以酒解忧，或以茶洗心，或登高望远，或临流赋诗……生活便会多一份意趣，多一份快乐，多一份美感。人生也才会更加有意义、有价值。

否则，天天就是上班，俨如磨道之驴，心随境转，日复一日，年复一年，有何人生趣味可言?

（选自姚展雄《坐听蝉声》，西安出版社2009年版）

二十四片犁铧

周 涛

拖拉机牵引着的二十四片犁铧宛如一组编钟，远远行进的时候看上去却像一只多脚的黑蜈蚣。它来到了处女地上，它的任务是把游牧者世世代代牧放畜群的草原犁为田亩，耕耘播种上铺到天边的麦子。

拖拉机以坦克那样沉重、不容商量的样子行进着，它的履带的钢齿辗过覆盖了绿草鲜花的草原，像一个性欲强烈的蛮横的男人在少女的胴体上留下的牙印。它是粗暴的、阴郁的，它在某种性欲表象之下执行着一种冷漠的钢铁般的命令。它对草原的强暴里不含有一丝一毫的性成分，没有一点一滴的热情和冲动，更不含有玩弄和欣赏，它是严肃地、一丝不苟地强奸了草原，破坏了巩乃斯草原与牧人之间保持了很久的青梅竹马之情而后仍然保留着的贞操。

这是一次可怕的耕耘和播种，它所含有的性质里隐藏着不易被人意识到的破坏的恐怖。它比烧杀抢掠更阴险蛮横，然而它完全不像烧杀抢掠那么容易判断，它的罪恶感是极其隐秘的。这是一次在耕耘和劳动这种旗帜下的庄严的破坏。

二十四片犁铧降下去了。

二十四片犁铧深深地插入了草原，切割的声响像某种疼痛的撕裂声，尖锐、短促，被压抑着；团团的纠缠于土壤之下的草的根系，像散乱蔓延的湿润长发似的，被切断；犁铧切断每一根草的根须时，都发出一声细微的、脆裂的声响，就像斩断一根神经时那样。

拖拉机猛地顿住了。它遇到了一种从前未曾遇到过的阻力，二十四片犁铧在插进土地之后被紧紧夹住，所有的根系组成土壤里的网状防御体系，抗拒着犁铧的推进。

拖拉机喘息了一阵，重新调整了一下力量，发出猛兽的咆哮声，向前拱动。它不相信有什么能够阻挡住它。

二十四片犁铧前进了。从每一片犁铧倾斜的一侧，升起一股喷泉般翻动的波浪，褐黑色的土壤的波浪。波浪均匀地从二十四片犁铧的角隙间升起，组成一片整齐的舞蹈，起伏跳跃，训练有素，如同正在表演的少女团体操。

看起来是非常优美、非常欢快的呀！

拖拉机顷刻之间沉在草原里，变成了大海当中的一只旧驳船。它深陷着，缓缓移动着，有时候甚至给人以可能沉没的感觉。在它身后，二十四片犁铧拖拽着一个波浪跳跃的方阵……

草原被切割的声音渐次变为有规律的呻吟，而且渐渐将这呻吟转化为一种低声部的合唱。处女地最初的痛苦、疼痛、尖叫和呻吟消失了，在这低声部里，似乎渐渐有了一点舒畅或欢快。

二十四片犁铧组成的垦殖器带有明确的使土地怀孕的目的，在每一叶犁铧切入的部位，都有一个钢管向土壤注入了麦种。麦种是经过挑选的，颗粒饱满、圆润，它们将准确地进入草原的褐色壤层，潜伏下来，在季节的旗语召唤下集体哗变，奇迹般地改变草原的肤色！

二十四片犁铧昼夜兼程，无所顾忌地前进。它们是由一股强大的力量所牵引的，二十四片犁铧是二十四柄开刃的刀斧，锋快而且有力，比任何刽子手都要无情，比历史的车轮还要不管三七二十一，比军队执行命令还要坚决。

对它们来说，一路上剖开大地的肌肤，切断草的根系，有一种快感。对于天然锋利坚硬的东西来说，切断别的东西恰恰正是它的生存价值，是它的用途。正如对于斧斤来说，砍伐是它的使命，对利剑来说，刺杀是它的天性。

二十四片犁铧在草原处女地的肌肤里切断的远远不止于潮湿的土壤和花草的根须，在它们强有力的锋刃前，掀翻了的是整整一厚层牧草掩护下的世界。这是真正淋漓尽致的大颠覆、大屠戮！

草丛中有着不少的大雁、天鹅、叫天子、呱呱鸡之类的各种禽鸟的窝巢，有待孵的鸟蛋和刚刚孵出的雏鸟，这些以后会飞但现在还不能移动的生命，遇到了不可躲避的劫难。二十四片犁铧的锋刃轻易地把它们一劈两半。

还有蛇，它们的身体被腰斩成数段，在翻耕开的波浪中扭动着，痉挛着，每一段都妄图找回另一截接上。它们在这种欲望的驱使下挣扎、移动，寻找自己生命的另一部分。

还有田鼠的一窝肉红色的后裔，还有蚯蚓的庞大家族，还有更多的甲虫、昆虫的逃难者队伍……它们全都面临灾难，如同人类不期而遇地撞上了战争，眼睁睁地看着那二十四片神秘可怖的犁铧迎面辗压过来，把它们苦心经营的乐园一劈两半！

二十四片犁铧如同宿命一般降临，毁灭性的打击如此突然。无从躲避，无从防范，只有任其屠戮。这些小生命在毫无准备的情况下被一个庞大的事物非常偶然地毁灭。深刻的悲剧还不在于此，而在于庞大的事物并不是专门为毁灭它们而降临的。它们完全无辜，但是它们遭到了灭顶之灾。

真正的悲剧正是这样的。

被翻耕过的土壤陈列在犁铧的后面，大块大块、大片大片，像是一整块海面上的凝固的波浪。壤块裸露出来，被切断的根须也暴露在光天化日之下，显示着被宰割后的程序。土壤的秘密暴露无遗，它们躺在阳光下，散发着自身强烈芬芳的新鲜气味儿，无可奈何。

在这些翻耕过的土块上，各种被切割的小生命，有的像战争后的伤兵那样蠕动着，有的则成为尸体半掩在土块里。

二十四片犁铧继续推进，它不管这些。但是不知是什么时候开始，二十四片犁铧的上空聚集了大批的鸟群。鸟群低低地盘旋、鸣叫，紧紧追随围绕着犁铧，仿佛是海鸟追随船尾组成的护送仪仗队。

鸟群越集越多，乌鸦、大雁、鹳、天鹅，还有成群的白鸥和各种鸟雀，鸣叫并盘旋，飞起复落下。在它们的鸣叫声和动作里，有着兴奋焦急的情绪。

它们是来争食那些翻耕出来的小动物的，也是来翻食那些刚播下的麦种的。翻耕过的土地成了一席摆给鸟群们的盛宴。

日日夜夜，它们飞去又飞来，不知疲倦地追随着犁铧，变得越来越大胆、越来越寡廉鲜耻，越来越不像鸟。尤其是那些外形高雅优美的大鸟，它们穿着那样洁白整齐的羽毛，却啄起一条蛇飞向空中，或者凶相毕露地在壤块间追杀一只伤残的小田鼠。这时候，所有的鸟原形毕露，露出了一个生命凶残贪婪的一面。

唉，生命就是生命，再美丽的生命也有丑陋的那一面。所有的生命在本质上是同等的，美具有欺骗性。

二十四片犁铧依然昼夜兼程，在春天的整整一个月的时间里，它不停顿地推进，从草原的这一头一直犁到了天的尽头。它像一艘沉重缓慢的驳船，不停地行驶着，只有鸟群日日夜夜追随着它。

辽阔的草原以及草原上的栖息者们承受了这一划时代的灾难，无声无息。除了马达从远处传出的低沉轰响以外，这里的一切都如过去那样宁静、寂寥。

直到有一天，拖拉机犁遍了周围的草原，使一座哈萨克人的白毡房成为仅存于翻耕土地间的一块礁石、一个孤岛。凶猛的牧羊犬激烈地抗议着，围绕在这只长了二十四只脚的陌生怪兽周围跳跃、咆哮，牧犬的叫声激愤而狂怒，同时含有恐惧。

一个哈萨克老妇人从毡房里出来，她一手拄杖，一手牵着小孙子，在离毡房两米处站定。她一言不发，面色冷峻，她看着眼前发生的这一切，自始至终沉默着，没说一句话。

草原上的风掀起她的白发，露出她的额角上一道道苍老的皱纹。她向二十四片犁铧投过一道目光，那目光里凝缩了七十个冬天的寒冷！

那不是愤怒，而是藐视。

那样一个眼神扫过之后，二十四片犁铧突然不再闪闪发光，它们在一瞬间变得铁锈斑驳了，好像一个指头就能弹碎。二十四片犁铧可以剖开草原的肌肤，劈斩无数种生命，切断草根、土地和顽石，但是它受不了这位老妇人沉默而又寒冷的目光，它受不了这种无言的、高贵的藐视。

游牧者异样的沉默间的一瞥，使二十四片犁铧像二十四颗苍老衰弱的牙齿一样可怜。

（选自《百年人文随笔·中国卷》，吉林人民出版社2003年版）

中国人，你缺了什么

梁晓声

一、社会缺少对公民的要求

更多的情况下我是不想说什么，我之所以还在写，正是由于懒得说话。因为平时很少说话，很少交流，就把平时想到的写下来。

中国人缺了什么？我想说两点：一是缺少社会对我们的要求；更加缺少社会对我们的保障。我不太能够分得清楚究竟是前一种“缺少”还是后一种“缺少”，导致中国人目前的焦灼、烦躁和郁闷。

后一种“缺少”是大家更常谈到的，一个中国人几乎从一降生就开始有所感触，缺少安全感。比如奶粉质量有问题，玩具、家具装修质量也有问题。

孩子上学问题，一到孩子上托儿所的年龄，家长们的烦恼差不多就开始出现了。进较好的托儿所得求人找关系，上小学也是这样，上不了好的小学，似乎就进不了好的中学和大学。遵循这一逻辑，西方的某些著名人物可能都不会成为他们后来成为的那种人，因为他们上的托儿所、小学、中学、高中都相当一般，甚至在大学里的成绩也不是名列前茅。

大学毕业之后，就业也成为一个问题。再接着是高房价，还有交通、空气质量、饮水质量等。当我们说这些单靠监管解决不了的时候，更深层的问题是生产粮食蔬菜和水果的土地也有了问题。既然中国人也只能活到这个份上，那就不用管这些，爱怎样就怎样，也得吃喝，也得呼吸，也得活着。

当然，别有什么病，生病更可怕。我活到这么大年纪，很少上医院，到45岁的时候去过几次。北京的几所大医院相当令人震撼，好的医院整个感觉像接踵摩肩的超市，每个窗口都要排队。任何医院的一名医生我估计一天恐怕要接待50位左右的门诊患者，有时候可能更多。如果你正好是后面的几位，他不希望五分钟内把你打发掉就是一件奇怪的事。我经常碰到的情况是患者坐下之后，医生问你哪不舒服，有什么感觉，最后问你想吃什么药，排了一上午，可能五六分钟就看完病，拿着药单，所取出的药和之前几次可能都差不多，关键在于你还不知道这个药的品质。

当然，我们本身也缺少作为现代最文明人类社会对于他的公民的一些要求。前一段有过相关报道，一个孩子在埃及的古墓乱刻乱画。中国人可能缺少这方面的教育，这是什么原因？似乎是由于社会本身应该给予人们的保障那么少，社会有时也不太好意思对自己的公民提出过多的要求。社会不提，学校不提，家长对孩子也不提，最终导致孩子们不明白现代中国人应该是怎样的。

二、中国人缺少对公共道德的遵守

几乎可以肯定地说，中国人在国际上的形象并不是很好。我第一次出访法国，由于不知道法国公交车的规定，他们一律从后门上车，从前门下车，我看前门开着，大家排在后门，就从前门上车了。也不是挤车挤惯了，只是想早点上车就可以早点开车，可那法国司机对我训斥了半天。我不太清楚他用法语说了什么，陪同我们的是法国外交部人员，他与司机说了几句话，司机顿时对我客气了。下车之后外交人员告诉我，他对司机说我是日本人，法国人不喜欢中国人，因为太不懂规矩，如果说是日本人，法国人就会以为是初犯。当时我的自尊心受到非常大的伤害。

后来我写了一篇《文明的尺度》，文章的结尾写道：我感觉可能是文明在西方，传统在台湾。为什么会有这种感觉？我们乘车到法国巴黎郊区的一个乡村旅社住宿，当天刮风下雨，山路也很窄，我坐在司机旁，前面的车上有两个法国女孩子脸朝后，望着我笑，她们可能很少看到中国人。当时有客人在等着我们，心里很着急，车又开不快，前面有车又不能超过去，心想真倒霉，要是我们的车在前面就好了。后来有一段路够宽，前面的车停下来，开车的那位父亲下了车，我们车上负责开车的法国外交部人员也下了车，两人在那说了半天。我心想，还跟人家说什么，赶快把车开过去就是了。

那位父亲对他说，一路上都是他的车在前边，这不太公平，现在请我们开到前边去，外交部的小伙子说，我们马上就要到住的地方，还是保持原来的状态吧。那位父亲接着说了一句话，还是希望我们开到前边去，车上坐着他的两个女儿，他不能让女儿认为不让车是理所当然的事情。恐怕我们中国人就缺这一点，我不太知道这是由于什么样的文化，需要多长时间，才能够直抵人心，而且成为一种不可度量的似乎先天就应遵守的尺度。

我们经常讲外国人等红灯过路的事，虽然路上没有行车，依然会等到绿灯再过。我一般要求自己不闯红灯，特殊情况下人行道虽然是红灯，但路上没有车辆，也经常闯红灯。我最初坚持一个人站在那，等红灯变成绿灯再走，尽管左右两边没有车，但最后发现就我一个人在那儿，别人看着我，觉得好奇怪，然后也就变得有时闯红灯了。我看到的一篇文章就谈到，中国人和外国朋友在那里等绿灯，虽然路上没有车，但外国朋友说或许在对面的几层楼上正有孩子们看着，他们是那么在意孩子们看到了会怎么样。

改革开放有一个好处，中国人出去后不但看到外国怎么样，还了解到外国人怎么生活。比如，到海边游玩捕捉沙滩上的螃蟹，包括海螺，外国有相关规定，如果从沙滩挖出来的螃蟹或者海螺不够尺寸，不可以放在自己的小篮子，否则就是违法。有心细的中国人特意带了一把尺子，测量之后发现有些海螺确实比法律要求的尺寸小一些，但他已经把它挖出来，就去问海滨的巡逻员，这个海螺差一点就够尺寸，可不可以？后来收到了罚单，还收到法庭的传票，他就觉得很委屈，并告诉人家说带了尺子，对方的回复是既然带了尺子，它不符合尺寸，为什么不当即埋下去。

中国人可能觉得老外们生活太矫情，在中国确实做不到，他们甚至到了这样的程度，即使旁边没有人，钓到的鱼不符合尺寸也要抛回水里，因为如果回到家偶然被邻居发现，会把你视为一个不遵守公共道德的人。

中国的淡水蟹被引进德国，但德国人又不是很喜欢吃，导致泛滥涌上公路，对中国人来说肯定是件好事，但外国人骑自行车到这里都停下，汽车也停下来，没有人会觉得这是我们不喜欢的，就像看到甲壳虫一样，可以用车轮碾压过去，会有人拿出手机给有关部门打电话，让他们处理一下。

这是一种什么文化？用多长时间才会使一个国家的公民成为这样？当然，我们没有必要说欧洲人都是君子，从新闻也可以看到他们的校园暴力、恐怖事件，这样或者那样的社会问题。但我们看人家好的一面，向人家学习，有时他们好的一面又是我们很难做到的。

三、中国人缺少好人文化教育

中国人最主要的是缺少好人文化的教育。

是我们有这么多人，一百多年前全世界的人口也只不过是16亿多一些，也就是说中国现在的人口几乎接近一百多年前的全世界人口，一百多年前的北京已经是世界人口最多的第一大城市。比如澳大利亚领土那么大，有那么多的资源，那么少的人口，搞什么“主义”都可以，可以搞一百年资本主义，不行再搞社会主义，社会主义不行再搞澳大利亚式的社会主义，什么都来得及调整、转变。

而我们的优质领土很有限，适合人生存的领土事实上也不很多，像新疆一大部分是戈壁滩、沙漠，就这样一个国家有这么多的人口，搞什么主义都难，从这个主义变成那个主义更难、更可怕。

西方国家有宗教，不能说中国完全没有宗教。据说，在西方假如人们到新的地方重新开始建城镇，除了盖好自己的房子，第一是要建学校，第二就是教堂，再接着就是图书馆，小镇都有图书馆。今天到我们的各个城市，原来的老图书馆在20世纪80年代以后，都被出租卖服装、卖百货。新的图书馆盖得很大，按照国家要求，有多少人口就必须建一个图书馆，又不能租出去，相当一部分空闲在那，基本没有人借书。

至于宗教信仰，佛教、道教圣地香火依然非常旺，求升官，求发财，求健康，求儿女的未来，甚至也可能有人暗地里求神惩罚别人，同时保佑自己，就跟过去扎面人似的。中国人在神面前忏悔的时候多吗？我们受过忏悔文化的影响吗？进一步说，我们受过好人文化的影响吗？

今天的中国人可能在理论上相信有好人，但在生活中除了自己的亲人和工作单位的至交好友，每天下班的时候是不是经常想谁在背后会做我的小动作？这种互相的揣度在一般人之间有，在官场上更是如此。

另外，我们的文化和文化受众之间有相当奇怪的一种关系，比如前一时期我的电视剧《知青》播出后，有人说那个年代哪有好人。如果谁站在我面前这样说，我会对着他的脸吐口水，这样说的人至少表明在那个年代他就不是好人。电视剧里的女主人公是周萍，一个家庭出身不好的知识青年，她回家探亲时男朋友在小镇的旅店里等着她，而且发高烧，小店的老板和妻子对他们很好。有一次我在外地接受采访，一位媒体的副主编对我说，看过了电视剧，但很失望，他说一直看着，盼着，等着，就那点满足没给他。我问什么满足呢？他说在那种情况下，周萍有可能被强奸，你怎么就不写？说实在话，我当时也想吐他一口，这还是知识分子，就盼着看这样的情节，而且认为不这样写就是不符合生活。难道生活中只要女孩子单身住在一个地方就会遭到这种情况吗？我真觉得这是生了病的中国人，而且几乎是不可救药的中国人。

为了证明生活不是这样的，我把前两天翻到的一篇文章《秋雨中的回忆》念一段给大家：

那是一段30多年前的往事，返城火车站人满为患，行李在仓房里堆得像小山似的，火车票早已售罄。车站的墙上贴着醒目的告示：上海方向三日内的车票已经售完，旅客们请用已购好的车票办理行李托运手续。幸好站上一位值班的师傅发现了我的窘境，帮我把行李挪到了一个小屋里，雨夹着雪花绵延开来，看样子短时之内不可以停息。好心的师傅见我可怜，答应帮我照看行李，让我赶紧找家旅社休息一下。我深深鞠了一躬，谢过师傅，赶紧去找旅社。此刻，我已困倦得撑不住了。

这是别人的回忆，证明即使在“文革”年代，这种事情也是有的，如果我们这样写文章拍成电视剧的话，国人会说什么？真是胡编，哪有那么好的人。如果在今天的生活中碰到这样一位好心的师傅，心里边可能还会想，他要干什么？对我有什么企图？

第二天一觉醒来，已经晌午，可脑袋仍是昏沉沉的。当那位师傅得知我没能买上车票，行李没能托运，答应帮我想想办法，尽管我对他是否真能帮上忙将信将疑，但在我走投无路之际，这不失为一根救命稻草。师傅把我带到站长家，屋里一大家子人正围坐在炕上包饺子，锅里正煮着的饺子热气腾腾。站长原来是位女同志，姓徐，问清原委后，站长极其热情地招呼李师傅和我一起喝酒、吃饺子，顺应了一句东北老话叫“饺子就酒，越喝越有”。当晚我拿到了去上海的车票，并办好了行李托运，这一切想起来我至今都会泪流满面。

生活中当然有这样的事，有这样的人，当然需要人写出来，但是它发表在一本小小的杂志，发行不过几千册，在13亿中国人中又有多少人能看到呢？你们今天应该感谢我，因为我发现了这篇文章，带来了，而且读给你们听，让你们相信在从前的年代，我们中国人有好人。

今天也应该有好人，但是我们最有影响力的文艺，为什么就不表现这些？为什么总表现人和人的争斗？穿古装的斗，民国的斗，抗日时期也斗，到现在婆媳、妯娌还斗，单位斗，学校里也斗。

要知道，当写生活中的好人的时候，经常发生的情况是什么？编剧和导演要讨论，而在创作的时候我相信人在生活中应该像上面的师傅那样去做，也要通过电影和电视剧这种方式来表现。可导演经常会说，哥，咱别这样写，没人信的。首先自己就不信。

四、我们的文化剔除了对后人有影响的元素

最近两天我为什么说很烦呢？不断写序，给这样和那样的人，中国人终于可以都出版书了，我的知青战友们也写书，看得头都疼，没有看见眼前一亮的东西，差不多到最后一篇，我看到了《烧档案》。

一位北京知青当年16岁就下乡，后来成为兵团通信连。那时因为中苏关系紧张，他们掩蔽在一个没有人去过的深山里，在那里生活了几年，平均年龄不到20岁。这肯定会使人得抑郁症，最后只剩下3个知青的时候，实在坚持不住，因为一点事就吵起来，其中一个知青就动枪，并且开了枪，所幸没有死人，但是受到纪律处分。后来当要返城的时候，另一名北京知青负责为档案袋装封条，盖上单位的章，他突然发现，全班怎么就这个知青战友的档案这么厚，拆开发现都是关于当年他开那一枪的档案，差不多有七八十页，包括整个事情的来龙去脉，不同级的处理意见，批判他。

当时这位青年就想，他带着这么厚的档案回北京，找工作怎么办？能不能不这样？于是就找到当时的连长，没想到连长也很爽快，两人就达成一致意见，把他叫到连部，关上门拿出档案说，这是怕影响你，虽然是违反纪律的，但“文革”已经结束，现在你要回城，请放心，当着你的面我们把它烧了。

这好不好？我们能不能那样做？很多人会说，你以为全中国都像他们一样了？我说的好人不是老好人，是经过自己的大脑思考一下，做一点，然后对别人的命运产生一点小小影响。今天的中国人恰恰有那么多的“拔一毛以利天下而不为”，为了利别人才不会拔自己的毛，这太令人沮丧。

好人文化就是说在不同的选择中，能作出这种选择而不是那样的。这使我又想到即使在“文革”年代，傅雷夫妇自杀之后，骨灰没有人认领，两个儿子在国外，当时上海一位姜姓的普通女工，只不过因为读过他们的书，通过他们的书认为他们不可能是坏人，因为他们的书教人好，所以就去认领二人的骨灰，如果不认领的话，三天之后就会被扬弃。

而且，她不但认领了，藏匿起来，还多方写信，替傅雷夫妇死后的名分进行申辩，自己也遭到不公平对待，一直到粉碎“四人帮”之后，才把骨灰交给傅雷的两个儿子。傅雷的儿子傅聪是音乐家，问她有什么要求？

她说给我一张票，听听你的演出。我经常想，就这样的一个女工，这才叫中国人，这么帮助我们中国的一个女工，为什么就不能拍成电影？我多次跟导演说，为什么不能把这一段拍出来，而且字幕上要打出来，根据真人真事，让全世界都看看，在极特殊的年代，中国人曾经是什么样的。

民盟前主席费孝通是潘光旦的学生，两人是师生关系，相差20多岁，后来都被打成右派。“文革”时潘光旦先生在积水潭医院住院，即使住院造反派也还要敲着床，让他交代这样或者那样的问题。他已经感到自己身体非常不适，然后让女儿偷偷接出医院回家，可他已经没有家，只不过有一个小房子，水泥地，床上还没有被褥。第二天晚上潘光旦全身痛苦，半夜里让女儿去找学生费孝通，费孝通住得离他不远，都在民族大学。费孝通来了之后，当时也没有夜里开门的医院，买不到药，也不能背着他上医院，他是打入名册的人。费孝通只能把自己70多岁的老师潘光旦搂在怀里，搂了一夜，最后潘光旦死在费孝通怀里。这种师生情，在那样的年代，我也经常想，要拍出电影来，放给全世界看。这不是中国人的羞耻，而是中国人的光荣。

有几千年传统文化和文明影响的中国，在特殊年代里，一些知识分子能把人性和师生关系演绎到这样的程度，可以让全世界都来看。但是，又不能拍，不能表现，我们的文化把我们生活中明明发生的，对于后人有影响的元素都剔除掉，现在就剩下了我们所看到的这个样子。所以，我们说中国人缺什么？当然也缺文化的影响。

（选自 http：//blog. ifeng. com/6552734. html，有删改）

奥巴马，请您出示暂住证

孟　波

刚刚落幕的美国大选是一部好莱坞大片。片名叫作“美国梦”，主角只有一个人，那就是奥巴马。奥巴马最令我关注的，是他那复杂而成功的线路图。

奥巴马出生在夏威夷州檀香山，后来随母亲去了印尼，然后回到夏威夷读中学。大学先在加利福尼亚州洛杉矶西方学院就读，两年后转学到纽约州哥伦比亚大学。毕业先在纽约华尔街工作，后到伊利诺伊州芝加哥黑人社区工作。再后到马萨诸塞州哈佛大学深造，毕业再回伊利诺伊州，边当律师边兼职教书。1997 年当选伊利诺伊州参议员。

除去印尼，如果把奥巴马这些年生活工作的地点进行连线，你就会发现他的足迹跨越了美国大陆的西部、南部、中部和东北部，以及大陆之外的夏威夷群岛。流动可谓很广，迁徙可谓频繁。他不停地变换学校，不停地变换工作，不停地变换城市，不停地转型。大部分选择都是奥巴马自己的选择，似乎都非常顺利。我相信，正是流动的畅通、迁徙的自由以及转型的便捷，为奥巴马勾画了成功的线路图，使奥巴马一步一步接近并抓住自己的梦想，从一个街头黑人小混混成长为美利坚总统。

我突发奇想，假如在中国，奥巴马的线路图该如何勾画呢？

他先在洛杉矶上大学，两年后他转学到了纽约州哥伦比亚大学，这次转学应该十分困难，从洛杉矶西方学院转到哥伦比亚大学，就是从二类院校转到重点院校啊，重点院校直属教育部，没点关系很难搞定。奥巴马好像没什么背景，成功线路图估计要中断。

哥大毕业后，奥巴马到纽约华尔街咨询公司工作，相当于北京的 CBD 吧。由于专业不对口，国际政治系毕业的他，当然不能在纽约落户，户口只能打回原籍夏威夷，档案只能放到夏威夷州人才交流中心。之后，他辞职应聘到伊利诺伊州芝加哥一家民权组织做社区工作，这一步也挺悬的，一般社区居委会只招收本地老大妈，一个外地的小青年难有机会染指这活儿。

他到社区居委会后很是上进，攻读了哈佛博士。由于是在职，户口当然不会转到马萨诸塞州。他毕业后在芝加哥当律师，根据《选举法》，奥巴马无法参选伊利诺伊州的人大代表，他在非户口所在地芝加哥市没有选举权和被选举权。而且在芝加哥这样一个全国第三大城市，外来务工人员很多，在重要会议和大型运动会举办之际，为了维护社会安定团结，都要进行拉网式检查。如果被戴袖箍的老大妈撞见了，一准会问："小奥子，回老家办暂住证，赶紧哪！"即使没人查暂住证，奥巴马如果要买车买房的话，也得颠颠地回夏威夷办暂住证，装电话也只能装预付费的。

当然，奥巴马可以回夏威夷选举，但江东父老并不像芝加哥人民那样了解他，他竞选演讲的天赋也无法派上用场，当选比较困难。不过，奥巴马尚有一线生机，前提他要荣获"芝加哥市优秀外来务工人员"，或许可以破破例。但当政府官员肯定没戏了，还没有听说哪位打工仔揣着暂住证当上局长市长的。

以上仅仅是假设，有些张冠李戴。毕竟美国归美国，中国归中国。不过可以肯定的是，人才自由流动，公民自由迁徙，自由选择职业，自由追求梦想，这应该是人类社会的普适价值。奥巴马说"在地球上任何其他国家，我的故事都不可能发生"，话里显然有矜夸的成分在，但是，因此就不值得我们深思了吗？

中国缺少的不是奥巴马、不是千里马，而是产生奥巴马和千里马的土壤和机制。很多种子还没有来得及发芽，就被板结的土壤压住闷死了。

（选自 http：//blog. sina. com. cn/mengbo）

第二章
言之有物（下）

如上章所述，言之有物是判定文章价值的基本标准。若言之无物，文章便无甚价值。言“谁”之物呢？言自己之物，自己的独家经验、独家思想才是最有价值之“物”，才是最有价值的文章材料。本章主要谈写作文本的思想及其相关问题。

第一节　文本的思想与文章的立意

一、文本思想的含义

“思想”是指通过文本写作所表达出来的基本观点、主旨或情感倾向。一般来说，写作之前作者都有其意图与目的：或者是为了表达某种思想观念（如议论文），或者是想表达某种情感与情绪（如抒情文），或者是传达某种信息或知识（如说明文）。而这些意图落实在文章之中，就成了文本的思想内容，然后读者解读文章就有了对思想内容不同的理解。一篇文章，它的文本字里行间所呈现的意思可能与作者原本的意图不一样，而不同的读者对这篇文章的理解就更是五花八门的了。英国谚语“一千个读者就有一千个哈姆雷特”就是这个意思。哈姆雷特是英国著名剧作家莎士比亚剧中的主人公，这个谚语是说每个读者（观众）心目中的哈姆雷特形象都是不一样的。鲁迅在评价《红楼梦》时也有类似的说法，他说：“一部《红楼梦》，经学家看见《易》，道学家看见淫，才子看见缠绵，革命家看见排满，流言家看见宫闱秘事。”（《鲁迅全集·集外集拾遗补编·〈绛洞花主〉小引》）可见，作者之意旨与文本之含义、读者之理解不是一回事。因此，广义的“文本思想”包括上述三种，狭义则只指作者之意。本章主要从写作的角度来谈文本思想，是狭义的用法，侧重于探讨写作意图的生成、确立、表现等问题。

二、写作意图的生成

中国传统写作理论历来强调“文以意为主”、“立意为宗”。明代王夫之说：“无论诗歌与长行文字，俱以意为主。意犹帅也。无帅之兵，谓之乌合。”（《姜斋诗话》）清代李渔说：“古人作文一篇，定有一篇之主脑。主脑非它，即作者立言之本意也。”（《闲情偶寄》）这都说明了“意”在写作和文章中的重要地位和主导作用。“意”是一篇文章的灵魂，材料的取舍、详略的处理、结构的安排、表达方式的选择、语言的运用等都要依据写作意图而定，为意图的实现而服务。由于“意”是文章的统帅，在文章的建构中起着主导的作用，因此写作时就要做到“意在笔先”，即在动笔行文之前就要确定好“意”，然后才按此行文。

立意是一篇作品所确立的文意。它包括全文的思想内容，作者的构思设想和写作意图及动机等，其概念的内涵要比主题宽泛得多。立意产生在写作之前。区别于立意，一般意义上所说的主题，就是指作品的中心思想和文章的中心论点及基本观点。主题没有立意的全部特征；立意大于主题，包含主题思想。

一般来说，写作意图的生成有以下几种情况：

其一，长期积累，自然孕育。即作者在长期的社会生活实践中积累了大量的生活素材，同时也在进行着感悟与思考，经过时间的推移和认识的发展，思想逐渐形成，最终生成写作之“意”。

其二，偶然触发，顿悟得之。即作者先前并没有什么思想要表达，但因为某种特殊的机缘受到刺激或触动，突然产生某种思想或情感，于是写成文章。

其三，依据需要，研究得之。即作者有了具体的写作任务之后，有针对性地去搜集材料、分析材料、归纳总结，而形成写作之“意”。

无论是以上哪种情形，从根本上说，作者之意（思想）还是来自于生活经验的启发，是作者依据其生活积累和思想积累，感悟、分析与思考的结果。因此，我们要善于从生活、材料中提炼思想，善于运用自己的思维能力来提炼写作思想。比如，对于生活和现实我们要有问题意识和怀疑精神，要有自由思想和独立思考的精神品质。

第二节　立意的原则与要求

写作以立意为宗，意的高下优劣决定着文章的价值。要想立意有价值，就应该遵循以下几条基本的原则、标准。

1. 真诚

古人云："修辞立其诚。"无论是文本中所表达的某种思想认识，还是所表现的某种情感体验，都应该真正出自写作者的思考与感受。从写作活动之本质而言，真正意义上的写作乃是一种自我表达的需要。自我表达，自由表达，"我手写我口"，"我手写我心"才是写作的理想境界，也唯有如此才可能写出好的文章。很难想象，言不由衷如何能够写出好文章。也很难想象，一篇虚情假意的文章如何能够真正打动读者，为读者所接受。但现实中作者们往往是奉命作文，被迫写作，言不由衷，结果就写出了不少说假话、空话、大话的虚伪的道德文章。

2. 正确

文章写出来如果给人看或是公开发表，就会对读者和社会产生一定影响，而为了对社会产生积极影响，这样的写作就必须传播正确的价值观和信息，即立意要正确。立意正确，包括认知、价值观、道德观等方面，就是要能够正确认识客观事物，传递正面的价值观，引发读者对真善美的追求、对假丑恶的憎恶。像某晚报 1996 年 9 月 9 日发表的一篇题为"垫高约会滚下楼梯——女青年为让男友称心，大伤"的新闻就违背了立意正确的原则。这篇新闻报道说天津某女子与男友首次约会，因自感身材较矮就特意买了一双鞋跟 6 厘米高的皮鞋，不料右脚鞋跟突然脱落，该女子因此从楼梯滚落，受了重伤。该报道引导我们思考什么呢？其意义究竟何在呢？作者的意图并非批评生产劣质产品的厂家，对劣质产品给消费者造成的伤害予以同情。相反，在字里行间充满对受害女子揶揄和嘲笑的意味，无端否定了人们爱美的权利，这显然传递的是不正确的价值观，不符合人道关怀的精神。客观上讲，消费者的"爱美之心"不是制造悲剧的根源，是不应该被无端指责和讥讽的，倒是那家生产劣质高跟鞋的厂家，应该为此事件承担责任。而此文作者的立场则实在有悖于一个新闻工作者的社会责任感和职业良知。

当然，“正确”与否要因时代、地域、社会整体的认识水平与思想倾向而定，此时此地认为是正确的，彼时彼地则未必。因此，我们不能被“正确”的标准束缚了我们的思想自由与表达自由。在现阶段，只要是不违背现行的法律，不违背公认的社会道德准则，写什么都是可以的，都不能算错。而且，“正确”这个标准对不同文体的要求也是不一样的。如果是实用性、应用性文章，“正确”的标准就比较严格，但对文学创作而言，就几乎可以忽略。许多文学作品的立意往往并不正确，却并不影响它们的文学价值。比如《三国演义》的作者所宣扬的“天下大势，合久必分，分久必合”的“历史循环论”，以及“拥刘反曹”的“正统”皇权观就并不符合历史事实和历史规律。当时的魏、蜀、吴三国，曹操统治的魏国才是真正的“三个代表”，代表着先进的生产力，先进的文化，代表着当时最广大人民的根本利益。又比如《红楼梦》也宣扬了作者的某些宿命论观念，这不能说是正确的、健康的，但也无损其文学价值。文学作品主要是靠形象、情感来感染人，而不是靠讲道理来说服人，因此立意正确与否就不是特别重要。

3. 集中

“意”是统摄全篇文章的总纲，必须单纯集中。古人所谓“立意要纯一而贯摄”（刘熙载《艺概》），“文主于意，而意多乱文”（魏际瑞《伯子论文》）都是这个意思。一篇文章最好只集中表达一个意思，若是贪多，势必导致用笔不集中或者使文章紊乱。用笔分散就很难把意思说明说深说透，这样写出来的文章就难免浮于表面，价值不大、感染力不强。许多人常犯文章主题不集中的毛病，原因主要是抓不住关键和要害，什么都觉得重要，结果不分主次、优劣，不作取舍，全部摊出；或是对无益于主题的材料舍不得放弃，觉得这也生动，那也有趣，结果被材料牵着鼻子走，枝节旁生，主题自然不能集中。魏巍在写《谁是最可爱的人》时，“原也想说好几个意思”，在初稿中“面面俱到，想告诉人家这个，又想告诉人家那个”，“结果问题提得不尖锐，不明确，更别说深入地解决问题”（《我怎样写〈谁是最可爱的人〉》）。后来他只写了一个意思，即志愿军战士是我们最可爱的人，这样主题就集中、深刻了。至于长篇小说等大部头文学作品，虽然常呈现出“多主题”、“复调”的面目，但作家在创作时往往还是有其思想重心，尽可能力求立意集中的。

4. 深刻

所谓深刻，是指要揭示事物的本质与真相，反映事物的内部规律，挖掘出引人深思的思想意义。要想立意深刻，应该注意以下几个方面：一是要辨源流。循流溯源，弄清来龙去脉，找到问题的根本。二是要析因果。通过因果关系的分析，找出原因，对症下药。三是要顾左右。要从事物之间的联系出发，由此及彼，全面考量，通盘掌握。四是要比异同。要从事物的异同分析之中探究本质，得出意义。

深刻的关键在于不能就事论事，而是要透过现象看本质。如，例文《一隅》，写平凡生活中再平凡不过的售票员小伙子。开头写他在公众场合用随手拈来的草棍在剔牙，乍一读足以令人嗤之以鼻。随着叙事的展开，小伙子的形象在慢慢发生变化。结尾处，文本揭示出平凡世界中“一隅”的主旨：“你的心并不是粗砺荒漠的一片，那光明的一隅，会永远充满了温情地留给世上无助的弱者。”这样以小见大，立意便深刻了。

从平凡小事中挖掘出深刻的意义，这是立意深刻的题中之意，也是鲁迅所说的，用“显微镜”和“望远镜”看问题。如穿着打扮，表面上看只不过是日常生活中的小事，可深入挖掘就能从中发现许多深刻的意义。比如从穿着打扮可以看出人的个性、心理动机甚至是人品，从穿着打扮可以看出时代的风尚甚至是政治文明程度。所以莎士比亚说“衣裳常常显示人品”，法国小说家法朗士则说：“妇女装束之能告诉我未来的人文，胜过于一切哲学家、小说家、预言家及学者。”梁实秋也得出“衣裳是文化中很灿烂的一部分”的深刻认识。（《衣裳》）而且，我们还可以从今天女性的穿着打扮上面看出男权中心的社会文化背景，它导致女性按照男性的口味来穿着打扮。

立意的深刻不是强自拔高，故作高深，应当是从事物本身合理分析归纳而得出，是以对象本身为基础，以作者的思想认识水平为基础而自然得出的。写作者要注意力戒故弄玄虚、不懂装懂，切忌拿经不起推敲的“深刻”来蒙人。

5. 新颖

立意新颖，既包括新的认识、新的观点，也包括新的开掘、新的角度。立意新颖首先就是不能人云亦云、毫无新见，或者是写一些陈旧的老掉牙的意思，而是要努力求新求异，与众不同。立意新颖还意味着要与时俱进。我们写文章要站在时代的前沿，敏锐感应时代的新变化。比如关于劳模标准的问题，过去我国各级政府评劳模，往往是评那些工作在生产第一线的普通工人、农民，诸如种粮大户、环卫工人等，因为他们的劳动最苦最累。可是现在评劳模则多是选那些大企业家、科学家，因为他们创造的财富更显著，社会示范作用更明显。前几年曾将姚明评为全国劳动模范，结果引起网友的一片热议，很多思想僵化、陈旧的人还是用过去的观念来看问题，认为不应该评姚明为劳模。其实姚明完全有资格被评为劳模，问题只是在于在新的时代背景下人们怎样衡量劳动的价值。又比如，我们过去强调勤俭节约，大力提倡生活节俭，可现在为了扩大消费促进生产，再也不会提倡生活节俭了，而是要刺激大家消费，鼓励人们提高生活水平。

第三节　文本思想的提炼与表现

一、炼意的途径

提炼文本思想，即通常所谓的炼意。写作活动的过程，就是对文本思想的提炼过程。炼意的途径，主要可从以下几个方面入手：

其一，在尽可能全面掌握材料的基础上提炼思想。要获得对相关事物的正确认识，一个重要的前提条件，就是要尽可能全面地掌握有关材料。

其二，在向事物内在纵深层面的挖掘中提炼思想。要善于由现象探寻本质，由现实探寻历史，由结果追问原因，要在逐层深入的推求与追问过程中，达到对事物尽可能深刻的认识。

其三，在多种结论的比较选择中提炼思想。在提炼文本思想时，应该尽可能采用不同角度和方法去分析材料并获得多样性的结论，并在此基础上进行选择，提炼出角度独特、见解新颖的认识。

例如，本章所附例文《〈对话〉的余思——记钱锺书先生的闲谈风度》，作者认为，钱锺书博览群书，却又看“透”资料，绝不迷信书籍，实现了以我为主的对资料的真正“占有”。有人认为，钱锺书的大脑仿佛是一个容量超大的硬盘，装着很多目录，当他需要的时候，他可以发动大脑的引擎，迅速找到需要的东西，来佐证、申述他的观点。这些评价可谓

“言有大而非夸”。下面再举《宋诗选注》言之。王安石《泊船瓜洲》诗中“春风又绿江南岸”的“绿”字用得十分巧妙，自古以来广为称道。《宋诗选注》注曰：

这句也是王安石讲究修辞的有名例子。据说他在草稿上改了十几次，才选定这个“绿”字。最初是“到”字，改为“过”字，又改为“入”字，又改为“满”字等（洪迈《容斋续笔》卷八）。王安石《送和甫寄女子》诗里又说：“除却春风沙际绿，一如送汝过江时”，也许是得意话再说一遍。但是“绿”字这种用法在唐诗中早见而亦屡见：丘为《题农父庐舍》：“东风何时至？已绿湖上山”；李白《侍从宜春苑奉诏赋龙池柳色初青听新莺百啭歌》：“东风已绿瀛洲草”；常建《闲斋卧雨行药至山馆稍次湖亭》：“行药至石壁，东风变萌芽。主人山门绿，小隐湖中花。”于是发生了一连串的问题：王安石的反复修改是忘记了唐人的诗句而白费心力呢？还是明知道这些诗句而有心立异呢？他的选定“绿”字是跟唐人暗合呢？是最后想起了唐人诗句而欣然沿用呢？还是自觉不能出奇制胜，终于向唐人认输呢？

宋诗中像“春风又绿江南岸”这类名句，前人评赏已成千累万，钱锺书更能别出新意。钱锺书指出“绿”字在唐诗中早见亦屡见，由此而提出“一连串”五个问题。钱先生不予回答却妙在不言中。这里提示我们在作影响比较研究时，应注意作者种种复杂的创作心理状态，切忌一概而论。又如，叶绍翁的《游园不值》中“春色满园关不住，一枝红杏出墙来”这一耳熟能详的名联，《宋诗选注》注曰：

这是古今传诵的诗，其实脱胎于陆游《剑南诗稿》卷十八《马上作》：“平桥小陌雨初收，淡日穿云翠霭浮。杨柳不遮春色断，一枝红杏出墙头。”不过第三句写得比陆游的新警。《南宋群贤小集》第十册有另一位“江湖派”诗人张良臣的《雪窗小集》，里面的《偶题》说：“谁家池馆静萧萧，斜倚朱门不敢敲。一段好春藏不尽，粉墙斜露杏花梢。”第三句有闲字填衬，也不及叶绍翁的来得具体。这种景色，唐人也曾描写，例如温庭筠《杏花》：“杳杳艳歌春日午，出墙何处隔朱门”；吴融《途中见杏花》：“一枝红杏出墙头，墙外行人正独愁”；又《杏花》：“独照影时临水畔，最含情处出墙头”；李建勋《梅花寄所亲》：“云鬓自粘飘处粉，玉鞭谁指出墙枝”。但或则和其他的情景掺杂排列，或则没有安放在一篇中留下印象最深的地位，都不及宋人写得这样醒豁。

注文连续引用了唐人的四个例子，可看作是这一意象的演化小史：唐人的不及叶氏的“醒豁”，南宋陆游的不及其“新警”、张良臣的不及其“具体”。这里有来龙去脉的爬梳，有优劣长短的评赏。一个意象的产生不是孤立的、静止的，对意象作出历史的、动态的描述和分析，在此书中是大量存在的，也是最使人心折的部分。（参见《关于〈宋诗选注〉的对话》，原载《文史知识》1989 年第 5 期。）

钱锺书读书很多很细，遇到一个话题，几乎能把国内外同类的书、同类的主题尽数列举出来，确实是难得一见的高手。更难能可贵的是钱锺书驾驭材料、提炼思想的能力。上述考证，绝不像清朝考据、训诂学派钻进故纸堆的那种考证，也远远超过了当今数字技术所提供的机械搜索，正是因为这里贯穿了钱先生的独立思考、独到见解和创新意识。假若没有思考能力，即使占有再多的材料，不过像中药铺子，被分离放置在柜上的小匣子里，不能形成一个有机的整体，更不能生成独家的思想。

二、文本思想的表现

作者的思想在文章中的表现方式是多种多样的，可以直接呈现，也可以间接含蓄地表达。像议论文、说明文以及应用文等写作往往就是一种直接的呈现，作者的思想意图在文章中直白显露，读者一览即知。而许多非实用性写作比如文学创作则多采用间接暗示的方式来表意。文学创作中作者的思想主要不是观点形态的，而是情感意蕴形态的，因此大都通过形象、情节来含蓄传达。所以恩格斯说，文学作品的倾向“不应该由作者把它特别地点出来”，而应该“通过情节和场面自然而然地流露出来”。而且，文学创作中作者思想的表现往往是越含蓄越有艺术魅力。按照接受美学的观点，作者表意越含蓄，就越是能在作品中留下一些“空白点”，而这些“空白点”起着召唤读者来参悟和破解的作用，这就能够为读者留下更多的思考与想象的空间，调动读者阅读时精神参与的积极性，读解出许多作者自己也未曾考虑过的东西，从而大大丰富了作品的意蕴。

直接表意的方式与手法多种多样。作者可以利用文章的标题来表现，可以用主题句在文中表现，也可以用开门见山、卒章显志、铺垫与扬抑法等结构形式，还可以用对比、类比、引申等手法来表现。对比可以强化意思的表达，而类比则可以让人们借助已掌握的知识和道理去获得对未知事物的认识，可达到深入浅出的说理效果。如鲁迅的《一件小事》将人力车夫这件小事与“所谓国家大事”、“文治武功”两相对照，看到了劳动人民的神圣和统治阶级的腐朽。柳宗元的《捕蛇者说》拿赋敛之毒与毒蛇之毒、猛虎之猛来类比，从而得出了“苛政猛于虎”、“孰知赋敛之毒有甚是蛇者乎”的深刻见解。人人都知道毒蛇和老虎的可怕，但未必都知道赋敛的可怕，一类比，赋敛之重也可逼死人的深刻主题就昭然若揭了。《邹忌讽齐王纳谏》拿个人生活中的事情（比美）与国家政事类比，以说明纳谏的重要性。苏轼的《石钟山记》从游览考察一座山的经历中引申出一个道理：“事不目见耳闻，而臆断其有无，可乎？”

间接表意的方式与手段也是多种多样的。比如诗歌多用比兴手法，借助意象、比喻等手段曲折表现诗人的意思。比如《诗经》中的《硕鼠》：“硕鼠硕鼠，无食我黍。三岁贯汝，莫我肯顾。逝将去汝，适彼乐土。”就是一种隐喻的表意手法。奴隶们不堪奴隶主的剥削与压迫，决心逃亡，他们暗中联络，为了保密就用了隐喻的方式，把贪得无厌的奴隶主比喻为硕鼠。比如苏轼的《水调歌头》：“明月几时有？把酒问青天。不知天上宫阙，今夕是何年。我欲乘风归去，又恐琼楼玉宇，高处不胜寒。起舞弄清影，何似在人间！……但愿人长久，千里共婵娟。”就用“青天”、“宫阙”这些意象暗指皇帝与皇宫，隐晦地表达了贬谪中的苏轼向皇帝致意，请求将他调回京城的意思。有时候诗歌、散文往往用托物言志的手法来表意，如屈原的《橘颂》表面上是歌颂橘树择地而生的生物特性，实则是寄寓了作者对独立不迁、不因时俗环境而改变自己本性的君子人格的赞颂。小说创作也往往用隐喻、象征等手法来曲折表意。鲁迅的小说《药》就具有强烈的隐喻性。小说中的华、夏两家正是华夏民族（中国）的隐喻，病人华小栓正是中国这个“病人”的隐喻，而治痨病的药方（人血馒头）则是治中国的病（救中国）的药方——“革命流血”的隐喻。鲁迅是借这篇隐喻性极强的小说含蓄地表达他的政见，他认为当时的中国已病入膏肓，但救中国的药方不是流血的暴力，而是启民智、聚民心。

附例文

《对话》的余思

——记钱锺书先生的闲谈风度

王水照

日本早稻田大学内山精也同学去年（1988）来沪留学时，在给我的《进修计划表》上，就要求给予访问钱锺书先生的机会。但他深知钱先生倦于应接，我也一向遵守“不干扰即尊敬”的原则，所以彼此就不再议及。我和他《关于〈宋诗选注〉的对话》发表后，他终于委婉地说：“我想到北京去一次。”于是我不得不向钱先生提出请求。很快就收到先生的来函：“内山先生惠过，当遵命晤谈，以结文字因缘，亦杜诗所谓‘蓬门今始为君开’也，一笑。”他还说已看过我们的《对话》，“奖借过量，益增惭悔”。内山同学获悉后，11月1日即匆匆飞往北京。

11月7日晚，窗外大雨如注，宿舍区阒然无声，内山同学竟来叩门。在门口，他就急切地告诉我：“我已见到了钱先生，这次对我太有意义啦！”我让座后，才知他刚从京返沪，要把会见的情况尽快让我知道。他说：“这次谈话真是一种享受。整个谈话过程中，我只是静静地聆听。先生思路敏捷，幽默风趣，时时夹着英语、法语，对目前国外情况也了如指掌，仍在经常阅读外文的报章杂志，完全看不出已是年届八十的老人了。他谈了一个半小时，我却全然没有感到时间的流逝。”他还告诉我：“钱先生一直杜门谢客，已有两年不在家里接待外国朋友了。我作为少有的例外，实现了自己长久以来的愿望，得到了最大的满足。唯一的遗憾是我的汉语水平太差，不能把他的每句话都吃进去。”

内山同学的兴奋和激动，不禁使我自己想起以前聆听钱先生谈话时所感到的惊服和震撼。从1960年到1978年，我在中国社会科学院文学研究所古代文学组工作，又具体分在唐宋段，即受钱先生的亲切指导。在编写

《中国文学史》和《唐诗选》的两项集体工作中，更多次获得耳提面命的机会。编写《唐诗选》时，有个“疑难杂症”的“会诊”会，由我先把大家在注释中遇到的一些难点整理印发，大约每两周讨论一次，这时钱先生谈辩锋出，纵横无碍。也在这个时期，我在他的干面胡同寓所有过多次长谈。他喜欢在房间里边走边高声谈话，有时为自己的善譬妙喻爽朗大笑；有时逼近我的面前，提个问题考考，如果我偶尔能答上一二句，他就不无揶揄地夸说几句；有时取出他的读书笔记本说上一番。他的读书笔记本也颇与众不同，满页密密麻麻，不留天地，一无空隙，但他一翻即能找到所需之处。每次谈话，总是整整一个下午，直到不能不告辞的时候。这些讨论和谈话，我在当时都有记录或事后的追记，我还查核过他在谈话中提及的典籍，可惜在浩劫中被我自己销毁了，具体内容尚待追索。但可以说，从他的这些日常谈话中，我才稍稍窥探到中国学术文化深邃浩瀚的境界，才领悟到一些真切的艺术底蕴。

钱先生谈艺衡文，活而不空，融而不玄，常能得到一般课堂教学中所得不到的启迪。他对文学作品的“鉴赏和评判”，着重于对艺术审美的真正把握。60年代初，他第一次招收研究生，我的一位北大同学打算报考，托我问他应该阅读哪些参考书，他回答说：“用不着什么准备，准备也没有用。”

后来我们在帮他评卷时，才发现这样一些试题：试卷上抄录了若干首无主名的诗作，要求辨认出它们是学习唐宋哪些大家的风格；抄录了白居易的一首代表作，要求指出其中有否败笔，为什么是败笔等。这些题目的难度或许偏高，却是对考生艺术分析能力的真正测验。答卷中居然有人大谈白居易那首诗的思想特点一二三，艺术成就甲乙丙的，很可能是紧张之中没有看清题目，就按流行的试题套式作答了。

钱先生的随意闲聊更充满这种耐人寻味的东西。比如我曾研究过韦庄《秦妇吟》，他就说，此诗长达1 666字，为现存唐诗之最，结尾仅说：“愿君举棹东复东，咏此长歌献相公”，是不是缺乏与全诗相称的艺术力量。中国长篇叙事诗的结尾似乎好的不多。崔颢的名作《黄鹤楼》，既说“晴川历历”，又说“烟波江上”，如何理解；韩愈的《原道》与明清的八股文之间有否暗脉相通之处，又是为什么，等等。这些篇章，常习不察，突被点醒，够我好好思索钻研一番的了。从他的闲聊中，似乎可以捉摸出一些他的艺术思维的路数和特点，再来读《宋诗选注》等著作，对其中开启心扉，点拨心灵之处有时会获得冥契神会的乐趣。杨绛先生说：“《管锥编》、《谈艺录》的作者是个好学深思的钟书”，也可以帮助理解《宋诗选注》。

《宋诗选注》与《管锥编》、《谈艺录》等著作，虽有白话和文言之别，但都具有点到即止，高度浓缩，“蕴而不发，发而不尽”的特点，需要我们寻找多方面的参照系来加深领会和理解。钱先生的日常谈话实在是不可多得的启发比照资料。我于1984年至1986年间在日本东京大学任教，有次应爱知大学之邀去作学术报告，替我翻译的荒川清秀先生对我说：“1980年秋钱先生曾在我校作了一次即兴式的讲演，还留下手稿。”我知道钱先生访美时，不喜作有事先准备的讲演，而是用一口标准的“牛津英语”当场答难解疑，举座惊服。他精通数国语言，唯独不谙日语，这次只好写稿供翻译之用。我就请荒川先生复印一份给我，并说：“如果我早知道钱先生来演讲过，我就不敢来献丑了。”手稿一共有五页，三页用的是东京新大谷饭店的用笺，二页则是名古屋饭店的。在异国他乡，读着熟悉的挥洒飞舞的手迹，如亲謦欬，我不仅想象到他旅途倥偬，振笔直遂的情景，更感受到他日常谈话时那种才情横溢，妙语连珠的快意。就连礼节性的开场白也不同一般：“……先生们出的题目是‘粉碎“四人帮”以后中国的文学情况’，这是一个好题目，好题目应当产生好文章；但是这篇好文章应当由日本学者来写。中国老话说：‘旁观者清，当局者迷’，又说：‘不识庐山真面目，只缘身在此山中’，西洋人说：‘A spectator sees most of the game’，贵国一定也有相似的话。……我个人还有一个很大的不利条件，我对日本语文是瞎子、聋子兼哑巴，因此今天全靠我这位新朋友荒川清秀先生来做我的救苦救难的天使，而诸位先生都是精通中国语文的，所以我对中国文学现状的无知，诸位一目了然；而诸位对中国文学现状的熟悉，我两眼漆黑。用19世纪英国大诗人兼批评家S. T. 柯勒律治的话来说，各位有knowledge of my ignorance，而我只是有ignorance of your knowledge，诸位对我的无所知有所知，而我对诸位的所知一无所知……”亦庄亦谐，而又一股英迈凌厉之势。在这之前不久，他曾在东京早稻田大学也作过一次演讲《诗可以怨》（已收入《七缀集》），开头也有一段“客套话”，讲了不懂号码锁，又没有开撬工具去发现知识宝库的“穷光棍”，讲了自称发明了雨伞，孤陋寡闻的意大利“土包子”，妙趣横生，新颖生动。两次开场白皆表自谦之意，但用语和设譬竟毫不雷同。

读到这种地方，我往往想起他的著作。例如《宋诗选注》讲苏轼用“博喻”之妙：“一连串把五花八门的形象来表达一件事物的一个方面或一种状态。这种描写和衬托的方法仿佛是采用了旧小说里讲的‘车轮战法’，连一接二的搞的那件事物应接不暇，本相毕现，降伏在诗人的笔下……”

或许可以说，只有像钱先生这样的才具，才能如此深刻地理解苏轼的“博喻”，并用生花妙笔加以精辟的表述。他的客套的“普通话”实不“普通”。他的日常谈吐实在也是一种艺术创造。我们在文学研究所时，平常如遇到可恨可恼或可喜可慰的事情，却又苦于无法表达时，同事间总会说：“如果钱先生在，一定又会有几句妙语来勾勒了！”

钱先生平生不藏书。他的旧寓中只有一只书柜，几部外文工具书外，大都是他父亲钱基博先生遗留的珍贵典籍文献。但他却无书不读，从经史子集到稗官野史，小说笔记，佛藏道书，方志舆地，无不采择。他似不专攻古典小说，但在访美的一次座谈会上，有位研究生以论《平妖传》的毕业论文请教，他便与之讨论书中的几个人物形象的评价；他读《西游记》竟至十多遍。他读“破”过几部英文辞典；他读马克思，恩格斯以及黑格尔，用的是德文原著。“文革”前，他常去文学所书库找书，借书，新分配来所的大学生如在书库中碰上他，往往能听到他的现场介绍，历历如数家珍。文学所藏书颇丰，他可能是书后借书卡上签名最多的一位。他读书速度之快，掌握要点之准，实为罕见。有次他对我说：“最近我花了两个星期，把十三经全部温了一遍，又发现好些好东西。”接着就滔滔不绝地讲他的“发现”。读得快正由于读得熟，读得精。

文学所的年轻同志中间流行过一句话：何其芳同志的理论素养+钱先生的丰富知识=治学的最高目标。现在仔细想来，这话对两位都是一种误解。对钱先生的误解是双重的，他博览群书，却又看“透”资料，绝不迷信书籍。他给我的信中说：“学问有非资料详备不可者，亦有不必待资料详备而已可立说悟理，以后资料加添不过弟所谓‘有如除不尽的小数多添几位’者。”他在访问美国国会图书馆时，“馆中有司导观其藏书库，傲然有得色，同游诸公均唧唧惊叹，弟默不言，有司问弟，弟忍俊不禁，对曰：‘我亦充满惊奇，惊奇世界上有那么多我所不要看的书！’主者愕然，旋即大笑曰：‘这是钱教授的风趣了！’虽戏语，颇有理，告供一笑”。他实现了以我为主的对资料的真正“占有”。更重要的，钱先生不屑于脱离具体的文学事实去建构庞大的理论“体系”，但他通过对具体文学事实的“鉴赏和评判”，已经多方面地揭示出实实在在的，牢确不移的艺术规律，理在事中，体大精深，形成了自己独特的美学理论体系。有次陈子展先生对我说：老一辈学者中只有两位美学家，其一即是钱先生。在研究方法上，他也融汇百家而自成一家。在上述爱知大学的演讲中，他就提倡文学研究的多样性和多元化。他在随口介绍德国、意大利、荷兰三种论述研究方法的著作（他们都重视马克思主义的研究方法）以后说："我也希望，不久的将来，中国文学研究里也会出现这些派别，造成另一种百家争鸣的局面。百种禽鸟鸣叫各自的音调，而不是同种的一百头禽鸟比赛同一音调的嗓子谁高谁低。"他还指出，人文科学和自然科学有一点不同：自然科学里，一种新学说的成立和流行，旧学说往往被取而代之，只保存历史上的价值；在人文科学里，至少在文学里，新理论新作品的产生，并不意味着旧理论旧作品的死亡和抛弃。"有了杜甫，并不意味着屈原的过时；有了巴尔扎克，并不意味着塞万提斯的丧失价值；甚至有了反小说，并不表示过去的小说已经反掉。易卜生不是莎士比亚的替人，只是他的新伴侣，正像欧内斯库（法国荒诞派戏剧家）不是易卜生的篡夺者，而也是他的新伴侣，也就是莎士比亚的新伴侣。在文学研究方法上也是这样，法国的'新批评派'并不能淘汰掉美国的'新批评派'，有了什克洛夫斯基（俄国形式主义文论家）并不意味着亚里士多德的消灭。正好像家里新生了一个可爱的小娃娃，他的诞生并不同时等于老爷爷老奶奶的寿终。"他认为各种有价值的流派，"完全可以同时共存，和平竞赛"。他还指出外国的"古老的时新货物"（这是迪斯瑞尔利小说中一家旧货铺子的招牌中的句子），在中国变成了"时新的古老货物"的现象，但又精辟地指出这种现象可能是一种"必然经过的阶段"。这些话是在1980年秋天说的，他的文学思考是与我们时代同步的，甚至是超前的。因此，尽管《宋诗选注》是部"普及性读本"，《谈艺录》、《管锥编》更是采取我国传统"诗话"、"札记"的著述体裁，文字典雅朴奥，却完全是现代人对整个学术文化，特别是文学艺术的理论思考。

一位熟悉钱先生的学者说过，钱先生可能会有一种特殊的"孤独感"，因为很少有人能与他处于同一水平，可以相互酣畅地对谈，很多场合下是单向的施受而不是双向的交流。杨绛先生也说过，她父亲和钱先生在诗文上有同好，有许多共同的语言，常用一种"精致典雅"的风格说些俏皮话，相与笑乐。我觉得这些观察都很深刻，颇堪玩索。当然，钱先生的日常谈话风格也是多样的，因人而异；但咳唾珠玉，都映射出钱先生整个学识、人格的光彩。功夫在"书"外，联系钱先生的学识、人格来读《宋诗选注》等著作，可能是最重要的一种"读法"（我在《对话》一文中提到过《宋诗选注》的四种读法），但我无能做到。

（选自王水照《半肖居笔记》，东方出版中心1998年版）

一隅

戴　晴

你坐在那儿，在那高高的售票员的位置上，用一根显然是随手拈来的什么草棍在剔牙。

“钓鱼台——下车请打开车月票，关俩门”，你用标准的售票员的腔调漫不经心地报着站名：“下一站——”

这种腔调，这一天要重复上百遍的几句话，这短短的车程——不过十几站——，对你这样聪明的小伙子来说，也许用不了两天就全学会了。那么，你剩下的时间，剩下的精力，做什么呢？

你穿了件相当“帅”的针织尼龙衫，头发留在既不落伍又不太“匪”的长度上，也许从半夜起就在首都体育馆的铁栅栏外面排队，等着买两张新歌星的票子的年轻人里头有你？

你并不像一些“热心服务车”的主人那样周到地宣传；对几个娇滴滴的小妞和愣头愣脑的外地人也不很客气，你不怎么检票，也不张罗什么，就那么淡漠地、心不在焉地坐在那儿。这神情不像二十一岁，倒像七十一岁。是不是家里住的太挤，从小没少挨爸爸的揍，长这么大也没听过几句熨帖的话，从懂事开始，就在“天天斗”里混……于是，在你的性格里已经失去了亲切、热诚地待人的习惯？

就在这时，她上来了。她很年轻，但却抓着扶手，像数着步子一样一阶阶踏上来，跨了两步，站到了我的面前，这是个高高的姑娘，皮肤细嫩得像婴儿，却苍白得像久卧的病人。她的装束——唉，这样装束的姑娘如果说1966年夏天满街都是的话，今天却实在是寥寥可数了：一件褪色的军装和斜挎在肩上的军用书包。她微笑着，两根短辫搭在肩上，一双眼睛直直地望着前方。我敢打赌，我们现在已经很少见到这样微笑着的姑娘了，那些总觉得世界对不起她们的年轻女士们大多数是一脸拒人千里的不耐烦——

你从高高的位子上走了下来，走到我对面一个坐着的小伙子面前。

“起来！”你用膝盖拱了他一下。

“什么……”正在看书的小伙子觉得莫名其妙。

“让你起来就起来！”你压低了声音说。我开始担心了。难道为了比这还轻得多的几句话就骂起来甚至打起来的事还少么？

“这……”老实的小伙子虽然依旧不知道怎么回事，但在你那不容置辩的语气下，还是站了起来。

“别——”微笑着的姑娘苍白的脸上升起一片红晕。

“一会儿再跟你说。”对那正从座位上迈出腿来的小伙子，你又低低地补了一句。

“她眼睛……”我背后的两个妇女轻声说。显然，她们是这趟车的老乘客了。我和对面那让座的小伙子，也在一瞬间明白了。

姑娘道着谢，那么拘谨地坐下了。她还是那样微笑着两只眼睛直望着前面。

终点站到了。盲姑娘怎么办呢？也许她应该等到最后下吧。可是她那么心急，几步跨到门口，挤入下车的人流。

“啊，瞧你——”你想过来照顾她，又止住了。

“别——”她朝前挤着，着什么急呢？

“小张！”你朝后座的女售票员嚷起来，“你快扶扶她！”小张没下车，但也没拒绝，只是清亮地喊了一声：

“哪位乘客劳驾把这位同志送到366路车站！”

“不用了！”姑娘说着，踉踉跄跄地加快步子，不稳，落到紧跟在她后面的我的手上。

我扶着她，把手架在她的腋下。不错，她残废了，也不修饰自己；可她少女的本色并未失去，那么柔嫩、那么温热；她重重地倚着我，不设防、不矜持，只有令人动心的依顺……噢，我似乎明白了，你为什么不来扶她……

“摔过么？”我问。

“没有。”姑娘微笑着说，“磕磕碰碰倒是常事”。她要去上工了，她不怨恨自己的命运，只是对给别人添了麻烦感到歉意。

回头望去，你又那么漠然地爬上了售票员高高的位子，又要拖着标准腔报站名了。谁知道呢，也许街道居委会主任从来没有“待见”过你，“优质服务员”的奖状和你也不怎么有缘；对负你的人，你也许骂得出不堪入耳的脏话，没准还想动手……可在这样一个姑娘面前，却连“看不见”这种字眼都不肯出口，生怕伤了她；你甚至不好意思碰她一下，虽然你的用意那么纯，纯得就像清晨的雪。你没读过大学，也许除了《大众电影》也不看别的书，可是我知道，你的心并不是粗砺荒漠的一片，那光明的一隅，会永远充满了温情地留给世上无助的弱者，就比如这沉静微笑的姑娘。

（原载《光明日报》1981年8月20日）

第二章 文章的构思

写作中的思维活动也叫构思。在构思的过程中，写作者把文章构成的各种要素融为一体，最终形成了一篇完整的文章。构思是行文的基础，只有想得奇，才能写得妙。只有构思得好，才可能构建一个完美的结构，并给人一种行云流水、舒卷自如的感觉。写作的构思活动，贯穿于文章写作的全过程。但是，人们一般倾向于把作者动笔之前在心目中进行预想和设计时所进行的一系列思维活动，称为构思。我们现在所讲的构思，就是侧重于这种含义。

第一节 构思与结构的关系

一、构思的含义

构思，是指整个写作过程中的一系列思维活动，是写作活动中的重要环节。它包括对文章内容和形式的统筹安排，提炼主题和选择材料，谋篇布局和遣词造句等；也包括对文章内容“结构”的具体思考，如怎样开头、如何结尾，怎样过渡和照应等诸多问题。构思是一种创造性的思维活动，具有强调独创性和新颖性的特点。

古今中外多少名作佳篇都是作者的奇思妙想的成果。文章中一个个深刻而精彩的人生哲理，一个个经典而传世的人物形象，一个个独特新颖的篇章结构，一个个引人入胜的情境等，都离不开作者超人的艺术构想和沉思。没有经过深思熟虑，费尽一番心思，是不可能写出有价值的作品的。即便是那些已经得到认可的知名作家，如果不细察生活、审慎思考，写出的“急就章”也不会是精品。可想而知，那种粗疏之作，从立意到技巧，从结构到语言，都不会有永久的艺术魅力。历史上这样的例子并不少见。

艺术构思的方式是多种多样的，有的人习惯于“打腹稿”，沉思默想，胸有成竹，一气呵成，有的人喜欢拟写提纲，有的人边思边写等。但不管怎样，艺术构思都讲究“深”和“新”。老舍与齐白石交情甚深。一次老舍以“蛙声十里出山泉”为画题，请求齐白石作一幅画。结果，齐白石的画中没画一只青蛙，只见一条山涧，乱石青苔之间涌动着一注泉水，几只蝌蚪摇摆着长长的尾巴顺流而下，背景是淡淡的几抹远山。人们可以根据已有的这些意象，想象和创造出与之相关联的意境，感受到“蛙声十里出山泉”的有声有色的自然情境。这幅画的构思非常巧妙，画中有诗，诗中有画，寓意含蓄，带有鲜明的中国传统审美韵味。因此，构思往往追求一种令人耳目一新的艺术效果。有的文章从立意到语言、结构都没有太明显的缺点，但是，就是因为构思不够精美和新颖，使文章缺少闪光点、缺少新意而没有吸引读者的魅力。

二、结构的含义

“结构”一词，原是建筑学上的一个术语，指的是建筑物的内部构造和整体布局。建筑师用建筑材料设计可视性的结构艺术，作者则用写作材料设计可读性的结构艺术，二者有异曲同工之妙，所以“结构”一词也用来指代文章的谋篇布局。

结构就是文章的布局安排、组织构造，即写作者根据写作的意图，对材料进行适当的取舍剪裁和布局安排，再把这些材料组织起来写成文章的方法和技巧。如果说主题是文章的灵魂，材料是文章的血肉，那么结构就是文章的骨骼。

文章是一个艺术整体，如果结构布局合理精当，就能深刻有力地揭示主题，恰当地调度材料。文章的结构可以体现写作活动的精神创造，为此，作者要尽量掌握多种多样的结构技巧，使文本的布局与谋篇精巧而富于变化，使层次清楚有序，文气自然通畅，并有力地突出和表现中心思想。

三、文章结构的原则和要求

朱光潜说：“在作文运思时，最重要的而且最艰苦的工作不在搜寻材料，而在有了材料之后，将它们加以选择与安排，这就等于说，给它们一个完整有生命的形式。”（《选择与安排》）经营结构要遵循以下几个原则：

（一）整体性原则

系统论认为，系统是一个有机联系的整体。从上述结构的基本内容来看，一篇文章或一部作品是一个完整统一的系统，因此，经营结构必须遵循整体性原则，注意文章或作品内在的和谐与统一。

1. 结构必须是完整的

文章或作品要有头、有身、有尾，这样才能成为一个有生命力的整体。如亚里士多德所说：“所谓‘完整’，指事之有头、有身、有尾。所谓‘头’，指事之不必上承他事，但自然引起他事发生者；所谓‘尾’，恰与此相反，指事之按照必然律或常规自然的上承其事者，但无他事继其后；所谓‘身’，指事之承前启后者。所以结构完美的布局不能随便起讫，而必须遵照此处所说的方式。”（《诗学》）众所周知，有头无尾、言而无序、结构残缺的文章或作品，连起码的写作要求都没有达到，肯定是与佳作、精品无缘了。

2. 结构必须是缜密协调的

也就是说，写作成品各部分之间必须是紧密联系的。结构完整了，还要看其结构之间是否协调一致、浑然一体。在实际写作当中，有很多写作者能够留意到结构的完整性，但是却忽略了结构的联系性和逻辑性，以至于文章的各个部分之间各自为政，没有形成一个有机统一的整体。这当然也是写作之大忌。只有做到缜密协调，才会产生一种“顺理成章”、文气贯通的效果。作家孙犁说过：“作品的结构不单是一个形式的问题，也是内容的问题。因为一篇作品既是描写一个事件，那事件本身就具备一个进行的规律，一个存在的规律。作者抓住这个规律，写出这个规律，使它鲜明，便是作品的基本结构。好结构，使故事情节紧张，刺激性大，帮助表达那内容。”（《谈结构》）文章各部分之间具有密切联系，牵一发而动全身，部分与部分，部分与整体之间融为一体，密不可分。

文章是客观事物的反映，文章的结构表现着作者观察、认识和表现客观事物的思维路线，这个路线就是作者认识事物条理性和规律性的反映。正确反映事物的客观规律，就要注意到事物内在的联系，遵循事物固有的逻辑性。在说明文写作中，常常依照一定的逻辑顺序来说明事物的性状、结构或成因等有关因素。例如大家熟知的叶圣陶《景泰蓝的制作》就是按照景泰蓝制作的过程来安排整个文章的结构的。议论文写作一般是围绕着提出问题、分析问题和解决问题这样的思路展开的。在文学作品的布局中，既可以考虑从事件发展的时间或空间的顺序入手，也可以以人物的心理和情绪发展来结构全篇。

当然，结构反映客观事物的发展规律，并不意味着刻板地复制客观事物。写作是一项极富创造性的活动，作者在反映客观事物发展规律的前提下，应根据实际需要，在文章的结构上变幻多姿、不拘一格。

（二）适应性原则

这里所说的适应性原则，就是结构的设置必须适应其他写作因素和读者接受因素的要求。人们追求精巧独特、别开生面的结构，但是，结构并不是独立的，它还负载着特定的意义和价值。

1. 要适应表达主题的需要

人们追求结构的精巧和新颖，但其首要前提是能够有力地表现主题、突出主题。如果只是一味地玩技巧，追求花样翻新的结构形式，那就本末倒置了。主题是作品的灵魂，也是写作者进行写作的立足点。结构安排的重要内容就是对材料进行选择、取舍、剪裁和组织调遣，这一切的工作都是围绕着表现主题这个原则展开的。虽然有时结构本身可以作为独立的审美对象，但这并不意味着它可以脱离内容而存在。文章的结构需要时时附丽着思想内涵，承载和表现一定的主题思想。而且，如果离开表现主题的需要，文章的主次和详略的安排就失去依据，使写作无法正常进行。因此，结构的安排和设计要以表现主题为基本原则，力求以新颖完美的形式，表现深邃而独到的中心思想。

2. 要适应不同体裁的特点和要求

文章的体裁不同，结构的形态也会有所不同，因而在写作时要注意根据文章体裁的特点和要求安排结构。

应用文的结构大多有固定的格式，具有格式化的特点。这是与应用文本身的功能和要求分不开的。应用文是为了解决机关工作和生活中出现的问题，因而，它目的性强，针对性强，时限的要求也比较严格，因此为了提高机关工作的工作效率，各种门类的应用文渐渐形成了一种属于自己的约定俗成的相对固定化的格式。应用文章的体裁繁多，体裁不同，结构也不同，大致可分为两大类：一类是约定俗成，相沿成习，较为固定。如调查报告的基本结构是：导语—正文（包括情况总体介绍、分析情况和建议措施三部分）—结论。另一类有较大的灵活性，但仍然要遵循一定的写法，如广告写作。因此，应用文的写作，要有文体意识，结构应符合应用文的文体特征，要按照其文体的特有结构和写作要求来驾驭结构形式。既然应用文的结构具有约定俗成的惯用格式，具有程式化和类型化的特点，那么就不能随作者的意愿和兴趣标新立异，随意加以发挥和创造。

文学写作则坚决杜绝程式化，譬如文坛上一直批判盛行多年的“大团圆”的结局。程式化使许多著名的作家陷入困境，再也不能超越自己和他人。当下，我们的生活内容不断地丰富和发展着，与之相应，文学作品的结构也越来越趋向于多元化和开放性。文学作品大多是以人物的思想感情或中心事件来结构全篇。不同的文学体裁对结构有不同的要求，如叙事作品往往以人物为中心来展开情节；抒情作品可以以情绪发展来调度情景；戏剧出于场地和演出时间的考虑，一般要求结构紧凑、矛盾冲突集中。

文学作品的结构灵活多样，最忌千篇一律、千人一腔。古有八股文，今有样板戏，都说明了文章结构模式化的危害。譬如，话剧《陈毅市长》的结构是“冰糖葫芦式”，小说《钟鼓楼》的结构是“橘瓣式”等。文学作品的结构是非常讲究创新的，如果没有这种变化和创新，文学也就失去了生命，失去了存在的价值。

3. 要适应不同读者的需要

在很多时候，写作不仅是为了娱己，还为了娱人。尽管有的人说写作是为了表达自己心灵和情感的需要，然而，这种心灵和情感的表达往往还需要有人倾听。至于那些畅销作家所写的文章或作品，就更离不开市场和读者了。武侠和言情小说也讲究结构的艺术，但不管怎样讲究，都不能忽略故事情节的曲折性和紧张性。人们之所以喜欢看武侠小说和言情小说，其中最重要的一个原因，就是这些小说具备故事性。很多作家在写作的时候都可能存有被读者接受和欣赏的愿望，写作与阅读被视为缺一不可的两个过程，没有多少人的写作仅仅是为了自我欣赏，或者是为了“藏之名山，传之其人”。

虽然读者对文章结构的要求有一定的趋同性，诸如都要求结构完整严密、灵活自如，但是，不同文化层次、不同年龄段的读者群对结构的要求也会有所不同。例如，儿童读物，结构宜单纯，使儿童能够读得懂、易接受。写给成年人看的读物，结构可以相对复杂和富于变化一些。写给文化程度较高的读者的作品，结构可以更有新意、更前卫一些；写给文化程度相对不高的读者的作品，结构上可以考虑保留一些传统特色，以适应读者的审美习惯和阅读习惯。

（三）创新性原则

写作是人类精神创造活动的产物。对于文章的结构而言，人们一直强调“定体则无，大体须有”。在文章基本形式比例关系方面，古人强调“凤头、猪肚、豹尾”。意思就是，文章的开头和结尾一般要求短小精练一些，主体部分则要充实丰满。在结构审美方面，历来讲究虚实相生、有张有弛、动静结合、疏密有致。这些传统的写作经验至今仍具有借鉴意义。然而，这毕竟只是写作的一般性指导原则，在具体的创作中还应当根据这个总的指导方向，营造更具体可感、更富有艺术创造力、更富有时代精神气息的结构来。

结构要灵活多变，任何结构形态都不是凝固僵化、一成不变的。特别是文学类的创作，更要注重文章的结构是否新颖独特，有吸引力。只有那些结构求新求活的文章才会给人耳目一新的愉悦感，才会拥有更多的读者。可以想象，那些结构机械呆板而渐趋于模式化的“八股”文章，是难以产生什么效应和魅力的。这就要求写作者具有独到的艺术眼光和构思能力，具有出色的谋篇布局能力。

学界已有共识，《红楼梦》有一个宏大而精致的结构，它比较彻底地突破了中国古代小说单线结构的方式，采取了多条线索齐头并进、交相联结又互相制约的网状结构。《红楼梦》众多的人物与事件都蕴含在一个宏大的结构之中，它们相互影响、相互制约、纵横交错，同时又有条不紊、丝丝入扣、浑然天成。《红楼梦》结构上的非同凡响，一直得到人们的普遍认可和推崇。

结构体现了作者精心经营的手法和技巧，但是，经营结构不仅仅是一种技巧的问题，它还直接体现了作者感知生活、认识事物、驾驭题材的综合能力。

四、构思与结构的关系

作者要尽量掌握多种多样的结构技巧，使文本的布局与谋篇精巧而富于变化，使层次清楚有序，文气自然通畅，并有力地突出和表现中心思想。这就需要作者在构思上下足功夫。

构思与结构有密切关系。构思在前，结构在后，有什么样的构思，就会有什么样的结构。我们经常可以看到一些习作存在主次不分、本末倒置、东拉西扯、漫无边际等问题，其根源就在于作者的构思不够严谨。在整个写作过程中，作者的构思是相当重要的一个环节，构思最能体现出作者的个性魅力和创新能力。虽然我们也提倡文章立意要新颖独到，在提炼主题方面用尽心力，但是不必强求每篇文章的主题都是与众不同的，因为很多主题如"爱情"、"思乡"等被称为人类"永恒的主题"而不断地被人们吟咏和抒写，至今仍然受到人们的欢迎。而文章的构思就不同了。文章的构思最"喜新厌旧"，最怕一成不变，尤其是文学作品的创作，更强调构思的时时创新。只有文章的谋篇布局严密细致、精巧独特，文章的结构才可能言而有序、匠心独运；相反，如果作者的思路是混乱不清、言而无序的，那么，文章的结构也必然会非常紊乱，缺乏逻辑严密性。而且，构思除了使文章言而有序、条理清晰之外，还要使文章"言而有艺"。质量上乘的文章要表述明白清楚，还要追求表现的艺术性。

构思决定结构，但是结构一旦产生，就会成为一个独立的客体，反过来，结构也会对构思产生巨大的影响。结构作为一种可以借鉴和继承的精神财富，往往能指导和启发作者的构思，使作者能在前人写作的基础上得以创新。构思和艺术感知一样，并不是一次性完成的。构思是一项非常复杂的、费尽心思的活动。作者在写作时往往已有一定的文化和知识的储备，对古今中外的名著佳作具有一定的阅读量，这些文章或作品的结构往往成为作者学习、借鉴和超越的基础。例如，中国古典小说一般采用传统的章回结构，这种章回结构的小说成为五四小说结构革新的对象，而五四小说又成为当代小说超越的对象。小说的结构讲究别出心裁、独具匠心，永无止境地追求着新潮流和新风尚。古典名著《红楼梦》尽管有很高的艺术造诣，小说的结构也为人赞赏，但是，如果其他作家在创作小说时一味地模仿和抄袭《红楼梦》的结构，读者和研究者也不会认同这种做法。可见，文章或作品的结构只能作为写作者参考的样本，为作者构思提供得力的帮助，而不能一成不变。

既然作者的构思是一种无形的潜藏于脑海深处的思维活动，难以为人觉察并捕捉到它的运作踪迹，甚至连作者本人都很难具体地描述这一复杂的活动过程。那么，我们不妨从作者构思的重要成果之一——可以看得见的结构入手，来反观作者恰到好处的艺术构思，以正确地有针对性地指导我们的写作实践。

第二节　文章结构的基本内容

文章结构的基本内容包括开头和结尾、段落和层次、过渡和照应。古人文章结构布局讲究“凤头、猪肚、豹尾”，“起要美丽，中要浩荡，结要响亮”。这就是说，文章开头要小而美，引人入胜；中间要丰满充实，且波澜起伏回肠荡气；结尾要有力，回味无穷，能够给人一种情感和心灵上的震撼。层次安排要合理、匀称、联系密切；注意主次、详略疏密有致、分明。段落意义完整，长短适宜。

1. *层次*

也叫“逻辑段”、“意义段”、“部分”等。作为结构单位，它仅次于“篇”。层次的安排并无固定的模式，要随着文章的思想内容和结构形式的变化而变化。层次的划分不是随意的，要依据文章表达的具体内容和结构形式，按照一定的逻辑顺序排列。文章的每一个层次在意义上有相对独立性，但层次之间在内涵和结构上又有连贯性。

2. *段落*

也称为“自然段”，是组成文章的最基本的单位。段落有规范段和不规范段之分。规范段又称为单义段，是最常见的段落形式，指具有一个中心意思的比较完整统一的单义段。不规范段包括兼义段和不完整段两种形式。兼义段是一段表达两个或两个以上意思的段落，通常指那些承上启下的“过渡段”。兼义段广泛应用于短小的杂文中。不完整段是没有把一个意思表达完整的段落。在文学写作中，不规范段被大量采用。某些出于特殊表达需要的分行分段，如人物独白或对白等，虽然形式上等同于段落，但因为意义尚不够完整，所以被称为不完整段。叙事性的作品往往大量使用不完整段。

划分段落主要是为了使文章的结构层次更加醒目分明，便于读者阅读和接受。当然，也有一些段落是出于特定的表达功能，如语气的强化和过渡的提示等。划分段落首先要注意每一段内容的相对单一和相对完整，即在一段里表达一个较单一的意思，集中在一段里将一个意思表达出来。其次，要注意保持段落与段落之间的关系。段落要相互衔接，文气通畅，过渡自然。段落的划分直接显示了作者的思路和情感脉络，所以只有处理好段落之间的关系，整个文章的结构才能严密、完整和统一。

至于段落与层次之间的关系，一般来说，段落是构成层次的基础，有时一个层次等同于一个自然段，有时又可能包含若干个自然段，但是也有时一篇文章只有一个自然段，却可以划分为几个层次。在写作时，一个较复杂的思想内容的结构单位，往往要分成若干个段落，给人一种均衡、活泼的韵律感和节奏感。段落的划分要匀称得体，段落过长就显得拖沓沉闷，并可能造成阅读理解上的困难；段落过短就会导致分段过于频繁，使结构显得零乱琐碎，缺乏条理性。

3. 开头

开头就是一篇文章或一部作品的“起笔”部分。开头是文章重要的框架层次，是全文的有机组成部分。在文学作品中，它可以用来叙写事件的开端，在实用性文章中，它可以提出所要陈述和议论的问题。万事开头难。好的开头是成功的一半。开头非常关键，开头写得如何，关系到全篇的构思是否畅通自然，全文的基调是否恰当。好的开头可以激发起读者的阅读兴趣和欲望。因此，历来作家都很重视文章的开头。清代李渔《闲情偶寄》中说：“开卷之初，当以奇句夺目，使人一见而惊，不忍弃去。”好的文章开始就能“抓住”读者的心，使其手不释卷，读而不厌。例如，托尔斯泰在长篇小说《安娜·卡列尼娜》的开篇中说：“幸福的家庭家家相似，不幸的家庭各个不同。”这句精短而含义深刻的话语常常被人们引为经典开头的实例。“起句当如爆竹，骤响易彻”，才能使文章或作品顿然有色、夺人耳目。

开头的方法多种多样，概括起来大致有两种类型：一种是“开门见山”法，另一种是“曲径通幽”法。

“开门见山”法最常见于实用文写作之中。新闻消息通常采用开门见山式的导语，把最重要、最引人注意的事实放在文章开头这个最醒目之处，先吸引住读者，让读者产生好奇心，禁不住想继续看下去。很多议论文也采取这种方法，开篇就明确提出中心论点，按照提出问题、分析问题和解决问题的思路来结构全文，文章脉络清晰可见，论证逻辑严密自然，说理水到渠成，干净利落。如著名女作家迟子建的《我的女性观》一文，一开篇即提出中心论点：女性的母性特征及其特有的感性认识能力。开门见山地提出中心论点，一下子就吸引了读者的注意力，想知道女性的特征是什么，作者有哪些新鲜的观点。这个论点既肯定了比较盛行的传统女性观，如宽容、善良、隐忍、无私等性格特征，又特别指出了女性身上一直为人所忽略的个性魅力，她们更具有艺术天赋和敏锐的感情。前者早已得到人们的首肯，而后者却常常为人们所忽略。然后作者分析了女性自身有很多的特点和优点是为男性所不能代替的，女性与男性之间应该是和谐互补的关系。因此女性不必走向极端，既不必痛恨男性，与男性势不两立，也不必羡慕男性，幻想性别转换。最后得出了结论：女性应该树立起母性特有的高贵气质，才能获得真正意义上的精神的独立。

也有一些记叙类的文学作品使用了开门见山法。如鲁迅《故乡》的开头："我冒了严寒，回到相隔二千余里，别了二十余年的故乡去。"文章一开始就直接进入到人物和事件的叙述中。

相对而言，"曲径通幽"法更多地运用在文学艺术的作品中。这是一种迂回曲折、委婉含蓄地进入正题的方法。它描绘环境，引出人物；抒发情感，渲染气氛；借助联想和想象，以相关事物，引入正题。这种方法，自然亲切，如果运用得巧妙，会产生一种引人入胜的艺术效果。周作人的小品散文名篇《故乡的野菜》想要写的是故乡的野菜及有关的民俗习惯，但文章开头并不直接写"野菜"，而是从"故乡"这个视角委婉曲折地切入正题。对于故乡，作者当然自有一种情怀，但他并不加以渲染。在这篇文章的开头他写道："故乡对于我并没有什么特别的情分，只因钓于斯游于斯的关系，朝夕会面，遂成相识，正如乡村里的邻舍一样，虽然不是亲属，别后有时也要想念到他。"周作人对乡情的把握很有分寸。基于这样的感情基调，作者很自然选择并不起眼的"野菜"作为叙写乡土记忆的材料。然而，尽管如此，野菜与乡俗乡景，仍然在舒缓自如的叙述中，自然平淡地表现了作者浓郁的思乡的感情。这种感情看似冲淡，而韵味却别是悠远。

当然，文章的开头没有一成不变的模式。不管怎样起笔，都要考虑到怎样才能更适合、更完美地展现文章的内容，表现文章的主题思想。

4. 结尾

文章的结尾就是文章的收束部分。俗话说："编筐编篓，全在收口。"

文章的结尾也是一样重要，好的结尾不仅使文章结构完美，而且还会使整个文章锦上添花，回味无穷。“结句如撞钟，清音有余”，往往是文艺类作品追求的一种理想境界。在实用文写作中，往往在结尾处得出结论、提出建议和解决问题。文学类的作品写作，结尾更讲究花样翻新。结尾是整个结构的一个比较重要的部分，结尾设计得精巧新颖，可以使整个文章大大增色。例如张爱玲《金锁记》的结尾出神入化，非常巧妙。描写休憩中的曹七巧：“七巧似睡非睡横在烟铺上。三十年来她戴着黄金的枷。她用那沉重的枷角劈杀了几个人，没死的也送了半条命。”这是曹七巧一生最精彩的总结，自己既是悲剧的扮演者，又是悲剧的制造者。

文章的结尾多种多样，变化多端。有的结尾自然收束，水到渠成。周作人《故乡的野菜》就是采用了自然结尾的方式。作者依次谈到了故乡的荠菜、黄花麦果和紫云英等野菜，最后谈完紫云英自然收尾。自然天成，不露斧凿痕迹。

有的文章结尾陡然一转，出乎意料又在情理之中。有很多影视剧为了追求一种故事情节曲折婉转、惊心动魄的艺术效果，常常采用出乎意料又在情理之中的结局，吸引观众的注意力，确保较高的票房和收视率。很多情节富于变化的小说也喜欢采用这种风格的结尾。美国作家欧·亨利是以构思的精巧而著称的。“欧·亨利式”的结尾在世界文坛上久负盛名。他的小说《麦琪的礼物》巧妙奇特的艺术构思表现在既合乎情理又出人意料的小说结局。他把小说的灵魂全都凝聚在结尾部分，让读者在前面的看似平淡无奇而又诙谐风趣的描述中，不知不觉地进入作家精心设置的迷宫，直到最后，谜底才终于亮出。德拉卖掉了自己的头发，给杰姆买了金表链；杰姆卖掉了自己的金表，为德拉买了一套发梳。结果这两位甘愿为对方作牺牲的人，都让自己的礼物成了无用的东西。读者在惊奇之余，不禁为这对贫贱夫妻的爱情所打动，同时也感慨于他们不幸的人生。

有的文章结尾留有空白，任人遐想。有很多文章或作品采用没有结尾的结尾，即空白式的结尾，对主人公的命运、事件的结局并不作太多的交代，而是让读者根据作品中已有的内容和情节，以及读者自己的意愿和情感，完成文章或作品的再创造。读者不再是一个冷眼旁观者，而是一个积极参与者和创造者。叶圣陶说：“要文字虽完了而意义还没有尽，使读者好像嚼橄榄，已经咽了下去而嘴里还有余味，又好像听音乐，已经到了末拍而耳朵里还有余音，那才是好的结尾。”（《开头和结尾》）例如，沈从文的小说《边城》的结尾写翠翠守候着爷爷的渡船，她等的那个人，或许哪一天回来，或许，永远都不回来了。小说言有尽而意无穷，留给读者发挥想象力的空间。

以上所举的几种结尾的例子，仅限于文学类作品的创作中，对于实用文体的写作就不适用了。实用文体的结尾有自己的固定格式和严格要求，它的结尾没有多少可以选择的余地。"到什么山上唱什么歌"，文章或作品的结尾也要根据工作要求和主题需要来确定其具体的风格特点。

结尾技巧要纳入到文章整体的构思活动中，采用何种方式结尾，要取决于文章主题思想和整体构思的需要。我们一方面强调写作尤其是文学类作品的写作，要为情而造文，而不是仅仅玩技巧；另一方面也把文章的思想内容用一个更完美更具吸引力的形式表现出来。文章的结尾设计要突出和表现中心思想，同时又具有艺术性和独创性，努力做到文与质并重。

在文章结尾的写作中，容易出现两个问题，一是虎头蛇尾，潦草"收兵"，使文章结构残缺、文气不畅、意义中断；二是画蛇添足，当断不断，平添赘笔。这两个问题在初学者中最为常见，应该尽量克服这两种弊病，力争使文章有一个"豹尾"。

5. 过渡

过渡是指各层次、各段落之间在时间、空间和意义上的衔接和转换。有的过渡可以使文章承上启下衔接自然，有的过渡可以使意义转折，有的过渡还可以设置悬念。对于文章的结构而言，过渡是非常重要的，它就像文章的各个组成部分的"黏合剂"一样，使整个文章浑然一体，过渡运用得恰到好处，可以使文章结构严谨、自然、完整和统一。文章一般在以下三个地方需要过渡：

（1）内容开合处。议论性文章的由总到分，或由分到总；小说中的人物性格和故事情节的多方位展开；散文思路的形散神聚等，都要有放有收，放得开还要收得拢。把这些内容开合处连缀起来，都要靠过渡来完成了。

上下文内容转折较大，用过渡段。转折不大，往往用"不过"、"但是"、"相反"和"此外"等关联词语表示过渡，也可以借内容间的内在逻辑关系，不露痕迹地过渡到另一层意思。

（2）意义转折处。文章的内容从一层意思转到另一层意思，需要有一定的过渡。叙事性的文章，时间转换、地点转换、事件转换，要安排过渡。议论性文章的论证角度和内容的转换，也需要安排过渡。

（3）表达方式的转折处。叙述转为议论，或由议论转为叙述，由描写转为抒情，或由抒情转为描写，倒叙、插叙的转换处，都需要安排过渡。

过渡的方法有两种：一种是明渡，一种是暗渡。

明渡，是指在上下文之间插入过渡词、句和段，以衔接和联系两个结构层次。暗渡，是指在时间、空间和意义上差距很大而又相邻的两个结构单位中，可以用一个“中介物”联系起来。

明渡可以更清楚地体现结构层次的关系，表达各层次的含义，所以它较多地运用于实用性的文章中。在议论性的文章中，常用明渡的方法，在文章的内容开合处明渡的运用就更为常见。明渡方法的运用，给人一种自然而然、顺理成章的感觉，从而使文章的观点更易于接受，使文章的结构更趋于严谨、周密和完整。

暗渡富于含蓄委婉的艺术色彩，它更多地运用于文学类的文章中。例如鲁迅的小说《阿Q正传》善于选用记叙中的事物“船”作为媒介。小说第一段写举人老爷的船只秘密来到未庄的情形；第二段写革命的风声传到未庄，“人心摇动”。作者在这里选用“船”作为前后两个结构层次的媒介。上段末尾说：“据探头探脑的调查来的结果，知道那竟是举人老爷的船！”下段开头紧接着写道：“那船便将大不安载给了未庄。”这样就自然而然地把两个情节片断连接了起来。这种过渡不露痕迹，在读者看来似乎是故事情节自然发展的结果。

6. 照应

所谓照应，就是前有交代，后有结果。从写作过程来看，如果前文提到了人物、事件和情节，而后文不去呼应，就会给人一种“脱节”的感觉，有时甚至会让人“摸不着头脑”。反之，如果前文丝毫没有提及，后文却突然冒出来，那么，又会给人一种“突兀”的感觉。文章的结构布局，只有讲究前后照应，才能将“天上人间”、“上下几千年”自然融合在一起。

照应的常见方法有三种：

第一，首尾照应。这种方法可以使文章的结构完整，中心突出。鲁迅的小说《故乡》就运用了这种照应方法。小说开头写道：

我冒了严寒，回到相隔二千余里，别了二十余年的故乡去。时候既然是深冬；渐近故乡时，天气又阴晦了，冷风吹进船舱中，呜呜地响，从缝隙向外一望，苍黄的天底下，远近横着几个萧索的荒村，没有一些活气。我的心禁不住悲凉起来了。啊！这不是我二十年来时时记得的故乡？

结尾与此照应：

老屋离我愈远了，故乡的山水也都渐渐远离了我，但我却并不感到怎样的留恋。我只觉得我四面有看不见的高墙，将我隔成孤身，使我非常气闷。那西瓜地上的小英雄的影像，我本来十分清楚，现在却忽地模糊了，又使我非常的悲哀。

回家与离家相互照应，回家的悲哀心境与离家的悲哀心境相互照应。这样，既显得结构严谨完整，同时又突出地表现了主题思想：对故乡深重苦难感到悲哀与忧伤，以及仍然在渺茫中期待着希望的心理。

第二，文题照应。行文时时照应标题，可以对文章的主题起到强调和深化的作用。

第三，文中照应。行文自身前后的照应，可以使文章更有趣味和悬念，又显得不那么突然。

对照应的理解，不能视为前后文的简单重复，而应视为一种艺术上的强调和提升。为此，照应部分的文字，应力求洗练简洁，不能繁杂冗长，要起到画龙点睛的作用，切忌画蛇添足的败笔。

第三节 思路的拓展和组织

如前所述，构思是一项贯穿于整个写作过程的思维活动。但是，我们这里着重探讨的是构思过程中有关谋篇布局的内容。因此思路一词在这里就显得格外重要了。作者写文章都有一条思路，思路是构思的部分成果，是构思的一种重要体现。思路，是一种比喻性的说法，对作者来说，是作者思维活动的路线，是作者在头脑中梳理材料、组织内容的过程和结果；对文章来说，是指文章思想认识和情感发展的轨迹和脉络。只有作者的思路清晰，文章的结构才可能严密合理。

值得一提的是，在学位论文的写作中，往往要求作者在绪论中直接交代论文中的基本思路和主要方法，以便于他人阅读或评价。虽然这些内容往往是比较简短的，但是，通过作者描述的基本思路，还是可以初步判断他的论文是否具有研究的价值和意义。

结构是文章最主要的表现形式。要使结构完整、严谨、匀称、统一，动笔之前就需要作者在头脑中形成清晰而连贯的、具有独创意义的思路，进而使这个思路用文字固定下来，外化出来。古人写作非常强调思路开阔。刘勰说："文之思也，其神远矣。"思路开阔而有创见，文章的结构自然会别具一格；思路狭窄而无创见，文章的结构就会呆板僵硬、缺少变化；思路如果紊乱和松散，文章的结构就会失之严密和紧凑。因此，锻炼思路是提高写作能力的一个重要环节，是写好文章的关键。

一、锻炼思路

锻炼思路有很多方法，譬如可以通过阅读一些经典的文章或作品，分析和评价别人是怎样进行构思的，从别人那里得到启示。当然也可以自己观察体验，扩大视野，积累相关的知识和经验。在文章构思的过程中，也可以借鉴一些具体的锻炼思路的方法，以提升我们的整体写作素养和写作水平。锻炼思路的主要方法有拓展法与挖掘法两种。

（一）拓展法

拓展法可以使文章求新、求广、求异，推进思维向广度延伸。具体方法包括顺向思维、逆向思维、纵向思维、横向思维和发散性思维等。

1. 顺向思维

顺向思维是指沿着人们习惯的思维轨道来思考。顺向思维虽然是按照人们习惯的思维轨道运行，但是，它仍然强调能够有利于展现比较深刻的思想内容，而不是仅仅停留在事物的表层意义上。

2. 逆向思维

所谓逆向思维，即避开思维定式，从问题的相反方向进行思索，从而显露出新的思想，塑造新的形象。逆向思维也叫求异思维，它是将人们司空见惯的似乎已成定论的事物或观点反过来思考的一种思维方式。敢于"反其道而思之"，让思维向对立面的方向发展，从问题的反面深入地进行探索，树立新思想，创立新形象。例如，"司马光砸缸"的故事，有人落水，常规的思维方式是"救人离水"，而司马光面对紧急情况，果断地用石头砸缸，"让水离人"，救了小朋友的命。这就是逆向思维。

逆向思维对于写作非常重要，文章要写得新颖，首先就要求作者从传统的思维模式的束缚中解放出来，敢于向传统的思想观念挑战，敢于怀疑很多人都已接受的“定论”，大胆地提出自己的新观点。这种逆向思考，往往会使写作进入“柳暗花明又一村”的新境界，给人一种不可思议的神奇感觉。

顺向思维和逆向思维各有各的特点。按照顺向思维写出的作品清新自然、脉络清晰，有一种水到渠成的感觉。而用逆向思维写出的作品常常使人出乎意料又情理之中，委婉曲折，扣人心弦，并且更易产生新意。我们提倡想问题做文章多用一些逆向思维的方式，少用一些具有大众化的庸常倾向的思维方式，但是，两者之中，采用哪种思维方式才是上策，还要看具体用在哪篇文章里，根据需要来选择。

3. 纵向思维

纵向思维是指按照时间顺序或事物发展的顺序来思考。纵向思维具有以下几个特点：

第一，历时性。纵向思维是按照时间的先后顺序来考察事物的，即由过去到现在，由现在到未来。

第二，同一性。所谓同一性，指的是所考察的事物必须是同一的，具有自身的稳定性和可比性。

第三，预测性。纵向思维遵循由过去到现在，由现在到未来的顺序，可以揭示事物整体发展规律和趋势，因此，它具有一定的预测性。

例文《丰盛与简朴》运用了纵向思维，分析了现代人在充分享受现代化带来的舒适与快乐的同时，却失去了很多古人某些精神层面的快乐：

简朴的生活，像陶渊明那种，反而成为现代人的一种向往。丰盛和简朴原是对立的。但陶渊明自有他的快乐。求丰盛，不过是为了求快乐，原来丰盛可从简朴来。现代人为了过丰盛富裕的生活，不惜污染环境，破坏生态，这就更使我们不能不思考简朴的问题了。

现代人的享受和快乐建立在物质消费的基础上，物质的丰盛却满足不了人们精神上的需求。作者通过古今对比，揭示了现代人物质富有和丰盛的同时，也为高度物质化付出了一定代价，失去了古人原有的美好天性。这是人类现代化进程中不得不冷静思索的问题。作者又说：

白菜豆腐，比鲍翅酒席可能更美味；坐拥书城，不见得比手中只执一卷更有乐趣。简朴，可以就是丰盛，有时甚至胜过丰盛。最少，我们要在丰盛与简朴之间，求一中庸之道。

作者黄维梁不仅敏锐地觉察到了特定时期的香港存在的社会问题，而且还有针对性地指出了解决这个问题的合理方法和途径。而作者所提倡的"在丰盛与简朴之间，求一中庸之道"，不仅对香港社会具有重要意义，对现代化进程中的人类也不无裨益。

4. 横向思维

横向思维是将有相关性但各有特点的事物加以对比，或截取历史长河中的某一横断面，研究同一事物不同时期中的发展状况，并通过和周围事物相互关系和相互比较中，找出该事物在不同历史时期、不同的环境背景中的异同的一种思维活动。横向思维是把所关注的事物置放到普遍联系和相互作用的过程中，考察事物运动特点和规律性。横向思维具有以下特点：

第一，共时性。这种思维方式是先把时间概念的范围确定下来，然后再研究在这同一时段中事物各方面的相互关系。

第二，横断性。对事物进行横向比较，把研究的事物置放到相互联系的系统中考察其特性，即为横向思维的横断性。横向思维不但经常运用于各种作品的写作中，而且它离我们的日常生活并不遥远。我们每个人在日常生活中也会有横向思维的实践和体验。例如，我们买东西时，经常会多跑几家商场，比较一下同类商品哪家商场价格最合理、质量最上乘，就在哪家商场购买。

第三，开放性。横向思维除了严格限定时间范围以外，其余限制不多，它具有"眼观六路，耳听八方"、放眼世界的胸怀。因此，横向思维比纵向思维更具有开放性。

史铁生的散文《我与地坛》，写"我"把地坛看作精神家园，"我"在这里感悟生生不息的生命力，理解人生的价值。作者还写了与自己一样经常出现在地坛中的几个人物，15 年里，一对中年夫妇在这里散步，直到变成老年；一位爱唱歌的小伙子，在这里唱歌；一个女工程师上下班在这里出入；一个爱饮酒的老人在这里寻找一种罕见的小鸟；一位运气不佳的长跑者在这里跑步；一个漂亮而弱智的小女孩由她的哥哥带到这里玩耍。15 年里不间断地来到地坛的人只剩下"我"和那对老夫妇，其他的人都不再来了。在作者眼中，地坛不仅仅是一个废弃的园子，而是种种命运共同上演的人生舞台。这篇散文中横向思维的运用，扩大了作者对百味人生的思索与感悟，增加了文章的思想深度。

很多客观事物既有历史、现实和未来的历时性发展过程，又同周围事物有共时性的联系，在考察这些客观事物的时候，纵向思维与横向思维可以同时使用，使二者优势互补、相得益彰。

5. 发散思维

发散思维即多角度地观察问题的思维方法，其概念是由美国心理学家吉尔福特首先提出来的。吉尔福特认为发散思维与创造力和想象力具有直接的关系。发散思维是指由一个中心点向四周辐射的开放性思维方式，即对一个问题展开多角度多方位的思考。如果运用得当，发散思维可以大大拓宽思想的视野，丰富文章的内容，弥补单向度思考所带来的局限性。发散思维具有求异性和开放性等特点。

在日常生活中，人们思考问题，往往从一个方向出发来考虑问题，用这种线性的思维方式写出的文章，自然单薄呆板、缺乏新意。苏轼有诗云："横看成岭侧成峰，远近高低各不同。"从不同的角度看庐山，眼前的美景也随之变化多端。如果在现实生活中，我们坚持"一条道走到黑"，不肯换一个角度考虑问题的话，就无法拓展文章的思路，新的观点和思想自然也就无从产生。

（二）挖掘法

推进思维向深度挖掘的思维方法，就是挖掘法。它既属于文章的思想内容方面的问题，又与思路和结构有着直接的关联。拓展法拓宽文章的视野，使思路更为开阔，但是，一篇文章只有广度而没有深度，还是远远不够的。思路展开以后，还要层层挖掘、步步深入，由外在现象追溯到本质原因，对思想内容进行更深入的开掘，即深化中心思想。

锻炼思路要符合以下几个要求：

1. 注意思路的条理性和逻辑性

思路的展开要遵循事物发展的逻辑顺序，文章才能清晰自然，给人一种井然有序的感觉。思路展开时要有一定的顺序和层次，不能顾此失彼、自相矛盾、条理不清。要处理好各个层次和段落之间的衔接、并列、转折、因果等内在的逻辑联系，做到脉络畅通、文气流畅。应用文的写作非常注重思路和结构的清晰和严密，读起来不费解不吃力；文学作品不管是写实的还是写意的，理性的或非理性的，传统的还是现代的，其思路也同样要求有一定的逻辑性，或者以事件和情节发生的时间顺序为线索贯穿始终，或者以人物的心理情绪和意识流动来结构全篇。有些文学作品突破了传统封闭式的情节结构，采用了不太符合读者阅读习惯的跳跃性很强的思路，如某些意识流小说和荒诞派小说等，但是，即便如此，仔细品味和揣摩一下，作品的思路还是有章可循的。

2. 注意思路的灵活性和独创性

在构思的时候，要打破思维定式，力求做到思维活跃而敏捷，发挥自己的想象力和创造力，使文章的思路更加新颖独特，别具一格。文章的思路多姿多彩、富于变幻，其结构才会更具有个性化特点。一些叙事性的作品尤其注重思路的曲折和变化，要求有起伏转折，出乎意料，又在意料之中。如李渔所说："山穷水尽之处，偏宜突起波澜，或先惊而后喜，或始疑而终信，或喜极、信极而反致惊疑，务使一折之中，七情具备。"思路的曲折变幻使文章充满了艺术魅力，吸引读者的注意力。

二、组织思路

要创造并优化一篇文章的结构，既要锻炼思路，又要组织思路。思路的组织主要有控制法和梳理法两种。

（一）控制法

收束思维线索，使之集中、突出主题的思维方法，就是控制法。文章在向深度和广度等方面展开以后，还要做到放得开和收得拢，对多向的、散乱的思维活动加以控制和调整，使文章的思路围绕着一个中心运行。如果任展开的思路天马行空式发展着，丝毫不加节制，那么，这样的文章结构就达不到严密和清晰的要求。控制思路使主题集中最常用的是收敛思维。

收敛思维是一种求同思维，是对客观事物进行系统全面的考察，寻求一种能够把多种想法理顺和综合的结果，使其思维方向总是指向问题中心。

收敛思维常与发散思维的方法并用。运用发散思维，文章的思路是开放的，即从一点向四周辐射，但是，运用发散思维时应该注意，既要从整体上做全方位的考虑，还要从局部考虑各个零散部分的有机联系，使文章结构严谨和周密，成为一个和谐的有机整体。文章的思路当放则放，当收则收，要在发散思维和收敛思维之间保持适度的张力，找到一个平衡点。

冰心的散文《说梦》篇幅不长，但文章的思路却很开阔和活跃，种种梦境显露了潜藏在作者内心深处的情感和意识。梦境本身有着随意性和零乱性的特点，但作者在处理梦境描写的时候，既不流于拘谨和局促，也不放任自流、随意枝蔓。作者运用控制法，使文章收放自如，意境开阔而主题鲜明。所有貌似散乱和无序的梦境都围绕着对海外生活的思念这个主题轴心而展开，这样文章才会结构严谨、思路清晰，给人一种活泼而自然的感觉。

（二）梳理法

梳理法就是以拟写提纲的形式将思路理清和定型。梳理法可以理清思路，提纲挈领，使文章清晰、严密和连贯。拟写和修改结构提纲是一种梳理文章思路和结构的极为有效的方法。不论是何种体裁的文章，其结构都具有整体性和系统性的特点。所谓“整体性”是指结构的各部分，按照一定的规律有机地结合在一起，构成一个和谐的整体，所谓“系统性”，是指结构的各部分分为若干不同的相互制约的层次。写结构提纲，可以训练我们的思维，使思维条理化和严密化。结构提纲使作者的“腹稿”外化为文字，这个过程既可以体现出作者初步的思路，又可以激发作者继续修改和调整自己的思路。只有构思成熟了，写作的时候才可能做到文思泉涌，左右逢源，游刃有余。否则，就可能陷入写作的困境，感到捉襟见肘，力不从心。如果这样，即使有一些零零碎碎的思想火花，也难以把它们用一条清晰的思维路线贯穿起来，文章的思路也仍然处于“剪不断理还乱”的状态中。

提纲有“详纲”、“略纲”之分。详纲较详细，包括文章的层次段落、各部分之间的大致关系、开头和结尾、过渡和照应等；略纲只需写明文章的层次段落和各部分之间的大致关系即可。拟出提纲后，要检查一下脉络层次是否清晰，材料是否充足，材料的组合是否恰当，各部分之间的关系是否密切统一，等等，以便进行进一步修改、调整和深化。

总之，锻炼思路的方法有很多种，平时在进行写作训练的时候，可以先对某一种方法进行单向训练，然后逐渐地过渡到进行全面的综合训练。在具体写作中，往往并不是单纯使用某一种方法，而是多种方法相互交叉同时并用。因此，我们要依据文章主题思想表现的需要，灵活多变地采用具体的锻炼思路的方法，构建出新颖独特、别具一格的结构来。

三、思路组织的常见模式

文章的思路是能体现作者独特的个人化风格和创新精神的，因此，它也是拒绝模式化、公式化的。但是，“要想学会跑，先得学会走”，要想使自己文章的思路不同凡响，就要先从一点一滴做起。下面介绍几种文体组织思路的常见模式：

（一）记叙性文体的思路模式

1. 时间顺序式

这是最常见的一种思路模式，即按照时间顺序来展开写作思路。它的好处是文章脉络清晰，条理分明，写作者容易掌握。以时间顺序安排结构，并不局限于按事件发生、发展的自然时序，即从先到后的次序。为了使叙述有起伏变化的效果，可以使用倒叙或插叙的手法，但文章总的思路仍然是以时间的推移为顺序的。

2. 作者认识过程式（情感变化过程式）

人们对客观事物的认识往往要经历一个由浅及深、从低到高的过程。记叙性的文章也可以以作者对某种事物认识的发展变化过程为顺序谋篇布局，展开思路。

3. 空间顺序式

记人叙事、写景状物，离不开特定的空间场所。根据人物和事物的存在状态和活动情况，按照空间位置变换的先后顺序来安排结构，也是记叙性文体的一种常见思路模式。例如，游记、景物记等，就偏爱采用这种思路。

4. 时空交错式

事件的发生、发展不仅有物理时间的推移，而且还有空间位置的转换。为了更客观真实地反映事件的发展过程，可以使二者结合起来，即以时间空间纵横交错的思路来安排文章的结构。

5. 人物意识流动式

以人物的内心活动和意识流动为中心，把回忆、联想、幻觉、梦境、潜意识等复杂多变的心理和意识等拼接起来，突破时空限制，打破真实与幻觉的界限，产生一种与众不同的艺术效果。

伍尔夫的小说《墙上的斑点》就是利用联想、回忆等多种手段展开意识流动过程的。叙述者“我”看到墙上有一个斑点，由此产生一连串的丰富联想。斑点还可能是一个钉子留下的痕迹，由此联想到前任房客挂肖像画的情景，并引发对艺术、人生的种种思考。斑点可能是夏天残留下来的一片玫瑰花瓣。斑点又像个圆形物。“我”又想到了一个古冢，想到了考古学。斑点还可能是一块木板的裂纹，而“我”联想到树的生命。最后发现斑点原来是一只蜗牛，叙述者的意识重新回到现实中来。

作家伍尔夫感慨地说：“唉！天哪，生命是多么神秘！思想是多么不准确！人类是多么无知！为了证明我们对自己的私有物品是多么无法加以控制——和我们的文明相比，人的生活带有多少偶然性啊——”（《墙上的斑点》）确实，在现实生活中人类的思维活动和思想意识往往并不呈现线性发展的轨迹，它极有可能充满了偶然性和悖论性。与此相应，某些文学作品也就呈现了人物意识流动的思路。

（二）论证性文体的思路模式

1. 典型事例深挖式

该思路模式是指挖掘典型事例背后所隐藏的深层思想含义，并得出较有说服力的结论和观点。这种思路模式对论据的选择要求较高，作者挖掘典型材料的典型意义，首先就必须获得可信度高的典型材料。如果抓不住典型事例，看不到事物发展的主流，就很难推导出使人信服的结论。

2. 分论点板块式

有些议论文的论题内容比较复杂，可以先提出中心论点，然后罗列出几个并列的分论点，接着证明这几个分论点，然后合并一处，得出结论，证明中心论点。这种分论点板块式的思路可以使文章有条不紊、前后内容不杂糅、不重复。

3. 对比式

围绕中心论点，对事物自身进行纵向对比，或者与其他相关事物进行横向对比。通过事物对比的关系，显现事理，充分证明中心论点，这就是对比式思路。

4. 类比式

类比式思路与对比式思路有很多相同之处，只不过类比式思路更注重求同存异，分析相似性质的事物的细微差异。

5. 间接反驳式

间接反驳有两种情况：其一为反证式，其二为归谬式。反证式，即先证明与对方论题相矛盾的论点为真，然而再证明对方论点为假。归谬式，即先假设对方是真的，然后据此导出一个荒谬的结果，以此来证明对方的错误。

6. 逐步铺垫推出结论式

人们认识客观事物总是遵循由浅及深、由表及里的规律。文章各部分互相联系，形成环环相扣、逐层推进的关系。这种思路模式在学术论文中最为常见。

（三）说明性文体的思路模式

1. 时间或步骤顺序式

按照事物发展变化的顺序来组织思路，也是说明文较常使用的方法。那些侧重于介绍事物的发展变化或产品制作过程的说明文，用这种方法组织思路，文章就更加有条不紊、井然有序。叶圣陶的《景泰蓝的制作》就是按照景泰蓝的制作过程——制胎、掐丝、烧焊、煮蓝、点蓝、烧蓝、打磨、镀金等八道工序写成的。

2. 空间格局式

事物的各部分之间，以及部分与整体之间都存在着一定的空间联系。理清事物各部分的空间位置以及与整体的空间联系，可以更准确地说明事物的构造和形态。因此，一些介绍各种建筑物、自然景物、名胜古迹的说明文多采用这种思路模式。

3. 逻辑关系式

一些抽象的事理，是看不见摸不着、无影无形的，按照上述两种方式来组织思路，往往行不通。因此，那些以抽象事理为对象的说明文，常常按照事物之间的逻辑关系来理清思路、说明问题。

这类说明文可以从现象着手，寻找其产生和变化的原因，从而揭示其特征和规律；也可以从分析原因开始，逐步引出其发展的必然结果。

附例文

赠与今年毕业的大学生

胡 适

这一两个星期里，各地的大学都有毕业的班次，都有很多的毕业生离开学校去开始他们的成人事业。学生的生活是一种享有特殊优待的生活，不妨幼稚一点，不妨吵吵闹闹，社会都能纵容他们，不肯严格的要他们负行为的责任。现在他们要撑起自己的肩膀来挑他们自己的担子了。在这个国难最紧急的年头，他们的担子真不轻！我们祝他们的成功，同时也不忍不依据我们自己的经验，赠与他们几句送行的赠言——虽未必是救命毫毛，也许作个防身的锦囊罢！

你们毕业之后，可走的路不出这几条：绝少数的人还可以在国内或国外的研究院继续作学术研究；少数的人可以寻着相当的职业；此外还有做官，办党，革命三条路；此外就是在家享福或者失业闲居了。第一条继续求学之路，我们可以不讨论。走其余几条路的人，都不能没有堕落的危险。堕落的方式很多，总括起来，约有这两大类：

第一是容易抛弃学生时代的求知识的欲望。你们到了实际社会里，往往所用非所学，往往所学全无用处，往往可以完全用不着学问，而一样可以胡乱混饭吃，混官做。在这种环境里，即使向来抱有求知识学问的决心的人，也不免心灰意懒，把求知的欲望渐渐冷淡下去。况且学问是要有相当的设备的；书籍、试验室、师友的切磋指导、闲暇的工夫，都不是一个平常要糊口养家的人所能容易办到的。没有做学问的环境，又有谁能怪我们抛弃学问呢？

第二是容易抛弃学生时代对理想的人生的追求。少年人初次与冷酷的社会接触，容易感觉理想与事实相去太远，容易发生悲观和失望。多年怀抱的人生理想，改造的热诚，奋斗的勇气，到此时候，好像全不是那么一回事。渺小的个人在那强烈的社会炉火里，往往经不起长时期的烤炼就熔化了，一点高尚的理想不久就幻灭了。抱着改造社会的梦想而来，往往是弃甲曳兵而走，或者做了恶势力的俘虏。你在那俘虏牢狱里，回想那少年气壮时代的种种理想主义，好像都成了自误误人的迷梦！从此以后，你就甘心放弃理想人生的追求，甘心做现成社会的顺民了。

要防御这两方面的堕落，一面要保持我们求知识的欲望，一面要保持我们对于理想人生的追求。有什么好法子呢？依我个人的观察和经验，有三种防身的药方是值得一试的。

第一个方子只有一句话："总得时时寻一两个值得研究的问题！"问题是知识学问的老祖宗，古今来一切知识的产生与积聚，都是因为要解答问题——要解答实用上的困难或理论上的疑难。所谓"为知识而求知识"，其实也只是一种好奇心追求某种问题的解答，不过因为那种问题的性质不必是直接应用的，人们就觉得这是"无所为"的求知识了。我们出学校之后，离开了做学问的环境，如果没有一个两个值得解答的疑难问题在脑子里盘旋，就很难继续保持追求学问的热心。可是，如果你有了一个真有趣的问题天天逗你去想它，天天引诱你去解决它，天天对你挑衅笑你无可奈何它——这时候，你就会同恋爱一个女子发了疯一样，坐也坐不下，睡也睡不安，没工夫也得偷出工夫去陪她；没钱也得撙衣节食去巴结她。没有书，你自会变卖家私去买书；没有仪器，你自会典押衣服去置办仪器；没有师友，你自会不远千里去寻师访友。你只要能时时有疑难问题来逼你用脑子，你自然会保持发展你对学问的兴趣，即使在最贫乏的知识环境中，你也会慢慢地聚起一个小图书馆来，或者设置起一所小试验室来。所以我说：第一要寻问题。脑子里没有问题之日，就是你的知识生活寿终正寝之时！古人说，"待文王而后兴者，凡民也。若夫豪杰之士，虽无文王犹兴"。试想葛理略（Galileo）和牛敦（Newton）有多少藏书？有多少仪器？他们不过是有问题而已。有了问题而后，他们自会造出仪器来解答他们的问题。没有问题的人们，关在图书馆里也不会用书，锁在试验室里也不会有什么发现。

第二个方子也只有一句话："总得多发展一点非职业的兴趣。"

离开学校之后，大家总得寻个吃饭的职业。可是你寻得的职业未必就是你所学的，或者未必是你所心喜的，或者是你所学而实在和你的性情不相近的。在这种状况之下，工作就往往成了苦工，就不感觉兴趣了。为糊口而做那种非"性之所近而力之所能勉"的工作，就很难保持求知的兴趣和生活的理想主义。最好的救济方法只有多多发展职业以外的正当兴趣与活动。一个人应该有他的职业，又应该有他的非职业的玩意儿，可以叫作业余活动。凡一个人用他的闲暇来做的事业，都是他的业余活动。往往他的业余活动比他的职业还更重要，因为一个人的前程往往全靠他怎样用他的闲暇时间。他用他的闲暇来打麻将，他就成个赌徒；你用你的闲暇来做社会服务，你也许成个社会改革者；或者你用你的闲暇去研究历史，你也许成个史学家。你的闲暇往往定你的终身。英国19世纪的两个哲人，弥儿（J. S. Mill）终身做东印度公司的秘书，然而他的业余工作使他在哲学上、经济学上、政治思想史上都占一个很高的位置；斯宾塞（Spencer）是一个测量工程师，然而他的业余工作使他成为前世纪晚期世界思想界的一个重镇。古来成大学问的人，几乎没有一个不是善用他的闲暇时间的。特别在这个组织不健全的中国社会，职业不容易适合我们性情，我们要想生活不苦痛或不堕落，只有多方发展业余的兴趣，使我们的精神有所寄托，使我们的剩余精力有所施展。有了这种心爱的玩意儿，你就做六个钟头的抹桌子工夫也不会感觉烦闷了，因为你知道，抹了六点钟的桌子之后，你可以回家去做你的化学研究，或画完你的大幅山水，或写你的小说戏曲，或继续你的历史考据，或做你的社会改革事业。你有了这种称心如意的活动，生活就不枯寂了，精神也就不会烦闷了。

第三个方子也只有一句话："你总得有一点信心。"我们生当这个不幸的时代，眼中所见，耳中所闻，无非是叫我们悲观失望的。特别是在这个年头毕业的你们，眼见自己的国家民族沉沦到这步田地，眼看世界只是强权的世界，望极天边好像看不见一线的光明——在这个年头不发狂自杀，已算是万幸了，怎么还能够希望保持一点内心的镇定和理想的信任呢？我要对你们说：这时候正是我们要培养我们的信心的时候！只要我们有信心，我们还有救。古人说："信心（Faith）可以移山。"又说："只要功夫深，生铁磨成绣花针。"你不信吗？当拿破仑的军队征服普鲁士占据柏林的时候，有一位穷教授叫作菲希特（Fichte，今通译"费希特"），天天在讲堂上劝他的国人要有信心，要信仰他们的民族是有世界的特殊使命的，是必定要复兴的。菲希特死的时候（1814），谁也不能预料德意志统一帝国何时可以实现。然而不满五十年，新的统一的德意志帝国居然实现了。

一个国家的强弱盛衰，都不是偶然的，都不能逃出因果的铁律的。我们今日所受的苦痛和耻辱，都只是过去种种恶因种下的恶果。我们要收将来的善果，必须努力种现在的新因。一粒一粒的种，必有满仓满屋的收，这是我们今日应该有的信心。

我们要深信：今日的失败，都由于过去的不努力。

我们要深信：今日的努力，必定有将来的大收成。

佛典里有一句话："福不唐捐。"唐捐就是白白地丢了。我们也应该说："功不唐捐!"没有一点努力是会白白地丢了的。在我们看不见想不到的时候，在我们看不见想不到的方向，你瞧！你下的种子早已生根发叶开花结果了!

你不信吗？法国被普鲁士打败之后，割了两省地，赔了五十万万佛郎的赔款。这时候有一位刻苦的科学家巴斯德（Pasteur）终日埋头在他的试验室里做他的化学试验和微菌学研究。他是一个最爱国的人，然而他深信只有科学可以救国。他用一生的精力证明了三个科学问题：①每一种发酵作用都是由于一种微菌的发展；②每一种传染病都是由于一种微菌在生物体中的发展；③传染病的微菌，在特殊的培养之下，可以减轻毒力，使它从病菌变成防病的药苗——这三个问题，在表面上似乎都和救国大事业没有多大的关系。然而从第一个问题的证明，巴斯德定出做醋酿酒的新法，使全国的酒醋业每年减除极大的损失。从第二个问题的证明，巴斯德教全国的蚕丝业怎样选种防病，教全国的畜牧农家怎样防止牛羊瘟疫，又教全世界的医学界怎样注重消毒以减除外科手术的死亡率。从第三个问题的证明，巴斯德发明了牲畜的脾热瘟的疗治药苗，每年替法国农家减除了二千万佛郎的大损失；又发明了疯狗咬毒的治疗法，救济了无数的生命。所以英国的科学家赫胥黎（Huxley）在皇家学会里称颂巴斯德的功绩道："法国给了德国五十万万佛郎的赔款，巴斯德先生一个人研究科学的成绩足够还清这一笔赔款了。"

巴斯德对于科学有绝大的信心，所以他在国家蒙奇辱大难的时候，终不肯抛弃他的显微镜与试验室。他绝不想他的显微镜底下能偿还五十万万佛郎的赔款，然而在他看不见想不到的时候，他已收获了科学救国的奇迹了。

朋友们，在你最悲观最失望的时候，那正是你必须鼓起坚强的信心的时候。你要深信：天下没有白费的努力。成功不必在我，而功力必不唐捐。

（选自《独立评论》第七号，1932 年 7 月 3 日）

有一首歌（节选）

（台湾）席慕蓉

幸好十点多钟的时候，天气开始稳定了，甚至露出了阳光，扩音器里传出了请小朋友回教室去换衣服的消息，三面走廊里都有了欢呼的回响。我们被请到操场正面的走廊下，先看了中年级的艺术操，然后再看低年级的毛巾舞，最后是高年级的山地舞。

这些在山间长大的孩子们，有着和城市里的小孩们一样的自信，跳得好极了。我注意到他们的面容都长得很饱满，身体也很结实，低年级那些跳毛巾舞的小朋友们，更是扭得很自在、笑容可掬，一副自得其乐的样子。

在他们跟着音乐节拍舞动的时候，后山上的人家，也都站出来从高高的街边俯瞰着我们。有老人，也有抱着幼儿的妇人，也有荷锄而过的农夫，都靠在街道的红栏杆上，笑嘻嘻地往下看，并且一边还指指点点的。

我想，他们一定是在指着哪一个特别高大的是谁家的儿子，哪一个扭得特别厉害的是谁家的小女儿吧。在这样一个小小而安定的社会里，操场上一半的小朋友，他们大概都认得出的吧，虽然也许叫不出名字，但总知道是哪一家的孩子或孙子的吧。

在这个满山都种满了油桐的小小世界里长大的孩子，有多少他们自已无法体会出来的幸福呢？可是说不定，他们反而会找出成打的缺点来，他们会觉得这里太偏僻、太闭塞，生活太死板，太缺少变化，因此，在他们成为少年以后，这样安定与安静的气氛反而会使他们觉得烦躁和苦闷，恨不得能冲出去，到另外一个广大无边的世界里，去做一个潇潇洒洒的流浪者的吧。

可是，他们哪里会知道，有多少流浪的人渴望能找到这样一个安静而美丽的小小角落呢？有多少流浪的人捧着一颗憔悴的心却找不到可以安歇的地方呢？

活动开始的时候，曾经有过一个小小的开幕式，师生们聚在一起听教育部的一位司长讲一段话，他对小朋友说：

“我三十年前第一次走出校门来教书就是在这个学校，面对着和你们一样年龄的小朋友，所以，今天看到你们，就好像又回到三十年前一样……”

他对小朋友说话的声音特别温柔，和他平常公事公办甚至有点盛气凌人的语调完全不一样，站在礼堂的后面，我不禁动容。每个人的心里，都会有较为软弱的一点吧，面对着和三十年前一样的天真纯洁的小面孔，再刚硬的人也不由得要变成极为温柔的吧，而我是要羡慕他还是要妒忌他呢？经过了这样悠长的岁月，还能回来细数他少年时的脉络，还有同样的山，同样的树，同样的校舍，同样的操场，甚至差不多同样的小小面孔来迎接他，他的幸福真是难以衡量的了！

而我是要羡慕他还是妒忌他呢？

在我的心里，一直有一首歌。

我说不出它的名字，我也唱不全它的曲调，可是，我知道它在哪里，在我心里最深最柔软的一个角落，每当月亮特别清朗的晚上，风沙特别大的黄昏，或者走过一条山路的转角，走过一片开满了野花的广阔的草原，或者在刚亮起灯来的城市里，在火车慢慢驶开的月台上；在一个特定的刹那，一种似曾相识的忧伤就会袭进我的心中，而那个缓慢却又熟悉的曲调就会准时出现，我就知道，那是我的歌——一首只属于流浪者的歌。

我并不怨怪我的父母，我也不怨怪我到了台湾，可是，命运给我的，是多么奇怪的一种安排啊！我有一个很美丽的汉文名字，可是，那其实是我的蒙文名字的译音而已，我有一个更美丽的蒙文名字，可是却从来没有机会用它。我会说国语、广东话、英文和法文，我可以很流利地说、写甚至唱，可是我却不能用蒙古话唱完一首歌，我熟读很多国家的历史，我走过很多国家的城市，我甚至去了印度和尼泊尔，可是我却从来没见过我的故乡。

察哈尔盟明安旗，一个多遥远的地方！父亲说：明安在蒙文里的意思是指一千只羊，就是说那是一个很富裕的地方，那里羊多，草又肥美。

而今夜，在灯下，我实在忍不住要揣想，如果我能在一块广阔而肥美的草原上出生长大，今天的我，又会是一种什么样的命运了呢？

在我的心里，会不会有一首不一样的歌了呢？还是说，我也许会和那些在满山都种满了油桐的小小世界里长大的孩子一样，觉得日子太单调、生活太平凡，因而对外面的一切有了无法抑制的激情，甚至在梦里也希望自己能够变成一个永远的流浪者呢？

梦与现实，到底哪一样能够令人满意呢？

（选自季羡林主编《百年美文1900—2000：女性情感卷》（下），百花文艺出版社2008年版）

丰盛与简朴

（香港）黄维梁

在饮宴的时候，在散席之后，我常常对主人家说：“酒菜太丰盛了！”这不是客气话，因为确实如此：一瓶又一瓶的白兰地，大红乳猪拼盘、热荤、鲍鱼、鱼翅、清蒸海斑……好些菜大家半尝而止，最后的饭和面多是浅尝即止，甚至不尝已止，就由侍应生拿走了。吃中菜如此，吃西式自助餐何尝不然。长长的餐台上一个个“丰盛的羊角”（horn of plenty），猪牛鱼虾菜糕点满溢，任君选取享用，太丰盛了！

大部分香港人，在食方面的丰盛，是毫无疑问的。衣着方面亦然。有些香港人的“丰衣”，已到了祈求天气转冷，以炫耀几万元一件皮裘的地步。香港人的“盛装”，不只在名流显贵的宴会上才出现；中区的丽人，衣着的讲究、趋时，使巴黎和纽约的美女，早就羡而且妒。

香港是商业大厦金光闪闪的世界金融中心，这个社会，应该已是西方经济学家所说的“富裕社会”了。物质富裕，经济繁荣，是香港人引以为豪，且要小心而大力去维持的。在维持这些的同时，我们还说：单有物质的富裕丰盛，并不足够；丰盛的人生，更有精神的一面。这自然是对的。而近年来，香港的文化活动确实日益蓬勃。文艺爱好者，目不暇观、耳不暇听地穿梭于演艺学院和沙田大会堂之间，为了参与精神文化活动而精神有点紧张起来。这样的紧张当然比完全不紧张好，而事实上，目前为精神文化而精神紧张的香港人，还不够多；不过，在文化活动进一步增加之后，在庞然伟然的“香港文化中心”落成启用之后，在香港的精神更丰盛之后，问题又来了。

物质太过丰盛的结果，是一件新衣穿三次就扔掉，是一碟食物吃四成就撤走。我们不好好欣赏，不好好咀嚼。精神文化太丰盛的结果，是藏品千万的博物馆一瞄就算了，是一本诗集或小说集一读就忘了。我们不好好欣赏，不好好咀嚼，丰盛于是变成过剩的代名词。

我想起古代的陶渊明。陶渊明躬耕自食，生活简朴。在饮食方面，最了不起的享受是喝几杯自酿的米酒。精神文化又如何呢？一弦琴，几本书，如此而已。然而，他内心丰盛，活得快乐："春秋多佳日，登高赋新诗。""奇文共欣赏，疑义相与析。"他采菊，他悠然见南山。

太富裕了，太多了，太丰盛了，来也容易去也容易，来也紧张去也紧张，这样就不能"悠然"，人生的乐趣也就减少。简朴的生活，像陶渊明那种，反而成为现代人的一种向往。丰盛和简朴原是对立的。但陶渊明自有他的快乐。求丰盛，不过是为了求快乐，原来丰盛可从简朴来。现代人为了过丰盛富裕的生活，不惜污染环境，破坏生态，这就更使我们不能不思考简朴的问题了。

白菜豆腐，比鲍翅酒席可能更美味；坐拥书城，不见得比手中只执一卷更有乐趣。简朴，可以就是丰盛，有时甚至胜过丰盛。最少，我们要在丰盛与简朴之间，求一中庸之道。

（选自曾敏之主编《香港散文名家作品精选》，中国文联出版公司 1991 年版）

第四章

写作的语言

语言是思想的外衣，是思维的载体，是传递和交流情感、信息的重要手段。根据传递媒介的不同，语言有口头语言和书面语言之分，写作语言属于书面语言。语言的积累应主要从“内语言”的修养入手，“外语言”的锤炼则可从炼字、选词、造句等方面下功夫。语言使用的一般要求是准确、简洁、明晰、合体，这也是语言锤炼的基本目标。语言的艺术风格多种多样，主要有简练与繁富、朴实与绚丽、正统与新奇等几种基本型范。

第一节 语言的作用与特性

人是语言动物，语言制约着人。首先，人通过语言命名、指称事物。没有语言的命名和指称，人就无法认知世界、言说世界、把握世界。因此不少人认为，从某种意义上而言，世界本身也是语言创造出来的：没有人的思维——语言之力，世界自身什么也想不出，什么也说不上。一个能够被记录和传达的世界及其结构是记录和传达它的语言所创造的。

其次，语言是人思维的载体。没有语言这种抽象的指称符号，人就不能够进行思维（尤其是逻辑抽象思维），并在此基础上开展表意活动。思维与表意的过程也就是语言发生作用的过程，语言制约着思维与意思的表达。在精神医学领域，患“失语症”（如语无伦次等表征）的精神病人通常都丧失了理性思维能力，而一个重要的治疗方法就是从语言的训练入手，通过重建其语言的逻辑来恢复其神经与思维的秩序。这正是语言制约人的精神思维的一个有力证明。

西方哲学家维柯说："头脑被语言的属性所塑造，而非语言由讲它的那些人的头脑所创造。"也就是说，语言并不只是一种表意与交际的工具，它对人具有本体意味：语言是人认知、把握世界的必然方式；语言促成、发展、完善了人的认知、思维。哲学家卡西尔曾在《人论》中给人下了一个定义：人是符号的动物。这里的"符号"指的也就是"语言"。语言这种符号成全了人类，人类之所以优越于其他物种就是拜语言所赐。因此，语言是存在的方式，是人存在及其意义的证明，这也就是西方哲学家海德格尔所谓的"语言是存在的家"。语言活动——说话或写作是培养、发展思维、思想和表情达意能力的必然途径。在这个意义上而言，写作是人的本体需要，而不是一种可有可无的工具或外加的任务。

但是，语言作为指物、思维、表意的符号或载体，本身却不是尽善尽美的。语言作为抽象的指称符号，只是对事物的命名与模仿，而不是其本身。因此，一个符号（字词）和它所代表的物体的独一无二的、有着各种细节的复杂性相比，总是显得苍白无力。语言作为表意的工具也往往不能完满地完成其使命。《周易》说："言不尽意。"晋代的文学家陆机也说过"意不称物，文不逮意"这样的话。我们也常常有"找不到词儿"、"词不达意"、"茶壶里煮饺子——肚子里有话说不出"的情况。这都说明"物"、"意"与"言"之间隔了一层。也就是说，作为指称事物、传达意思的工具，语言往往并不称职。某些精微细腻的心理感觉与精神境界是无法用语言来形容并传达的，只能靠意会与暗示。这也正是庄子所说："可言之者，物之粗也；可意会者，物之精也。"

那么，如何突破语言的局限性，解决有效指物、表意的实际需要呢？《周易》提出了一个解决办法："立象以尽意"，设立一个形象来做中介。也就是说要运用比喻、譬喻这样的方式来表意。立象，或曰比喻、譬喻、隐喻之类，其实也就是借用其他的事物来比拟、暗示，以帮助、启发读者去理解，这实质上是一种间接表达法。比如，我们想要表达"愁"这种情绪情感体验，但"愁"这种情绪感受本身是很细微的、内在的，用外在的、抽象的语符就很难传达到位。因为一个简简单单的字符（比如"愁"、"忧愁"、"烦"、"烦恼"、"愁闷"之类）都无法在读者心中唤起与作者一模一样的感受与体验。语言的符号性、抽象性使得它必须求助于具体的形象、情境来帮助传达具体可感的意思。所以人们常常有"愁得吃不下饭、睡不着觉"这样的形容，或者是古代诗人的那种比喻："忧端齐终南"（杜甫），"飞红万点愁如海"（秦观），"一水牵愁万里长"、"白发三千丈，缘愁似个长”、“抽刀断水水更流，举杯消愁愁更愁”（李白），“夕阳楼上山重叠，未抵闲愁一半多”（赵嘏），“只恐双溪舴艋舟，载不动、许多愁”（李清照），“问君能有几多愁？恰似一江春水向东流”、“云笼远岫愁千斤”（李煜），“试问闲愁都几许，一川烟草，满城风絮，梅子黄时雨”（贺铸）……

可以说，譬喻是语言的一种基本特性。西方浪漫主义时期的哲学家与文学艺术家们就大都把隐喻（凡涉及用一事物类比、借代、暗指、象征另一事物的手法都可称为“隐喻”）看作人类语言的本性或本质的思想。确实，人类语言中的很多词汇与表达方式都是譬喻性的。诸如，“把握”、“掌控”、“开心”、“关键”、“重点”……无不是用具体的动作情境、事物情境来表达抽象的意思。又如，“赤裸裸的真理”就是用了“不穿衣服”的隐喻，“问题的核心”就是用了“果核”的隐喻，“桌子腿”就是用了无生命物与有生命物相似构造的隐喻。这种譬喻、隐喻构成语言使用的常规性景观，不仅常出现在日常语言中，还常出现在写作语言中。可以说，不借助于譬喻、隐喻，很多意思就无法传达。

认识到了语言的这种譬喻或隐喻本性，我们也就可以更深入地理解语言的修辞问题。修辞，绝不是我们通常所理解的，仅仅是一种语言使用的外在技巧或装饰。相反，它源于语言的内在本性，源于以语言为载体的思维、认知的方式本身。因此，在语言使用（比如写作）中，修辞就是一种最基本、最必需的传达方式。修辞既然根源于思维与体验，那么比喻、拟人、借代、夸张这些修辞手法的获得就绝不可能外求，而只能内求于使用者自身的感受、体验与认知。比如，“小金鱼在水缸里游来游去，像一条飘动的红纱巾”。“红纱巾”这个比喻的独特与巧妙就源于观察者感受的独特。感受体验不到位，修辞手法就不可能产生。

第二节 写作语言的积累

一、语言的类型

（一）内语言和外语言

有一种说法“怎么想就怎么说”，通常是用来鼓励那些在公众场合不敢讲话的人大胆地开口说话。然而，从语言学的角度来说，这种认识是错误的，因为它混淆了内语言和外语言，把外语言等同于内语言了。

内语言是指思想、思考时所用的语言，外语言是开口讲出来或用文字写出来的语言。外语言以内语言为基础，是经过加工整理之后的内语言的显化状态。二者区别明显。首先，内语言是一种不完整的语言。一个词或一个印象就可代指一种意识或思维活动，因此内语言表现更多的是单个词、短语或单个概念的间歇式呈现；外语言则必须表现为前后连贯的语句，以句子为最小的使用单位。其次，内语言的跳跃性大。思维活跃或感情激动时，内语言更加无序，可用“语无伦次”来形容；外语言则讲究上下文的逻辑性、连贯性，其表达始终有个中心论题或核心话题。再次，内语言是个人的心理活动，几乎不受任何约束，尤其不受语言文字的约束，人们使用内语言时从来不会感到词语贫乏等；外语言的使用则不能不看对象、场合和环境地乱说话。而且必须以语言文字为基础，受语言文字的制约，因此常有“词不达意”、“言不尽意”之感。

下面是鲁迅《风波》中描写七斤的一段心理活动，就是典型的内语言：

他心里但觉得事情似乎十分危急，也想想些方法，想些计画，但总是非常模糊，贯穿不得：“辫子呢辫子？丈八蛇矛。一代不如一代！皇帝坐龙庭。破的碗须得上城去钉好。谁能抵挡他？书上一条一条写着。入娘的！……”

所以不能怎么想就怎么说，必须根据交际对象、交际场合、交际环境、交际目的、交际内容等的不同来调整、加工内部语言，使其转变成准确、清晰、简洁的外部语言文字即外语言。

（二）口语和书面语

还有一种说法“怎么说就怎么写”也是错误的，它混淆了口语和书面语。鲁迅在《且介亭杂文·答曹聚仁先生信》中指出了两者的不同：“语文和口语不能完全相同；讲话的时候，可以夹许多‘这个这个’‘那个那个’之类，其实并无意义，到写作时，为了时间、纸张的经济，意思的分明，就要分别删去的，所以文章一定应该比口语简洁，然而明了，有些不同，并非文章的坏处。”（《鲁迅全集》第六卷）

口语是以口头表达方式，借助语音传递信息、交流情感的语言；书面语是借助文字系统表达思想感情的语言。口语和书面语有很大的差别：词汇方面，有口语词和书面语词的分化，如“快活、脑袋、操心、把戏、爸爸、老婆”等属口语词，“愉快、头部、劳心、诡计、父亲、妻子”属书面语词。句子方面，口语句子短小简单，独词句多，省略句多，半截子话多，错漏句多，冗余重复句多；书面语则句子较长且成分复杂，句子完整，语法规范。口语更多地依赖交际场合和交际环境，书面语则更多地受语体和文体的制约。口语随意易逝，逻辑性、规范性都比较差，经不起字斟句酌的推敲；书面语则吸收了口语的精华和生动的成分，同时又有口语中不常用的词汇、句式，是一种精练、严谨、规范的语言。

写作语言用的是书面语言，它会适当选用一些精练的口语词或口语的表达方式，但不是完全照搬口语，尤其是科技论文、法律条文、公文等语言使用规范的文体更要少用口语。

（三）文言文和白话文

文言文是指以先秦口语为基础形成的上古汉语书面语言以及后来历代作家仿古作品中的语言，文言也称古汉语。白话文是指在现代口语基础上发展而来的书面语言，即现代汉语书面语。

文言文以单音节词为主，使用古语词，遵循古汉语语法。写作语言适当地吸收一些文言词和文言句式，可取得典雅、庄重的表达效果，通常在贺电、唁电、请柬、邀请函、序、跋等实用性文体中运用。例如台湾领导人马英九为在台北举办的“白海淞雪泼墨山水画展”所发的贺电：

中华文化基金会萧董事长详玲暨全体与会人士均鉴：

欣悉贵会于本（97）年8月2日至10日与台北市国父纪念馆联合举办“白海凇雪泼墨山水画展”，特电致贺。至盼藉由捕捉雾凇雪景底蕴，撷取传统水墨精微，开创独特画艺技巧，拓展艺术鉴赏新界，共同为打造高度人文素养之优质社会而努力。敬祝展览圆满成功，诸位健康愉快。

此贺电使用了许多文言词语“均鉴”、“欣悉”、“至盼”、“藉由”等，显得比较庄重文雅。

（四）文学语言和科学语言

文学语言是指进行文学艺术创作时所用的语言，科学语言也叫实用语言，是科技著作、事务公文、法律文书、新闻报道等实用性文体所用的语言。二者都是从日常生活语言中分化出来的，但由于使用目的及范围的不同，二者的语言使用特征也截然不同，我们在写作中要注意二者的区别。

1. 文学语言指向艺术世界，科学语言指向现实世界

文学艺术创作是在虚拟的艺术世界进行的，它以现实世界为基础，又高于现实世界。文学语言服从于艺术世界，是一种诗意的、感性化的语言，它不需要完全符合现实生活的逻辑，追求的是一种艺术的真实。例如《庄子·知北游》说：“人生在世，若白驹之过隙，忽然而已。”这话明显不符合客观事实，但人们并不觉得这句话不合逻辑，反而“于我心有戚戚然”。这是一种知觉上的真实，即艺术的真实，这就是文学语言的本质。

科学语言反映的是现实世界，它必须符合生活的逻辑，不以人们的主观意志为转移，它是一种理性的、客观的、不掺杂个人情感的语言。例如《现代汉语词典》是这样解释“楝树”的：

楝树，落叶乔木，叶子互生，小叶卵形或披针形，花小，淡紫色，果实椭圆形，褐色。木材可以制造器具，种子，树皮、根皮都可入药。

上例属典型的科学语言，完全按照客观事实进行描写，一是一，二是二，没有任何主观感觉和情感掺杂进去。即使是用了比喻“卵形”、“披针形”，也是简单地摹形画状，并非抒情，体现了科学语言严肃、客观、理性的特征。

2. 文学语言言简意丰，科学语言言明意单

文学语言言简意丰，是指用尽可能少的语言表达丰富的语义，即所谓的“言有尽而意无穷”。比喻、比拟、夸张、双关、借代、反语、婉曲、通感等修辞格的使用都可以让文学语言“意在言外”、“言简意丰”。

文学语言还通过使用词语的各种附加意义达到言简意丰的表达效果。词语除了具有概念意义（即通常词典中所列意义），还有许多的附加意义，如情感意义、联想意义、语体意义、风格意义等。情感意义即词语的褒贬色彩，联想意义是词语的心理联想意义，它带有鲜明的文化和地域色彩，如“狗”在汉语中的联想意义是低贱的、卑鄙的，而“孔雀、喜鹊、鹤”的联想意义则是吉祥喜庆的。语体意义是指词语因经常出现于某一语体中从而带有这种语体色彩的一种被附加意义，如“公告、兹有、请批示、被告、原告”等词语就带有公文语体色彩，“温馨、绚丽、汹涌、窈窕”等带有文艺语体色彩。风格意义是词语所表现出来的特定风格色彩，如“婀娜多姿、亭亭玉立”具有典雅的风格色彩，“瞎胡闹、吹牛皮、胡说八道”则带有粗俗的风格色彩。

科学语言的“言明意单”，是指所用词语、句子要清晰明白，要具有单义性，避免歧义、多义的发生。尽可能地使用词语的理性意义，不用其附加意义。为此，各种专业术语、人工符号（如化学符号、各种公式）、国际通用语、数字图表等都被作为科学语言的一种被广泛地使用。如果使用了有歧义或多义的“日常生活用语”，则需要重新定义，以确保其语义的单一性。例如“石油”一词在口语中是否应包括“天然气”是存在疑义的，如果写入法规中，就需要对其进行严格的界定。《中华人民共和国对外合作开采海洋石油资源条例》的第二十九条就专门解释道：

本条例所用的术语，其定义如下：“石油”是指蕴藏在地下的、正在出采的和已经采出的原油和天然气。

科学语言总的使用要求是准确、清晰、理性、客观、单义。文学语言则要求生动、形象，用尽语言文字的一切可能的表达。我们写作时要根据不同的语体要求使用不同的语言。

3. 文学语言贵在创新，科学语言贵在规范

人们常说“第一个用花来形容女子的是天才，第二个是庸才，第三个就是蠢材了”，这是说文学语言的运用应该时常创新，不能因循守旧。文

学语言追求的是语言的审美功能，是语言表达功能的最大化。一种表达方式一旦经常被使用，便流于平庸、常规。人们习以为常了，自然激不起审美兴趣。

创新的主要表现是打破常规，破除旧有的语言习惯，或者“旧词新用”，“化腐朽为神奇”。例如，鲁迅散文《秋夜》的开篇写道：

在我的后园，可以看见墙外有两株树，一株是枣树，还有一株也是枣树。

这里后两句话明显违背了语言简练的要求，打破了常规，但却表达了这样的言外之意：景象单调，让人厌倦腻烦，你爱看也罢，不爱看也罢，就是这两株枣树，别无其他风景。我们再来看“旧词新用”的例子：

不过那时候的家庭会议只会不议——一般成员不能开口，只听家长训话。

（谌容《献上一束夜来香》）

这两项义务很容易，朱自治早出晚归，有家没务。

（陆文夫《美食家》）

以上两例中的“会议”、“家务”都只是普通词语，作者却分别对它们进行新的注解和使用：“只会不议”、“有家没务”，语言幽默，又符合客观事实，这也是一种语言的创新。

需要注意的是：文学语言的创新并不是华丽辞藻的堆砌，也不是创造一些新词新语或生造词语。文学语言的创新一定要与作品的内容、主旨、所要表达的情感相契合，脱离了作品内容、主旨、情感的“创新”是东施效颦、缘木求鱼。另外，文学语言的创新不是字字句句都要创新，只是少部分创新，而大部分语言的使用仍要遵循语法规律，合乎语言规范。

科学语言要求合乎语言规范，朴实无华，直白晓畅，以准确明晰地反映客观事实为第一要务，无须任何抒情，排斥言外之意。任何违背表义的单一性，易引起联想的歧义词句，各种艺术化的语言手段，夸张、双关、借代、比拟、婉曲等修辞格都是科学语言力求避免使用的。各种方言词汇、方言句式、俚俗词语以及大部分的古语词、古语句式由于不符合现代汉语的规范要求，因此也被科学语言所排斥。

二、语言积累的方法

（一）丰富思想，积累内语言

语言是思想的外衣，是思维的外在表现形式。有什么样的思想就有什么样的语言表达，语言脱离不了思想。作家秦牧说：“‘文字的暧昧由于思想的朦胧’，只有思想上十分清晰，才能够以畅达美妙的文字表达出所要描述的一切。”（《文学艺术与自然科学》，《秦牧全集》第九卷）古人所说的“文如其人”，说的就是外化的语言体现了一个人的思想。

积累内语言，需要学习各种知识，包括哲学、社会科学、自然科学等一切人类的优秀成果，提高明辨是非、深度思考的能力，以正确地认识和评价各种自然和社会现象，及时准确地把握事物的本质。作者要写社会，要写人生，要反映社会的各个方面，要写各色人等，要写人与人之间复杂的关系，要写花草鱼虫、云山雾水等各种自然现象，要揭示各种自然规律和社会规律等，都需要具备相关的知识。否则，写作时就会没有真情实感，没有切身体会，其结果要么觉得无话可说，要么空洞无物、笼统浮浅，要么错漏百出、荒诞无稽。其语言自然不会生动形象，更打动不了读者。

积累内语言，还需要提高个人的道德情操、思想品格。道德高尚，思想深刻，作为思想道德外化的语言才能准确、独到、有深度、有感染力。很难想象一个自私自利者能写出悲天悯人的作品，一个卖国者或叛国者能写出一部颂扬爱国主义精神的佳作，一个人格低下、思想猥琐的人能写出传世之作。

（二）向生活学习，积累外语言

现代作家老舍在《我怎样学习语言》一文中说：“我们须从生活中学习语言。”“没有生活，就没有语言。”（《老舍生活与创作自述》）

生活是学习语言最好的老师，因为书面语言、文学语言、科学语言等语言类别都是从日常生活语言中分化出来的，日常生活语言又是人民大众每时每刻都在使用的语言，其鲜活性和生命力都是其他类型的语言所无法比拟的。

日常语言的语汇丰富多样，可反映社会生活的方方面面，且表现力极强。例如描写黑暗的就有不少同义词汇："漆黑"、"黑沉沉"、"黑洞洞"、"黑茫茫"、"黑蒙蒙"、"黑麻麻"、"黑乎乎"、"黑油油"、"黑黝黝"、"黑黢黢"、"黑魆魆"、"黑不溜秋"、"黑咕隆咚"、"黑灯瞎火"、"伸手不见五指"等，如果我们继续收集的话，还可以罗列更多。不单形容词如此，动词、副词这些极具表现力的词类中的同义词也非常丰富。例如表示"抛"动作的同义词就有"扔、投、掷、甩、丢、砸、摔"等。生活词汇的丰富多彩为语言表达提供了多种选择。

生活语言中还有许多精彩传神的成语、谚语、惯用语、歇后语。来自口语的成语如"指手画脚、狼子野心、千夫所指、三长两短、一干二净"等，谚语如"情人眼里出西施"、"跑得了和尚跑不了庙"、"一年之计在于春，一日之计在于晨"等，惯用语如"闭门羹、走后门、铁饭碗、软骨头、炒鱿鱼、吹牛皮"等，歇后语如"小葱拌豆腐——一青（清）二白"、"孔夫子搬家——尽是书（输）"、"老牛追兔子——有劲使不上"等。这些短语或句子浓缩了群众的生活经验和智慧，字字珠玑，句句形象，简洁明了，内涵丰富，既有哲理，又有文学色彩，是让文章生动形象的重要手段，非常值得收集和积累。

生活语言中富有表现力的方言词语同样值得我们汲取，来自东北方言的"忽悠"、"唠嗑"、"旮旯儿"、"神神道道"，上海方言的"瘪三"、"尴尬"、"龌龊"，粤方言的"买单"、"打的"、"爆棚"、"水货"、"炒鱿鱼"等由于形象生动，已被普通话借用，成为大多数人用的词汇了。

向生活学习语言，并不是完全照搬，而是"取其精华，去其糟粕"，需要像蜜蜂一样，既要勤劳地采撷，还要认真的酿造，才能最终成就优美的语言。

（三）向古今中外优秀作品学习，积累书面语言

写作语言属于书面语言，写作语言的积累最终要归结到书面语言的积累，所以仅有生活语言的积累是不够的，还要从古今中外的名家名著中汲取优美的书面语言。

源远流长的古代典籍，是经历了千百年的检验、历练而存留下来的精华，蕴藏着无比丰富的语言瑰宝。文言词语典雅凝练，含义丰富，信息量大，如果切合语境用得贴切自然，能收到庄重文雅、精练深刻的表达效果。许多来源于文言文的介词、连词、副词以及成语，在现代公文、事务语体（如函电、请柬、聘书、证书等）、科学著作中经常使用。祖先留给

我们的这些语言财富，不能随便丢弃，我们应该认真采集，认真吸收那些生命力仍然很强的文言词汇，储存进我们的语言系统中。

国外优秀作品中的优美语言也应该纳入到采集之列。汉语中有许多的外来词语，有些由于传入时间久远，我们已经感觉不到是外来词了。如“葡萄、狮子、玻璃”等是汉代从西域少数民族语言里借入的词语，“佛、菩萨、罗汉、和尚”是汉代以后从印度借入的词语，“胡同、蘑菇、站”是元代时从蒙古借入的词语。近代从日本借入了大量的科技词汇，如“思想、哲学、政治、法律、金融、银行”等，已经融入到了汉语的日常语言中了。由于科技的发达，交通的便利，国与国之间，民族与民族之间的各种交流日益频繁，地球早已变成了一个村落，如果只是故步自封，不注重吸收借鉴国外或国际通用的语汇，那么汉语走向世界，汉语作品走向世界都只是空谈。

不过，在吸收古代的和外国的优美语言时，需要遵循一个原则：古为今用，洋为中用，一定要立足于现代汉语。

第三节 语言的锤炼

无论是来自日常生活的语言，还是从古今中外优秀作品中收集的语言，要有效地化为自己的语言，还必须根据语言运用的要求进行一番认真的推敲锤炼。语言锤炼的基本要求是准确、简洁、明晰、合体。

一、准确

语言准确是指语言能够确切无误地传递作者想要表达的情感和信息。为此，需要做到用词准确，句子规范。

（一）用词准确

汉语的语汇非常丰富，存在着大量的同义词，这就为我们使用语言提供了多种选择。唐代贾岛的“推敲”故事，王安石诗句“春风又绿江南岸”中“绿”字的不可替代，苏东坡、苏小妹、黄庭坚关于诗句“轻风扶细柳，淡月失梅花”中动词“扶、失”使用的传说，都是锤炼词语的脍炙人口的典故。

锤炼词语需要注意以下几方面：

1. 注意词语理性意义的差别

语言中只有极少数的同义词，如“大夫”和“医生”，“番茄”和“西红柿”，“替代”和“代替”，“觉察”和“察觉”，“补贴”和“贴补”，“寻找”和“找寻”，每组词的语义都是等同的，是可以互换的。

大部分的同义词属于近义词，它们在程度、范围、搭配对象上会有明显区别。选择、锤炼词语时就需要从这些方面考虑。下面举例说明。

语义轻重差异，例如：失望—绝望，请求—恳求，希望—渴望，批评—批判，侮辱—凌辱。以上每组近义词的前者语义轻，后者语义重。也有一些语义轻重呈阶梯式表现的近义词，例如：轻视—藐视—蔑视—鄙视；良好—优良—优秀—优异。

范围大小的差异，例如：灾荒—灾难，时期—时代，战斗—战役—战争，边境—边疆，标记—标志，局面—场面。以上每组近义词的前者语义范围小，后者范围大。

搭配上的差异，例如：交流和交换，交流的是“思想、经验、物资、情感”，交换的是“礼物、意见、资料、产品”。侵犯和侵占，侵犯的是“人权、主权、利益、版权、领空”，侵占的是“财产、公款、领土、土地”。

2. 注意词语附加意义的不同

词语有附加意义，分别是感情义、联想义、语体义、风格义、地域义等，锤炼词语时需注意附加意义的不同。例如，果断—武断，顽强—顽固，鼓动—煽动，以上每组近义词的区别在于感情义不同，前者是褒义词，后者是贬义词。爸爸—父亲，土豆—马铃薯，油水—益处，这组近义词的区别在于语体义不同，前者属口语语体，后者属书面语体。生日—诞辰，太太—夫人，想—沉思，这组近义词的风格义不同，前者通俗，后者庄重。番薯—红薯—地瓜，出租车—面的—的士，这组近义词具有地域方言色彩，适用于不同的地域人群。

3. 注意词性的不同

有些词语语义相近，但词性不同，其在句子中的功能也就不同。例如“突然”和“忽然”是近义词，“突然”是形容词，在句中可以作谓语、定语、宾语、状语。例句“这事很突然”、“突然的决定”、“感到突然”、“突然袭击”。“忽然”是副词，只能作状语。类似的还有：永久（形容词）—永远（副词），刚刚（副词）—刚才（名词），聪明（形容词）—

智慧（名词）。

下面以鲁迅诗句“忍看朋辈成新鬼，怒向刀丛觅小诗”的修改为例，作一小结。此诗句初稿是“眼看朋辈成新鬼，怒向刀边觅小诗”。初稿的“眼看”是个中性词，不带任何感情色彩，且语义程度较轻，改为“忍看”后，就带有了“愤怒、无奈、慨叹、奋起”等复杂的情感，为词语附加了感情义，同时语义程度加深、加重。初稿的“刀边”语义范围较小，似乎屠杀只是个案，改为“刀丛”后，语义范围扩大，说明屠杀不是个案，恐怖气氛遍布全国。所以词语锤炼应该综合考虑以上提及的因素，根据表达的需要选择合适的词语，才能做到准确贴切。

（二）句子规范

句子规范是指句子要合乎语法，合乎逻辑，不能出现病句。

语法是语言的组合规则，合乎语法是语言运用最基本的要求。不但表达者要遵守语法规则组织语言，接受者也同样要遵循语法规则理解语言。一旦语法错误，读者将无从理解，或者被误导而变成错误的理解，违背了表达者的初衷。

逻辑是思维的形式和规律。句子的使用要以逻辑为基础，要合乎逻辑的同一律、不矛盾律、排中律和充足理由律等四条基本规律。其中，同一律要求在同一思维过程中，对于思考对象和所使用的概念必须保持同一性，不能出现对象模糊、文不对题或者概念含混、思路不清的逻辑错误。不矛盾律规定在论断过程中，不能出现自相矛盾或逻辑矛盾。排中律要求人们在两种矛盾的看法面前，不得含糊其词或模棱两可。充足理由律规定在论辩过程中，任何一个真实的判断，必须有充足的理由。

二、简洁

简洁就是竭力删除多余的文字，用最节约的语言表达思想感情，传递知识信息。

“文贵简约”，这是历代文论家的共识。唐代史学家刘知几非常推崇语言的简洁，他说：“文约而事丰，此述作之尤美者也。”（《史通·通释·叙事》）宋代陈骙说：“且事以简为上，言以简为当。”（《文则》）鲁迅说：“写完后至少看两遍，竭力将可有可无的字、句、段删去，毫不可惜。”（《二心集·答北斗杂志社问》）老舍说：“世界上最好的著作，差不多就

是文字清新简练的著作。”（《关于文学的语言问题》）

要做到语言简洁，需注意以下几点：

（一）避免前后语义重复

前后语义重复是学习写作时常见的问题，也是造成文章不简洁的主要原因。例如以下的不合格句子：

①一路上鞋子都全湿了！
②早晨起来，鸟叫的声音在这时候特别的清亮。
③也许，校园是当今社会仅存的唯一一片净土了，我想。
④香港居民郭女士成为广州首饮 CEPA “头啖汤” 第一人。
⑤带着初始的激动与紧张，还有略微一点点的不安，我走进了校园。

例句中的画线部分都属语义重复，有些句子是我们口语表达中常出现的语言习惯，但在书面表达中就应避免。

（二）始终围绕主题组织语言

主题也叫主旨、中心思想，是一篇文章的大脑和灵魂，所有的表述都应该围绕着主题展开，与主题无关的话应删去。欧阳修写《醉翁亭记》，初稿的开篇用了20多个字描写滁州的山峦景色，但定稿时只写了“环滁皆山也”五个字。就是因为文章的主题是写“醉翁亭”，而滁州具体的山色与此主题相去甚远，于是用五个字概括之即可。而我们学生的作文就做不到这一点，常常是开篇绕一个大弯才接触到主题，例如：

由于我在大一放寒假的时候答应了妈妈要把房间收拾好，但因为种种原因，我没有履行我的承诺，因此，我便趁着暑假这个长假期来做回我本来就应该要做妥的事。我的房间真的很乱，令我不知从何着手，万事起头难，当我开始了执拾后，便愈来愈顺。我一边收拾，一边听着随身听，时间过得很快，但当我打开那个乱到不能形容的抽屉时，我发现了一样东西，顿时我觉得时间停住了，耳朵里的流行曲也听不到了，因为我找到了我的珍贵回忆——一本已经旧得发黄的照相簿。

（选自学生习作《旧照片》）

上例的题目是“旧照片”，然而作者开篇却用了上百字的篇幅写为什么要收拾房间，以及如何收拾房间，显然与主题关联不大，不如改成：“暑假收拾房间时，意外地发现了一本旧得发黄的照相簿。”然后再写看到这个照相簿的反应和感受。这样文章的语言就简练多了。

（三）删除可要可不要的语言

叶圣陶说：“凡是一个词，一句话，多到几百字几千字的一大段，写进去也可以，可是不写进去，对全篇意旨并无什么损害，那就坚决割舍，不写进去。这么办的时候，文章就干净利落。”（《叶圣陶论创作》）可要可不要的语言主要指一些套话、空话，一些同义反复的话，一些不言自明的话，一些堆砌的形容词，一些可省略不要的关联词等。

三、明晰

明晰就是文章的语言要明白清晰、不含糊其词，不能引起读者的误解。尤其是科技著作、法律条文、公文文书等，其语言的准确、明晰是第一位的。孔子早就提出“辞达而已矣”。（《论语·卫灵公》）意思是语言的作用就是清楚地表意，只要能够把语意完整准确地表达出来就行了，至于语言的生动形象、华丽优美都是次要的。

要语言表达明晰，首要的是思路要明晰。如果自己对一个问题、一个现象都没有思考清楚，总是处于摇摆之中、模糊不清时，又如何表达清楚呢？所以下笔之前，首先梳理一下自己的思路，弄清要表达的核心内容，区分主次，这是决定语言明晰的根本因素。除此之外，在语言表达上还要注意以下几点：

（一）避免生造滥用词语

语言是约定俗成的，也许一开始用什么词语表达什么语义是随机的，但一旦得到多数人同意，就不可随意更改。生造滥用词语违背了语言的约定俗成规律，自然让人难以理解。例如：

①要尽最大的或是最后的努力避免和制止将要引发的一场睚眦残杀！

（选自《羊城晚报》1996年4月28日第6版）

②经太医检查，紫薇患了精神抑郁症，没过两年，已是乌发如云，红

颜似槁。

（选自《羊城晚报》2001年2月12日B4版）

③老牌劲旅最近输球上瘾，竟然演出三连败的“帽子戏法”。

（选自《羊城晚报》2003年1月26日A12版）

上例画线部分都属于生造、滥用词语。例①“睚眦”本意是发怒时瞪眼，后用来形容极小的仇恨，成语有“睚眦必报”，没有“睚眦残杀”，显然后者是生造词语。例②从上下文来看，说的是紫薇处于病态中，但“乌发如云”通常是形容一个健康的人，在此显然是滥用。例③“帽子戏法”通常是形容足球运动中一个人包揽了多个进球，带有赞叹语气，而这里却用来形容三连败，明显是误用、滥用词语。

（二）避免使用歧义句式

多义、歧义句式也会带来语义的模棱两可，表意不清晰。这通常是由两个原因造成的：一是指代不明，二是结构歧义。

1. 指代不明

为使语言简练，也为了避免词语重复，行文中常会用代词指代前面出现的词语或句子。这时如果稍不注意，就会出现指代不明，引起歧义。

2. 结构歧义

因语法结构的不同理解和划分造成句义的多重解释的称为结构歧义。结构歧义具有隐蔽性，作者写作时常常只考虑了一种结构划分，而忽略了另一种可能的结构划分。

（三）注意上下文的衔接与连贯

语言明晰还表现在上下文的连贯和衔接上。连贯是上下文通过一种逻辑推理或逻辑关系所达到的语义上的连接和关联，它是文章之所以成为文章的无形语义网络。衔接是连贯在文章表层的体现，通过照应、替代、承前启后、词语重现、关联词语等衔接手段来连接上下文。

刘勰《文心雕龙·章句》说：“夫人之立言，因字而生句，积句而成章，积章而成篇。”意思是字、词、句的累积成就一篇文章的。写作语言属线性排列，其排列必然有个先后主次之分，需要讲究语义表达的递进、过渡等，如果不按逻辑顺序写作，势必造成语义的大幅度地跳脱、跨越，使得语言表达晦涩难懂。

四、合体

合体就是合乎语体规范。语体是在长期的语言使用过程中，为适应交际对象、交际目的、交际方式、交际领域的不同，而逐渐形成的具有稳固的系列语言使用特点的综合体。

语体是在长期的语言使用过程中逐步形成的，语体一旦形成，就反过来制约着语言的使用，任何人只要运用语言，就必然受制于语体。新闻报道中常说大学生甚至是文科的大学生写不好邀请函，写不好请假条，不会写请示、总结、调查报告等，并非是这些大学生的语言表达能力出了问题，而是他们不熟悉语体，不懂得不同语体的语言要求。所以学习语体，使写作合乎语体规范非常重要。

根据交际领域的不同，语体可分为口语语体、公文语体、科技语体、评论语体、文艺语体等。下面简单介绍一下各种语体的语言使用特点：

（一）口语语体

口语语体适用于日常会话交际领域，特别注重语音的变化，语调、语气、音高、音强、停顿、音长等都能传情达意。词语方面使用通俗的口语、方言俚语，句子简短，独词句多。其总的语言要求通俗易懂、形象生动。写作时用到口语语体的机会不多，主要是在写人物对话、刻画人物形象时会用到。

（二）公文语体

公文语体适用于国家机关、社会团体、社会成员之间公务、事务的交往，包括各种行政公文、法规制度文书以及合同、合约、协议、条据、书信、启事等事务文书。其语言运用要求是准确、规范、简明、庄重、朴实。词语上使用规范的书面词汇，排斥华丽的辞藻，慎用形容词，使用好动词，使用专门的公文词语，如起始用语“根据、鉴于、兹因、兹定于”等；结尾词语“此复、此致、请批示、请核实”等；经办用语“拟、暂行、公布、抄送”等；表态用语“严禁、准予、参照执行、颁布实施”等；称谓用语“我、贵、尊”等。公文语体句子规范完整，主谓宾等句子成分齐全，较少使用修辞格，须严格按照规定的篇章格式写作。

（三）科技语体

科技语体适用科学技术领域，包括科技著作、论文、实验报告、辞书、说明书等文体。其语言运用要求是精确、严谨、质朴。词语上使用书面词汇，使用词语的概念义，不用词语的联想义、比喻义、情感义，大量使用科技术语。句式、句型、句类单纯，变化不多，以长句、完整句为主，句义表达单一，没有歧义存在。语言朴实无华，排除主观色彩，不抒发个人情感。篇章组织前后照应，上下段落衔接紧密，论证充分。文章有规定的写作程式，不能随意更改文章组织模式。很少使用修辞格。

（四）评论语体

评论语体适用于社会政治思想领域，其体式繁多，包括有社论、时评、短评、宣言、编后语、编辑部文章、评论员文章、政治人物的重要文章、讲话或报告等。评论语体总的语言运用要求是语言生动、论证严密、论点鲜明。评论语体的语言具有鼓动性，不仅晓之以理，更要动之以情。因此，其语言必须生动活泼、形象感人。其表现就是使用各种修辞格以增强语言的表现力，多用描绘性、抒情性的词语以增其形象性和感染力。评论语体多为论说文，其论点要一目了然，不隐藏，不含糊。拥护什么，反对什么，一定要态度鲜明，不能模棱两可。在具体论证时，还要做到概念明确，推理恰当，论证充分，以理服人。

（五）文艺语体

文艺语体适用于文学艺术创作领域，其范围包括了文学作品的一切形式或文体，如小说、诗歌、散文、游记、随笔、剧本、相声、散文诗、报告文学、传记文学、儿童文学等。其语言使用特点是感性、优美、富有创造性。感性是指其语言可视、可闻、可感。优美是指语言的运用具有审美价值，既在内涵上表现出各种各样的风格美，也在形式上具有赏心悦目的可观性。其在词语运用上尽可能地利用一切可利用的元素，包括语音、语形、字体、排版方式、词语的各种附加意义等，经常会超常规地、创造性地使用语言。修辞格的使用变化多端，篇章组织无固定模式，也忌讳有模式。

如果说语言运用有两极，那么公文语体和科技语体代表一极，文艺语体代表另一极。前者的语言质朴、严谨、规范、呆板，后者语言生动、形象、优美、创新；前者尽可能地避免语言的多义，后者却要用尽语言文字表义的一切可能性；前者篇章组织模式化，后者章无定规，提倡创造新形式、新文体。

学习语言、运用语言，不能不考虑语体的制约。写作之前要有语体意识，要认清你要使用的语体，否则你的文章就不合体，也就不合格了。

第四节 语言的艺术风格

语言的风格千变万化，多种多样。性别、年龄、个性、生活背景等因素，都会影响作者的语言风格。因此，每个人都有他擅长的语言使用习惯与风格。例如，以下模仿五名中外著名作家描述澡堂搓澡传奇的语段，较典型地向我们展现了不同的语言风格的魅力，令人忍俊不禁。

琼瑶版搓澡：

浴客静静地趴在搓澡床上，眼睛望着前方，仿佛在等待着什么！一双手轻轻地搭在了他的肩上，他那坚实而宽阔的臂膀开始微微颤抖。

这种感觉……浴客的心仿佛都要碎了，他轻轻地对搓澡工说："你用力搓吧，我甘愿承受这一切苦痛！"搓澡工微微一笑，眼角流露出关爱的目光，没有用任何语言去安慰他，只是用力地抚摸着他的后背。

浴客眼圈红了，几滴泪珠顺着脸边流淌，他再也控制不住了，转过身来抓住搓澡工的双手："你就不能轻点吗?"

金庸版搓澡：

搓澡工的双掌夹带着劲风拍在了浴客的后背上，浴客顿觉背上一股内力绵绵不断攻入体内，心中不禁暗道一句："好身手！"暗自运功抵抗。无奈那双掌如同长眼一般，紧紧贴住浴客身体，上下翻飞，一掌快似一掌，一搓紧似一搓，令其难有喘息之机。浴客不由暗暗叫苦，脸上豆大的汗珠涔涔流下，身上的泥土四处飞溅。

终于，浴客面如死灰，脱口喊道："师父，您能轻点吗，皮都快掉了！"

村上春树版搓澡：

音乐是*Rhythm of the Rain*，我的手指滑过45度的温水，静静趴在这奶白色的瓷砖之上。墙壁仿佛融化的奶酪，我融化在这甜蜜的感觉里。“可以为你搓澡吗?”

一月一个晴朗的黄昏，我在原宿后街一个澡堂同一个百分之百的女孩面面相对。“可以啊”，我没有选择地点了点头，接着躺下，然后任由她手指滑过我的肌肤，音乐换成了 The Beatles 的 *Yesterday*。我不知道洗澡的时候为什么要听这个，“请您以后洗澡的时候也想到我吧。”我略微有些惊讶，回过头看看这个奇怪的女孩子，然后对她说:“可以，但请你轻一些。”

鲁迅版搓澡:

浴室的门的确是开着的。

几个浴客欣欣然蹩进澡堂，瞥了一眼搓澡工。

那搓澡工颜色黑黄，眼珠间或一轮。

慢慢说道:“澡有四种搓法，你们知道么?”

古龙版搓澡:

四月十四，正午。

大众浴池。

无风，烟雾缭绕。

谁能忍受两年不洗澡?

他能!

但他现在正趴在搓澡的床上。

搓澡工出手了!

没有人能看清他出手的动作和速度。

浴客没有躲闪，他知道一切都是徒劳。

况且这次是他自愿的。

浴客的喉头有些发咸，胃也翻滚起来。

一种液体仿佛要涌出体内。

结束了……

床还是那张搓澡床……

人已不见……

地上除了一些泥，还有几块人皮……

空旷的澡堂子里回荡着浴客的惨叫……

上述五个相同题材的语段模仿语言风格不同的作家，向读者再现了不同的场景氛围，传达出大不一样的艺术感受。语言的艺术魅力由此可见一斑。

风格的选用也受制于写作的对象和写作的体裁。我们可以把语言的风格大体归纳为简练与繁富、朴实与绚丽、正统与新奇这几大基本型范。

一、简练与繁富

简练，是指语言的概括力与表现力的兼备，而非语言的贫乏与苍白。像杜牧的《阿房宫赋》，开头仅用“六王毕，四海一，蜀山兀，阿房出”12个字，就把秦始皇灭六国，统一天下和秦始皇穷奢极欲，大兴土木，蜀山的树木被砍光，阿房宫平地而起的事情概括地叙述出来了。这是极好的简练的典范。

繁富，不是指啰唆、无意义的废话或是随意地堆砌辞藻，而是指必要的细致详尽，及有意的重叠与复沓手法。如《木兰诗》中“东市买骏马，西市买鞍鞯，南市买辔头，北市买长鞭”的铺排，就是为了渲染木兰因对家乡与亲人的眷恋而行动迟缓、拖延、有意磨磨蹭蹭的心理。有时候，为了特别的表达效果，作者宁可用看似啰唆的语言，比如鲁迅的《社戏》：

……于是看小旦唱，看花旦唱，看老生唱，看不知什么角色唱，看一大班人乱打，看两三个人互打，从九点多到十点，从十点到十一点，从十一点到十一点半，从十一点半到十二点，——然而叫天竟还没有来。

这种啰唆造成了一种强烈的艺术感染力，把戏的枯燥无味，与“我”苦苦等待的厌烦与不耐，都淋漓尽致地表现出来了。

又如，当代作家韩少功的小说《马桥词典》中谈“吃”的一段文字：

我初到马桥时，在地上干活，蛮人们除了谈女人，最喜欢谈的就是吃。……吃鸡肉鸭肉牛肉羊肉狗肉鱼肉，还有肉——这是对猪肉的简称。吃包子馒头油饼油糕面条米粉糍粑，当然还有饭，就是米饭。我们谈得津津有味，不厌其烦，不厌其烦也不厌其旧，常谈常新常谈常乐，一直谈得手舞足蹈，面生红光，振振有词，一个个字都在充盈的口水里浸泡得湿漉漉的，才被舌头恶狠狠弹出口外，在阳光下爆炸得余音袅袅。

这段绘声绘色的描写使我们身临其境地感受到当时人们口沫横飞的样子。在饥饿的时期人们对吃的话题这么的投入非常自然，这也是一种心理补偿。

无论是用繁富还是用简练的语言，都能写出好文章。需要之时不妨浓墨重彩，不需要之时不妨惜墨如金，这才是正确的态度。

二、朴实与绚丽

朴实，不等于语言贫乏，文笔粗糙。相反，质朴的文风也力求语言优美，力求表情达意生动形象，这就要求作者在词语的锤炼上有真功夫。把普通的词语巧妙运用，让一些极普通、平常的字词发出奇异的光彩。作家姚雪垠说过："就文学语言说，要做到朴素，必须合乎语言的自然，反对矫揉造作。……要求文字上雕琢华丽容易，要求朴素自然较难。"苏轼曾说："凡文字，少小时须令气象峥嵘，彩色绚烂。渐老渐熟，乃造平淡。其实不是平淡，乃绚烂之极也。"可见，朴实平淡是一种极高的语言修养，平淡到极处反而成为优美。汪曾祺先生的文章就常常具有这种平淡朴实之美。

绚丽，是一种较多使用优雅华美的语词，语言形式上比较讲究，注意绘声绘色的渲染的语言风格。试看莫言《红高粱》中的一段话：

高密东北乡无疑是地球上最美丽最丑陋、最超脱最世俗、最圣洁最龌龊、最英雄好汉最王八蛋、最能喝酒最能爱的地方。生存在这块土地上的我的父老乡亲们，喜食高粱，每年都大量种植。八月深秋，无边无际的高粱红成汪洋的血海。高粱高密辉煌，高粱凄婉动人，高粱爱情激荡。秋风苍凉，阳光很旺，瓦蓝的天上游荡着一朵朵丰满的白云，高粱上滑动着一朵朵丰满的白云的紫红色影子。一队队暗红色的人在高粱棵子里穿梭拉网，几十年如一日。他们杀人越货，精忠报国，他们演出过一幕幕英勇悲壮的舞剧，使我们这些活着的不肖子孙相形见绌，在进步的同时，我真切感到种的退化。

绚丽是为了某种特殊的表达需要，是为了制造必要的艺术效果，而不是一味地追求华美。老舍说："初学写作的人，往往以为用上许多形容词、新名词、典故，才能成为好文章。其实，真正的好文章是不随便用，甚至干脆不用形容词和典故的。用些陈腐的形容词和典故是最易流于庸俗的。我们要自己去深思，不要借用偷用滥用一个词汇。真正美丽的人是不多施脂粉、不乱穿衣服的。”（《我怎样学习语言》）

三、正统与新奇

这涉及语言的共性与个性创造的问题。一般而言，为了让读者都能懂，我们应该遵守语言表达的规范与习惯，在写作中要尽可能少用不合规范且又不容易懂的语句，即使是自创新词、新句法，也应力求能让读者明白。但另一方面，每个人都是一个独立的、有个性的人，不可能所有的人都用同一个腔调说话。瑞士语言学家索绪尔曾区分过“语言/言语”这一对概念。“语言”指的是一个整体系统、一个宏观抽象，而从个人口中说出、手中写出的，有具体使用语境与情境的则是“言语”。语言，基于共性、群体性与普遍规则；言语，则基于个体自身生命体验。我们的写作，追求的应该是这种既遵循而又不拘泥于“语言”规则的个性化的“言语”。

俄国的形式主义文学理论家们曾提出过“陌生化”（或曰“奇特化”）的原则：越是常见的东西，人们越是不注意；而越是陌生的东西，人们越是会产生强烈的兴趣！按此，如果作者能出其不意、违反常规或是别出心裁地使用语词，就会获得这种陌生化的效果。

其实，语言分很多种使用类型，有日常化的语言，有艺术化的语言，还有标准化的语言。日常语言和艺术语言常常是对标准语言的偏离。语言的新奇性我们常常可以在日常生活中碰到。艺术语言尤其要求创造性。在写作中，这种超出正统与习惯的奇特新鲜的语言表达是很常见的。鲁迅在散文《秋夜》的开头就用了这么一句话：“在我的后园，可以看见墙外有两株树，一株是枣树，还有一株也是枣树。”余华在小说《世事如烟》中写一个瞎子的感觉，也用了有些怪异的语言：“她们的声音很光滑，让瞎子想到自己捧起碗时的感觉。”苏童在《一九三四年的逃亡》中也有这样的怪句子：“陈宝年心中长出一棵灰暗的狗尾巴草。”狗尾巴草搔在人身上麻痒难当，这里用来形容陈宝年心痒难搔的感觉。

附例文

袁崇焕无韵歌

石 英

一

袁崇焕：

三百多年前的历史曾经呼唤的一个名字；抑或是这个名字在呼唤历史。

呼唤那片被铁蹄践踏得破碎了的历史，呼唤那被硝烟模糊得面目全非的历史，呼唤那倍受屈辱而又不甘屈辱的历史，呼唤那被扭曲而仍在拼命挣扎的历史。

他站了出来：

从闽西北邵武县衙惊堂木声中站起来，从父老北望的忧患目光中站起来。

当封疆大吏尽皆股栗拱手请降的时刻，当辽东名将迭遭败绩敌焰正炽的时刻，你站出来干什么？难道你不知道自己只是一个官微职卑的六品县令？

你毫不理睬一切睥睨，也似乎对世俗的喊喳充耳不闻，携请缨印信，大步登上宁远城楼，一炮将不可一世的努尔哈赤打下马来，威慑皇太极竟至仓皇失措！

兵还是那些兵，饷还是那些饷，身后仍是那个朽如槁木的明王朝，面对的仍是那伙杀红了眼的后金骠骑恶煞，为什么，为什么你一来，形势就顿时改观？为什么你不但不怵，还试图将拟就草稿的历史重新改写？

古人云：文以气为主。作为一支军队，一个真正的人，又何尝不是以气为主？

人!!!

二

对于古人，也不是一种声音。

有的明公评论家站出来发表高论：袁崇焕尽管大智大勇，可惜用得不当，殊不知明皇朝暮霭沉沉，清王师杲日东升，袁崇焕不识时务，以卫护腐朽生产力代表而抗拒先进生产力的，岂不是逆潮流而动？

什么？什么？

哦，明白了，他是在为古人深表惋惜：如是明智之人，倒戈随清，岂不博个封侯之位？

荒唐！如袁公地下有知，当挺身破穴，指斥这类明公引路人。

明王朝固然腐败透顶，清军难道就是仁义之师？疯狂掠夺，恣意践踏，难道就是先进生产力的代表？

袁崇焕那颗心是一个发光体，他所率的那支孤军奋战的军队是一道新的长城，在这颗心和这道长城后面，是食不果腹衣衫褴褛的平民百姓，是荒旱经年奄奄一息的田禾。

当不少同僚都俯首哀恳，露出奴性本相时，他以大炮发言：此路不通！

不能要求他不打着忠于皇帝的旗号，假如不打，恐怕他最亲信的部下也会把他诛杀。历史的悲剧也正在于此。

痛哉！

三

善者未必善报。

袁崇焕以其丰功伟绩之身反遭碎尸之祸。

固然是由于崇祯听信了清方散布的所谓通敌谋反的谣言，可是，真正的祸根究竟在哪里？

虚弱与凶残是孪生姊妹，崇祯是这两种心理的杂交胚；猜疑与阴谗一见钟情，崇祯与多尔衮既是死敌又是恋人。

统治者只是利用忠臣良将，而永远不会信任他们，他们真正信任的只能是佞臣阉党，扭曲的心理最需要畸形人的谄笑来滋润。

袁崇焕与其说是死于最残酷的凶器，不如说是死于人与人之间可能有的由极端妒恨导致的虐害狂。

他碎尸了，却恰恰又最后完成了自己的形象；他作为用来呼吸的一息终断了，但他胸中秉有的那股人间正气却冲天而起。这样，便使他能与文天祥这样的志士仁人在高天烈云间握手。

凡能以浩然正气感召人心、启人前行者，当然也应是先进生产力的代表。

历史上这样的人也许很多，但从另一种意义上说，又太少了！

（选自《世界最美的散文大全集·中国卷》，华文出版社2009年版）

沙田山居

（台湾）余光中

书斋外面是阳台，阳台外面是海，是山。海是碧湛湛的一弯，山是青郁郁的连环。山外有山，最远的翠微淡成一袅青烟，忽焉似有，再顾若无，那便是，大陆的莽莽苍苍了。日月闲闲，有的是时间与空间。一览不尽的青山绿水，马远夏圭的长幅横披；任风吹，任鹰飞，任渺渺之目舒展来回，而我在其中俯仰天地，呼吸晨香，竟已有十八个月了。十八个月，也就是说，重九的陶菊已经两开，中秋的苏月已经再圆了。

海天相对，中间是山，即使是秋晴的日子，透明的蓝光里，也还有一层轻轻的海气，疑幻疑真，像开着一面玄奥的迷镜，照镜的不是人，是神。海与山绸缪在一起，分不出，是海侵入了山间，还是山诱俘了海水，只见海把山围成了一角角的半岛，山呢，把海围成了一汪汪的海湾。山色如环，困不住浩淼的南海，毕竟在东北方缺了一口，放樯桅出去，风帆进来。最是晴艳的下午，八仙岭下，一艘白色渡轮，迎着酣美的斜阳悠悠向大埔驶去，整个吐露港平铺着千顷的碧蓝，就为了反衬那一影耀眼的洁白。起风的日子，海吹成了千亩蓝田，无数的百合此开彼落。到了夜深，所有的山影黑沉沉都睡去，远远近近，零零落落的灯全睡去，只留下一阵阵的潮声起伏，永恒的鼾息，撼人的节奏撼我的心血来潮。有时十几盏渔火赫然，浮现在阒黑的海面，排成一弯弧形，把渔网愈收愈小，围成一丛灿灿的金莲。

海围着山，山围着我。沙田山居，峰回路转，我的朝朝暮暮，日起日落，月望月朔，全在此中度过，我成了山人。问余何事栖碧山，笑而不答，山已经代我答了。其实山并未回答，是鸟代山答了，是虫，是松风代山答了。山是禅机深藏的高僧，轻易不开口的。人在楼上倚栏杆，山列坐在四面如十八尊罗汉叠罗汉，相看两不厌。早晨，我攀上佛头去看日出，黄昏，从联合书院的文学院一路走回来，家，在半山腰上等我，那地势，比佛肩要低，去比佛肚子要高些。这时，山什么也不说，只是争噪的鸟雀泄漏了他愉悦的心境。等到众鸟栖定，山影茫茫，天籁便低沉下去，若断若续，树间的歌者才歇下，草间的吟哦又四起。至于山坳下面那小小的幽谷，形势和地位都相当于佛的肚脐，深凹之中别有一番谐趣。山谷是一个爱音乐的村女，最喜欢学舌拟声，可惜太害羞，技巧不很高明。无论是鸡鸣犬吠，或是火车在谷口扬笛路过，她都要学叫一声，落后半拍，应人的尾声。

从我的楼上望出去，马鞍山奇拔而峭峻，屏于东方，使朝暾姗姗其来迟。鹿山巍然而逼近，魁梧的肩膂遮去了半壁西天，催黄昏早半小时来临，一个分神，夕阳便落进他的僧袖里去了。一炉晚霞，黄铜烧成赤金又化作紫灰与青烟，壮哉崦嵫的神话，太阳的葬礼。阳台上，坐看晚景变幻成夜色，似乎很缓慢，又似乎非常敏捷，才觉霞光烘颊，余曛在树，忽然变生咫尺，眈眈的黑影已伸及你的肘腋，夜，早从你背后袭来。那过程，是一种绝妙的障眼法，非眼睫所能守望的。等到夜色四合，黑暗已成定局，四围的山影，重甸甸阴森森的，令人那肃然而恐。尤其是西屏的鹿山，白天还如佛如僧，蔼然可亲，这时竟收起法相，庞然而踞，黑毛茸蒙如一尊暗中伺人的怪兽，隐然，有一种潜伏的不安。

千山磅礴来势如压，谁敢相撼？但是云烟一起，庄重的山态便改了。雾来的日子，山变成一座座的列屿，在白烟的横波回澜里，载浮载沉，八仙岭果真化作了过海的八仙，时在波上，时在弥漫的云间。有一天早晨，举目一望，八仙、马鞍和远远近近的大小众峰，全不见了，偶尔云开一线，当头的鹿山似从天隙中隐隐相窥，去大埔的车辆出没在半空。我的阳台脱离了一切，下临无地，在汹涌的白涛上自由来去。谷中的鸡犬从云下传来，从敻远的人间。我走去更高处的联合书院上课，满地白云，师生衣袂飘然，都成了神仙。我登上讲坛说道，烟云都穿窗探首来旁听。

起风的日子，一切云云雾雾的朦胧氤氲全被拭净，水光山色，纤毫悉在镜中。原来对岸的八仙岭下，历历可数，有这许多山村野店，水浒人家。半岛的天气一日数变，风骤然而来，从海口长驱直入，脚下的山谷顿成风箱，抽不尽满壑的咆哮翻腾。蹂躏着罗汉松与芦草，掀翻海水，吐着白浪，风是一群透明的野兽，奔踹而来，呼啸而去。

海潮与风声，即使撼天震地，也不过为无边的静加注荒情与野趣罢了。最令人心动而神往的，却是人为的骚音。从清早到午夜，一天四十多班，在山和海之间，敲轨而来，鸣笛而去的，是九广铁路的客车，货车，猪车，曳着黑烟的飘发，蟠蜿着十三节车厢的修长之躯，这些工业时代的元老级交通工具，仍有旧世界迷人的情调，非协和的超音速飞机所能比拟。山下的铁轨向北延伸，延伸着我的心弦。我的中枢神经，一日四十多次，任南下又北上的千只铁轮轮番敲打，用钢铁火花的壮烈节奏，提醒我，藏在谷底的并不是洞里桃源，住在山上，我亦非桓景，即使王粲，也不能不下楼去：

栏杆三面压人眉睫是青山
碧螺黛迤的边愁欲连环
叠嶂之后是重峦，一层淡似一层
湘云之后是楚烟，山长水远
五千载与八万万，全在那里面……

（选自余光中《余光中散文》，吉林文史出版社2008年版）

香港故事

（香港）小思

香港，一个身世十分朦胧的城市！

身世朦胧，大概来自一股历史悲情。回避，是忘记悲情的良方。如果我们说香港人没有历史感，这句话不一定包含贬斥的意思。路过宋皇台公园，看见那块有点呆头呆脑的方块石，很难想象七百多年前，那大得可以站上几个人的巨石样子，自然更无法联想宋朝末代小皇帝，站在那儿临海饮泣的故事了。

香港，没有时间回头关注过去的身世，她只有努力朝向前方，紧紧追随着世界大流适应急剧的新陈代谢，这是她的生命节奏。好些老香港，离开这都市一段短时期，再回来，往往会站在原来熟悉的街头无所适从，有时还得像个异乡人一般向人问路，因为还算不上旧的楼房已被拆掉，什么后现代主义的建筑及高架天桥全现在眼前，一切景物变得如此陌生新鲜。

身为一个土生土长的香港人，我常常想总结一下香港的个性和特色，以便向远方友人介绍，可是，做起来原来并不容易。也许是她的多变，也许是每当仔细想起她，我就会陷入浓烈的感情魔网中……爱恨很不分明。只要提起我童年生命背景的湾仔，就可说明这种爱恨交缠的境况。

说湾仔是一个与海争地的旧区，并不过分，因她大部分土地都是从海夺过来的，老街坊站在轩尼诗道上，就会咀嚼着沧海桑田的滋味。当初在填海土地上建成的房子已经残旧，给人一幢一幢拆掉，代替的是更高更遮天的大厦。偶然一座不知何故可以苟延残喘夹在新厦中间的旧楼，寒碜得叫人凄酸。有时，我宁愿它也赶快被拆掉，可是，又会庆幸它的存在，正好牵系着我的童年回忆。洛克道、谢菲道，曾经是有名的烟花之地，自从那苏丝黄故事出现之后，湾仔这个名字，在许多外国浪子心中，引起无数联想。每逢维多利亚港口停泊着外国舰只时，我就很怕人家提起湾仔。我曾经厌恶自己生长在这个老区，但别人说她的不是，我又会非常生气，甚至不顾一切为她辩护。在回忆里，尽管是寻常街巷，都具温馨。现在，湾仔已经面目全新了，新型的酒店商厦，给予她另一种华丽生命。我本该为她高兴才对，但随着她容貌个性的改变，仿佛连我的童年记忆也逐渐褪色，湾仔已经变得一切与我无干了。

文化，是一座城的个性所在。香港的个性呢？有人说她中西交汇，有人说她是个沙漠。是丰腴多彩？还是干枯若涩？应该如何描绘她？可惜，从来没有一个心思细密的丹青妙手，给她逼真造像。文化沙漠，倒是人人叫得响亮，一叫几十年，好像理所当然似的，也没有人认真地查根究底。难道几百万人就活在一片荒漠上么？多少年来，南来北往的过客，虽然未尝以此为家，毕竟留下许多开垦的痕迹，假如她到如今还是荒芜，那又该由谁来负责呢？这样说罢，香港的文化个性也很朦胧，不同文化背景的人为她添上一草一木，结果形成奇异园地。西方人来，想从她身上找寻东方特质，中国人来，又稍嫌她洋化，我们自己呢？一时说不清，只好顺水推舟，昂起头来接受了“中西文化交流中心”的称誉，又逆来顺受人云亦云地承认了“文化沙漠”的恶名。只求生存，一切不在乎，香港就这样成为许多人瞩目的城市了。

不知不觉，无声岁月流逝。蓦然，我们这一代人发现，自己的生命与香港的生命，变得难解难分。离她而去的，在异地风霜里，就不禁惦念着这地方曾有的护荫。而留下来的，也不得不从头细看这抚我育我的土地；于是，一切都变得很在乎。但，没有时间回头关注过去的身世了，前面还有漫漫长路要走。

远方朋友到香港来，我总喜欢带他们到太平山顶看香港夜景。不是为了旅游广告的宣传：“亿万金元巨制的堂堂灯火”，而是——

乘缆车上山，我们不能不注意那种特殊感觉。车子自山下启程，人坐在车厢里，背靠着椅子，必须回过头来看山下的景物。在一种要把人往下吸拉的力度中，就看见沿途的建筑物都倾斜了，尽管我们不自觉地调校了坐姿，把视线与建筑物平行起来，但其实我们是用倾斜角度看山下一切。到了终站，当满城灯火在我们脚下时，我往往保持沉默，可以用什么语言来描述香港呢？倒不如就让在黑夜显得十分璀璨的人间灯火去说明好了。说实话，我也正沉醉在过客的啧啧称奇中。

香港的夜里风光，可谓最为耐人寻味。层层叠叠深深浅浅的闪烁，演成无尽的层次感。我总爱半眯着眼睛看山上山下的灯光，不如一幅迷锦乱绣。正因看不真切，那才迷人。过客也不必深究，这场灯火景致，永留心中，那就足够记住香港了。

我常对朋友说，香港既是一个朦胧之城，生长其中的人，自当也具备这种朦胧个性。香港人不容易让人理解，因为我们自己也无法说得清楚。生于斯长于斯，血脉相连着，我们已经与香港订下一种爱恨交缠的关系。对于她，我们有时很骄傲，有时很自卑，这矛盾缠成不解之结，就是远远离她而去的人，还会时时在心头。

倾城之恋，朦胧而缠绵，这是香港与香港人的故事。

（选自袁勇麟主编《20世纪中国散文读本（台港澳）》，海峡文艺出版社2003年版）

第五章 文章的表达方式

第一节 叙述

叙述就是记叙和述说，就是把人物的经历或事件的发展变化过程表现出来。它是最基本的，也是使用最频繁的一种表达方式，不仅记叙性文章离不开叙述，就连说明性、议论性文章也离不开叙述。叙述的作用主要有：第一，介绍人物的身世、地位、经历、事迹等。第二，介绍事件发生发展的过程，使读者对事件的时间、地点、背景、原因、结果以及事件发展变化的原委，有个全面完整的了解。第三，为议论说理提供具体的事例作论据。

叙述的基本对象是事件。事件包括起因、经过和结果，一般来说只有起因与结果可以省略或缺失，事件的过程是不可或缺的，否则就不成为叙事了。因此，叙述的基本特征就是时间性，因为事件的过程是时间性的。叙述侧重的是故事在一个时间段里面的延展。因此，有的叙述文故意省略或悬置事件起因，借此制造悬念，吸引读者兴趣，调动读者求索的热情；或者省略结局，让读者耿耿于怀，多方设想。例如金庸的武侠小说《雪山飞狐》，结尾是大侠胡斐与苗人凤两人比武决斗，写到即将分出生死胜负的时候，作者却打住了，再无下文。金庸故意设置这样一种悬念，“让读者自行构想”。（《雪山飞狐·后记》）

一、叙述中的时间处理艺术

叙述的技巧中最重要的是时间安排的艺术。叙述中的时间又可分为“故事时间”与“叙述时间”两种形态，前者是故事实际发生的时间，后者则是作者在叙述事件的时候对原故事时间的处理与安排。作者往往并不是按故事发生的自然顺序来逐步讲述，很可能把先发生的事情或事情的起因放在后面叙述，而把后发生的事情或故事的结果提到作品开头来写，这种对故事时间的颠倒错置称为倒叙、插叙等。此外，作者还可以对原故事时间进行拉长或压缩，这样，几十年的时间内发生的事作者可能仅仅用一句话就交代过去，而几分钟甚至几秒钟内发生的事情作者可能花上几十上百页的篇幅来交代。这种做法又称快叙与慢叙，或略叙与详叙。总之，对故事时间的扭曲、变形能达到许多特别的效果，因此它也是构成叙述的重要艺术手段。

从时间的次序关系来看，有顺叙、倒叙、插叙等。

顺叙，就是按照事件发生、进展、结束的自然时序或者人物经历的自然顺序展开的叙述方法。顺叙是最基本最常用的叙述方法，一般都是叙述的主干部分，插叙、倒叙等其他各种叙述方法都是在顺叙的基础上产生的变化。顺叙的优点，是符合人们的认识习惯，较易为读者理解。这样写文章条理清楚，情节连贯，易于将人和事叙述完整。但它也容易造成呆板的感觉，使文章显得平直单调。所以在运用这种方法时，要注意材料的取舍和详略的安排，突出重点和主次，不能平均用墨，否则就会形成平铺直叙的“流水账”，使读者感到乏味。

倒叙，就是把事件、人物的结局或者发展过程中最精彩或最重要的片断提到前面来叙述，然后再按事件发展或人物行动的自然顺序进行顺叙。这种叙述方式较适合于情节复杂或时间跨度大的事件。倒叙有三种：一是结局提前，读者知道了结果就会急于知道原因，这就激发起了读者的好奇心与猜想力。比如鲁迅的短篇小说《祝福》一开头就以触目惊心的对比（死亡与祝福）来强化悲剧色彩，叙述了在人们迎接新年的祝福声中祥林嫂却凄然死去的事情，然后再从头叙述她不幸的一生。二是片断提前，可以一下子就把读者的注意力吸引到关键情节上来，引人入胜。三是用回忆、回想的方式开头。使用倒叙，一是要注意交代清楚，在倒叙与顺叙衔接转换之处作一些必要的过渡，以免读者糊涂。有时，还得适当压缩事件过程，使叙述更紧凑。

插叙，就是暂时中断原来的叙述线索，插入与此有关的一段小插曲。插入的部分只是一个片断，叙完后再回到原来的事件叙述中去。所插内容或者是“闲笔”，起舒缓叙述节奏、营造氛围等的作用；或者是解释性资料，起解释说明的作用；或者是背景性资料，起丰富叙述内容、增加信息量等作用。插叙又可细分为四种：

一是追叙，即所插内容是正在叙述的内容之前发生的事。鲁迅的小说《故乡》中，“我”和“母亲”谈起闰土时，插入少年闰土和“我”的友谊片断，便是追叙：

这时候，我的脑海里忽然闪出一幅神异的图画来：深蓝的天空中挂着一轮金黄的圆月，下面是海边的沙地，都种着一望无际的碧绿的西瓜，其间有一个十一二岁的少年，……这少年便是闰土。

二是补叙，对未正面叙述的内容补充交代。鲁迅《五猖会》中，叙述到父亲叫“我”背书的情况时，写道：

……我知道有些蹊跷，四面一看，父亲就站在我背后。

“去拿你的书来”。他慢慢地说。

这所谓“书”，是指我开蒙时候所读的《鉴略》。因为我再没有第二本了。我们那里上学的岁数多是拣单数的，所以这使我记住我其时是七岁。

我忐忑着，拿了书来。……

三是诠叙，即插入的内容是对人、事、物进行解释或说明，以帮助读者理解。《故乡》中关于“狗气杀”的解释就是诠叙：

……杨二嫂发见了这件事，自己很以为功，便拿了那狗气杀（这是我们这里养鸡的器具，木盘上面有着栅栏，内盛食料，鸡可以伸进颈子去啄，狗却不能，只能看着气死），飞也似地跑了……

四是预叙，即插入的内容是对以后才发生的事情的提前叙述。使用预叙要注意：一是不可滥用，以免使叙述枝节太多，进展缓慢，让读者厌烦；二是不可太长，以免模糊叙述的主次；三是要注意做好“插入”与

"转出"的过渡与衔接。

从作者对故事时间的拉长或压缩来看，有详叙与略叙的技巧。比如古代著名叙事诗《木兰诗》就体现了这样的叙述技巧和叙述效果。这篇篇幅不长的叙事诗详叙的有三处：一是木兰作出代父从军的决定之前的烦恼、犹豫以及离家前的眷恋，诗歌花了相当多篇幅来描述木兰的"叹息"和"所思"，以及离家前做准备工作时的"东市、西市、南市、北市"到处跑的行为，这种行为表现的是木兰对自己生活过的地方的留恋，是离家前的最后一次体验与重温；二是详细叙述了木兰投军路上的各种见闻与感受，那种"不闻爷娘唤女声，但闻黄河流水鸣溅溅"的行旅感受，体现的是木兰对环境的陌生感、寂寞感和紧张感；三是详叙了凯旋之后辞官归故里的情形，不厌其烦地叙写了一家人对她归家的反应，以及她到家后"当户理红妆"、"对镜帖花黄"的行为。与这三处详叙相反，作者略叙的是十年的军旅生活与经历，只用"万里赴戎机，关山度若飞。朔气传金析，寒光照铁衣"短短20字就一笔带过。按常理，理应详叙这段经历，才能塑造出木兰"巾帼英雄"的形象。但这篇叙事诗的详叙突出的是对木兰普通人身份的塑造和对普通人民生活理想、追求的揭示，略叙战斗经历突出的是对战争的厌恶心理。就是在这种详略对比的叙写里，巧妙地表达了作者的思想倾向，即对和平自由的民间生活的赞美以及反战的价值观。

二、叙述者、叙述角度和叙述人称

首先，叙述者就是讲故事的人。人们也许会问："讲故事的人不就是作者自己吗?"其实并非如此。叙述者与作者并不是一回事。叙述者是作者为了叙写故事的方便而设计与安排的一个工具，叙述者承担两种使命：一是讲述故事，二是传达某些价值、理念和对人对事的态度、评价。叙述者可以是故事中的一个人物（主人公或次要人物），也可以是一个与故事无关的人；叙述者表达出来的情感和价值观可以代表作者，也可以与作者完全不相关。鲁迅的作品中就有很多采用了第一人称，但其中的"我"并不都是鲁迅。比如《一件小事》就是鲁迅虚构的一个故事，其中的"我"即是故事的叙述者也是故事中的一个人物，但不能被看作是鲁迅自己。《故乡》与《孔乙己》中的"我"也不等于鲁迅，因为鲁迅并没有当过酒店的小伙计，也并没有回故乡搬家这回事。一般来说，自述性文章和书信、日记、游记等文章中的"我"在叙述的立场上大都可以等同于作者自己，而文学作品（如小说）中的“我”在价值观、叙述立场等方面与作者的关系比较复杂。

作为一个被设计出来讲故事的工具，叙述者可以说是五花八门、多种多样的：作家们或把它设计为成年人，或设计为少年儿童，甚至可以设计为白痴与坏蛋，甚至可能是鬼魂。许多作家热衷于把叙述者设计为一个儿童或白痴，这样能达到意想不到的艺术效果。比如《孔乙己》中的“我”（酒店小伙计）就是一个十一二岁的少年，鲁迅是借这个孩子来打量故事中人们对主人公孔乙己的态度的：连一个单纯的孩子都跟着大人们一起捉弄孔乙己，看不起孔乙己，可见趋炎附势的社会风气多么严重，可见贫穷的知识分子在当时社会上的地位。鲁迅小说《狂人日记》中的叙述者“我”也是一个精神不健全的疯子。由于小孩、白痴、疯子在心智上不同于正常人和成年人，他们怀着幼稚、纯洁、肤浅或怪异的心灵与眼光去看待世界、看待他人，往往能获得与一般人不同的感受，揭示隐藏在事物背后的不为人所知的真相，暴露成人世界或正常世界的丑恶与不正常。比如法国小说家莫泊桑的小说《我的叔叔于勒》就是借“我”这个小孩来暴露父母的市侩习气与社会的人情冷暖。《狂人日记》则借因疯狂而具有了敢想敢说的自由的“狂人”之口道出了中国传统礼教、文化的虚伪和“吃人”的本质。在一些幻想性的文章写作中，比如在童话、科幻小说中，叙述者还常常被设计为鬼神、外星人等，用它们的世界和价值观来映衬人类的价值观。《聊斋志异》就是借妖狐鬼怪的眼光来打量人类社会，显示出强烈的批判性和讽刺性。

作为情感和价值观的传送者，叙述者有一个仰叙或是俯叙、平叙的叙述姿态问题。仰叙是指叙述者对主人公、对事件采取一种崇拜和赞扬的姿态来讲述，比如叙述英雄人物的事迹，叙述重大的政治事件、历史事件时常常会采用这种姿态，与之相应，叙述者的情感流露也会比较明显。与仰叙相对的则是俯叙，即叙述者以居高临下的姿态来审视和打量故事及故事中的人物，叙述者常常显得很有知识，智力上高于故事中的人，因此故事常带讽刺、批判色彩。鲁迅的《一件小事》是典型的仰叙，《祥林嫂》、《故乡》则是典型的俯叙。介于仰叙与俯叙之间的则是平叙，即叙述者以平等的姿态来看待事件和人物，对人物、事件既不拔高，也不轻视和贬低。因为叙述者是情感和价值观的载体，所以在叙述中会涉及情感和立场呈现的显隐问题，这就使故事形成高调叙述与低调叙述两种风格。高调叙述是指叙述者在叙述中渗进自己很强烈的情感，不管是歌颂赞扬还是讽刺批判，情感色彩都很鲜明、浓郁。而低调叙述则相反，叙述者往往采用不动情观照，用一种客观、冷漠的态度来叙述人和事，尽量掩盖情感色彩和倾向。

其次，叙述角度，也称视角，是叙述者观察、感知故事的角度，或者说是叙述者相对于故事中其他角色的位置与关系。根据叙事学的理论，我们把叙事角度划分为两大类：全知叙事和限制叙事（包括纯客观叙事）。不同的视角各有其特点。

全知叙事可以知道和讲述任何时间、地点发生的任何人物身上的故事，包括人物的过去、现在与未来，包括人物的外在行为表现与内在心灵世界。它不受具体时间、空间的限制，还可以充分表达叙述者的主观倾向与评价。它视野开阔，起承转合自由自在，适合于表现广阔的社会生活画面，可以说它是使用频率最高、最基本的一种叙事角度。它的缺点则是交代得太多太充分，以至于压缩了读者的参与空间。

限制叙事的叙述者所知有限，只能写他亲身所见或亲耳所闻，不知道的事他无权叙说，也不能进入别人的内心世界，因此不能直接描写别人的心理活动，只能靠猜测。由于叙述者所知有限，就可以产生悬念、意外等效果。比如莫泊桑的小说《项链》始终把叙述角度限制在主人公玛蒂尔德身上，所以读者也和主人公一样以为项链是真的，价值三万六千法郎，结果，小说到最后才让读者和主人公知道当年的这条项链是假的，让女主人公为此白忙了十年。如果小说采用全知视角，我们从一开始就知道那条项链是假的话，那么我们就没有多少兴趣读下去了。在限制叙事中有一种特殊的纯客观叙事，它只能写叙述者自己客观的所见所闻，不能写自己的心理活动与主观意见，这有助于制造客观化、神秘化、陌生化的效果。相较于全知叙事，限制叙事往往多见于短篇的叙事文之中，在长篇叙事文中大多只以局部情节的形式出现。

在实际的叙述进程中，视角也可以作适当的转换。比如由全知叙事转为限制叙事或纯客观叙事，或者由纯客观叙事、限制叙事转为全知叙事。视角的转换也就是信息的增补或删减，通过对信息发布的控制来调节、影响读者对故事的参与程度及评价态度。比如《水浒传》第三回“鲁提辖拳打镇关西”，就采用了视角转换的手法：

……（鲁提辖）扑的一拳，正打在（郑屠）鼻子上，打得鲜血迸流，鼻子歪在半边，却便似开了个油酱铺，咸的、酸的、辣的，一发都滚出来……（鲁提辖）提起拳头，就（郑屠）眼眶际眉梢只一拳，打得眼棱缝裂，乌珠迸出，也似开了个彩帛铺的，红的、黑的、绛的，都绽将出来……又只一拳，太阳是正着，却似做了一个全堂水陆的道场，磬儿、钹儿、铙儿，一齐响。鲁达看时，只见郑屠挺在地上，口里只有出的气，没了入的气，动弹不得。

鲁达第一拳打在郑屠的鼻子上，这是从旁观者的角度写，接着就转换视角，从郑屠的角度写他挨了这一拳后的感觉（味觉）："咸的、酸的、辣的，一发都滚出来。"接下来又转入旁观者的视角。视角的转换要注意读者的接受习惯与接受能力，不要转换得过于频繁，否则就会让读者摸不着头脑。

再次，叙述人称，是作者或叙述者采用的讲话口吻。叙述者既可以用第一人称（我、我们）来讲话，也可以用第二人称（你、你们）和第三人称（他、她、它、他们、她们、它们）来讲述。一般习惯上认为第二人称并不能独立存在，而总是依附于第一或第三人称。所以叙述学上一般分为第一人称与第三人称两种。一般而言，全知叙事与纯客观叙事只采用第三人称，只有限制叙事可以采用第一或第三人称。第三人称叙事比较复杂，这里不作讨论，只讨论第一人称这种颇具特点的叙述方法。

第一人称就是作者在文中以当事人或目击人的身份出现，以"我"或"我们"的口吻叙述。第一人称有三个显著的优点：

一是使用简单。作者把"我"的所见所闻所感，按照观察、认识和思考的顺序自然而然地写下来，就能构成一篇很有条理、线索清晰的文章，而不需要刻意地安排。因此，这是一种技巧上很容易讨巧的写法。巴金就坦承："我喜欢用第一人称写小说，倒是因为自己知道的实在有限。我知道就提，不知道的就避开，这样写起来，的确更方便。"

二是具有真实感。这类作品中，作者常常是事件的目睹者或参加者。我们读这些作品的时候，就好像在听一个朋友娓娓讲说他的亲邻的故事，感到格外亲切。作者就是故事的见证人，不容你不相信。

三是主观性强，便于抒情、议论，表达作者的倾向。由于现身说法，"我"的同情或憎恶和"我"的是非观点很容易打动读者，给他们以影响，从而增加作品的吸引力。

但第一人称也有很大的局限性。这种局限性表现在：第一，叙述不能超出"我"的耳闻目睹和亲身经历的范围。一旦涉及叙述人"我"不在现场的情形就只能通过别人的转述与告知来间接地写。第二，不好直接写别人的心理活动，因为“我”不是别人肚子里的“蛔虫”。

第一人称叙事其实还可细分为两种：一种是自我叙事，即“我讲我自己的故事”，“我”就是作品中的主人公。另一种是配角叙事，即“我讲别人的故事”，“我”只是作品中的一个次要人物。配角讲述的价值在于：①旁观者清，方便观察与评说人和事；②制造悬念，如《福尔摩斯探案集》通过配角“我”（华生）来叙述，使案件侦破的过程有一种神秘感。

叙述者、叙述角度加上人称的使用，就会呈现出以下几种叙述样态。

第一人称限制叙事：

看着哈里大大咧咧地一头扎进报上的体育新闻里，我明白解脱自己的时刻已经到了。我必须说出来，我必须跟他说“再见”。他让我把果酱递给他，我机械地递了过去。他注意到了我的手在颤抖吗？他看到了我放在门厅里的箱子正在向我招手吗？我猛地把椅子往后一推，一边吃着最后一片烤面包，一边从喉头里挤出了微弱的几个字：“哈里，再见。”我跌跌撞撞地奔过去，拿起我的箱子出了大门。当我开车离开围栏时，最后看了房子一眼——恰好看到突如其来的一阵风把仍开着的门猛地给关上了。

第三人称限制叙事：

哈里很快地瞥了一眼幼兽棒球队的得分，却失望地发现他们又输了。报上已经写着：“等到明年再说。”他本来就在为体育合同一事焦虑不安，这下真是雪上加霜。他想告诉艾丽斯自己有可能失去工作，但只有气无力地说了句：“把果酱给我。”他没有注意到艾丽斯的手在颤抖，也没有听到她用微弱的声音说出的话。当门突然砰的一声关上时，他纳闷地抬起了头，不知道谁会早上七点就来串门。“嗳，那女人哪去了？”他一边问自己，一边步履沉重地走过去开门。

第三人称客观叙事：

一个男人和一个女人面对面坐在一张餐桌旁。桌子中间摆着一壶咖啡、一盘烤面包以及一点黄油和果酱。靠近门的地方放着一只箱子。晨报的体育新闻栏将男人的脸遮去了一半。女人忐忑不安地坐在那里，凝视着丈夫露出来的半张脸。他说："把果酱递过来。"她把果酱递了过去，手在颤颤发抖。突然间，她把椅子往后一推，用微弱的声音说了声："哈里，再见。"然后快步过去拿起箱子，走了出去，把门敞在那里。一阵突如其来的风猛地把门给刮闭了，这时男人抬起了头，脸上露出疑惑不解的神情。

第三人称全知叙事：

有时候，在一个看来不起眼的时刻，我们日常生活中累积起来的各种矛盾会突然爆发。对于哈里和艾丽斯来说，那天早晨他们坐在餐桌旁喝咖啡、吃烤面包时，就出现了这样的情形。这对夫妇看上去十分相配，但实际上，他们只是通过回避一切不愉快的事，才维持了表面上的和谐。哈里没有告诉艾丽斯他面临被解雇的危险，艾丽斯也没跟哈里说，她觉得有必要独自离开一段时间，以寻求真正的自我。当哈里看到报上登的幼兽棒球队的得分时，心想："该死！连棒球也让人心里不痛快，他们又输了。我真希望能够告诉艾丽斯自己失去了合同——也许还会丢了饭碗！"然而，他仅仅说了句"把果酱递过来"。艾丽斯递果酱时，看到了自己的手在颤抖。她不知哈里是否也注意到了。"不管怎样"，她心想，"跟他说再见的时候到了，该自由了。"她站起来，低声说了句："哈里，再见。"然后过去拿起箱子，走了出去，把门敞在那里。当风把门刮闭时，两人都不知道，倘若那天早晨稍向对方敞开一点心房，他们的生活道路就会大不相同。

由上可见，采用不同的叙述角度和人称，所呈现的故事信息和情感、价值倾向是不同的，所引起的读者的反应也会不同。

第二节　描写

描写，就是描绘与摹写，它要求对人物、事件或景物的面貌、状态和特征作具体、形象和逼真的描绘，以呈现事物的形象，使读者能产生宛如现场观看的感觉。如果说叙述与时间因素关系最密切，那么描写就与空间因素关系较为密切。描写强调的是突出事物的空间形态，力求给读者以直观印象。叙述的对象主要是“事”，着眼于交代事件“过程”，叙人叙物时也只着眼于概况；描写的主要对象则是“物（包括人）”，着眼于描摹“样子”，描摹事态也只是侧重某些细节而不求完整。

据说俄国有一个文学青年，写了一篇描写乞丐生活的短篇小说拿去请教著名作家陀思妥耶夫斯基。小说写道：“他把一个钱投到乞丐的手里。”陀氏看了不满意，改为：“他把一个小钱向乞丐投下，钱落到地上，叮叮当当滚到了乞丐的脚边。”原稿那句话只是简单的叙述，没有写出绅士施舍时的具体形态和心理活动，显得比较死板。而陀氏所用的那句话则是描写，不仅把钱落地的声响、动态描绘出来，而且将绅士的“尊贵”身份、吝啬心理、鄙视乞丐的神态，以及乞丐可怜可悲的处境都惟妙惟肖地勾画了出来。这就是描写，描写的基本要求是具体、形象、生动。

一、描写的基本类型

描写按照其对象的不同，可以划分为三种基本类型：人物描写、景物描写、场面描写。

（一）人物描写

按描写的对象或角度的不同，人物描写可细分为肖像描写、动作描写、言语描写、心理描写四种。

1. 肖像描写

肖像描写是对人物的容貌、体态、神情、服饰、装扮等的描写。肖像描写时目的要明确，不要为描写而描写，而应该借肖像描写传达出有关人物的更丰富的信息。如果人物的肖像外貌相当普通，并无特别之处，而且与人物的身世经历、性格、行为习惯等都没有直接的必然的联系就不必写。一句话，如果外貌中没有故事就不要写。鲁迅曾指出，俄国作家陀思妥耶夫斯基不大爱用肖像描写，他写人物“几乎无须描写外貌，只要以语气、声音，就不独将他们的思想和感情，更是面目和身体也表示着”。这意思是说，相对于肖像，人物的言语、行动、心理活动是更具价值的描写点，对于塑造人物也更为关键。所以，肖像描写应该有所节制，即使要用也得尽量简洁。好的肖像描写应当能表现出人物的生活背景、身份地位，能暗示出人物的性格或心理。

肖像描写要抓住对象的特征。一位农民和一位城里人的面貌、气度就会有很大差别，一位饱经沧桑的人和一位养尊处优的人在外形上就会很不一样。此外，肖像描写要抓住重点，要选择出最重要、最有意义的那些印象，不能“眉毛胡子一把抓”，面面俱到。肖像描写的对象很庞杂，长相、穿着、打扮都可以写，必须抓住最重要的点来写。比如奥地利小说家茨威格在《一个女人一生中的二十四小时》中写赌徒的手，就很精彩：

绿呢台面四周许许多多的手，都在闪闪发亮，都在跃跃欲伸，都在伺机而动。所有这些手各在一只袖筒口窥探着，都像是一跃即出的猛兽，形状不一颜色各异，有的光溜溜，有的戴着指环和丁零有声的镯链，有的多毛如野兽，有的湿腻盘曲如鳗鱼，却都同样紧张战栗，极度迫不及待。见到这般景象，我不觉联想到赛马场，在赛马场的起赛线上，得要使劲勒住昂首待发的马匹，不让它们抢先窜步：那些马正是这样全身战栗、扬头竖颈、前足高举。

在人的肖像中，眼睛是最重要的描写点。眼睛是心灵的窗户，最容易泄露心灵的秘密。所以鲁迅说：“要极俭省的画出一个人的特点，最好是画他的眼睛。”描写眼睛，也不能总是用“水汪汪的大眼睛”、“浓眉大眼”、“三角眼”之类的套语，而应该写出人物眼睛的具体的特点（形与神）。试看鲁迅在《祝福》中是如何为祥林嫂“画眼睛”的。在这篇小说中，鲁迅写祥林嫂的眼睛就达到了16次之多。祥林嫂第一次到鲁镇来的时候，“只是顺着眼”。第二次来鲁镇时，仍是“顺着眼”，不过已“眼角上带些泪痕，眼光也没有先前那样精神了”。她对人讲述阿毛怎样被狼叼走的惨事时，则是“抬起她没有神采的眼睛”。当人们厌烦了她的诉苦，反而冷言冷语地讽刺她时，她感到不可理解，“只是直着眼睛”，“单是一瞥他们”。当柳妈恐吓说，她到了阴间，两个丈夫会把她撕成两半，只有去“捐门槛”赎罪。听了这话，她第二天早上“两眼上便都围着大黑圈”，显见是被恐惧折磨了一夜！这以后，面对人们的嘲笑，她“总是瞪着眼睛”，已经麻木了！捐了门槛回来，她的眼睛“分外有神”，心里有了寄托，也就恢复了活气。但祭祀时遭到排斥又使她陷入绝望，第二天眼睛便“窈陷下去”。这以后，从沦为乞丐的她那“瞪着的眼睛的视线里”，可以看出她的精神已经死了，“只有那眼珠间或一轮，还可以表示她是一个活物”。通过这些简洁传神的描写，一步步展示了祥林嫂被逼走上死亡之路的心灵历程。

2. *动作描写*

动作描写是对人的行为举止的描绘。哲学家黑格尔曾说："能把个人的性格、思想和目的最清楚地表现出来的是动作，人的最深刻方面只有通过动作才见诸现实。"

描写人物的动作要善于抓住关键性动作细节。在美国发生的一桩校园枪击案中，一个无辜的少年被杀害，在少年的葬礼上，记者们都注意到了悲伤打击下的孩子的父母，但是他们的写作方式是不同的。一个记者写道："极度悲伤的父母在整个葬礼仪式中一直泪流不止。"另一个记者这样写道："这对父母哭得很平静。富兰克林夫人不得不靠在丈夫的身上以支撑自己。"这两位记者各自抓住了人物的一个动作细节——"一直泪流不止"和"靠在丈夫身上以支撑自己"，两者都准确、形象地描绘了这对父母的悲伤程度。

人的动作包括两类，一是习惯性动作，一是特定情境中的行为动作。习惯性动作的描写应该能够显示出人物的身份、性情，比如性急的人喜欢抓耳挠腮，性缓的人慢条斯理。比如巴金在散文《秋夜》中这样描写鲁迅吸烟的习惯性动作："右手两根手指夹着一支香烟。他深深地吸了一口，向空中喷出烟雾。"这就比较形象。

描写人物特定情境下的动作则除了要准确描绘出动作本身的样态，还应该借此传达出有关环境气氛、人物心理、性格等方面的信息。试以鲁迅小说《药》中的一段描写为例：

老栓慌忙摸出洋钱，抖抖地想交给他，却又不敢去接他的东西。那人便焦急起来，嚷道，"怕什么？怎的不拿！"老栓还踌躇着，黑的人便抢过灯笼，一把扯下纸罩，裹了馒头，塞与老栓；一手抓过洋钱，捏一捏，转身去了。

这段描写用"慌忙"、"摸出"、"抖抖的"、"踌躇"四个词来描写老栓的动作。"慌忙"既写出了老栓对人血馒头寄予厚望的心情，又写出了他的害怕，因刑场气氛而害怕。用"摸出"而不用"拿出"或"掏出"，是因为前者更能写出老栓的慌张。"抖抖的"也写出了老栓的害怕、恐惧。描写"黑的人"（即刽子手）则用了"焦急"、"嚷"、"抢"、"扯"、"裹"、"塞"、"抓"、"捏"这几个词，传神地写出了刽子手凶狠、霸道、贪婪、暴躁的品性。

3. 言语描写

写好人物言语十分重要。人物描写是否传神，性格是否鲜明，形象是否丰满，人物关系与处境是否清楚，这些方面都和言语描写的好坏相关。人的言语以两种形态呈现：对话、独白。独白又称“自言自语”。如《祝福》中的祥林嫂反复地向人讲她的“阿毛的故事”，人们都听厌了，奚落她，不理她。她自己也觉得没趣。但她只要看见两三岁的小孩子，又总是情不自禁地说：“唉唉，我们的阿毛如果还在，也就有这么大了……”这便是自言自语，表明了她精神失常的状态。在描写人物的语言时，应注意“什么人说什么话”、“对什么人说什么话”、“在哪个山头说哪种话”等原则。具体来说就是：

（1）符合人物的身份、地位、职业等方面的特点，体现人物的性格特征。鲁迅曾说，“《水浒》和《红楼梦》的有些地方，是能使读者由说话看出人来的……如果删除了不必要之点，只要摘出各人有特色的谈话来，我想，就可以使别人从谈话里推见每个说话的人物”。鲁迅自己就非常重视人物语言的形象化，他在《阿Q正传》中写阿Q向吴妈求爱，他也只会说“我和你困觉，我和你困觉”而绝不会说出“我爱你”这样时髦的话来。

（2）能够暗示出说话者的个性或心理。比如《史记》写项羽与刘邦，两人都见过秦始皇出巡时的盛大场面与气派。项羽见到时对他叔父说：“彼可取而代也！”刘邦则感慨地说：“嗟夫，大丈夫当如此也。”一个心直口快，一个遮遮掩掩。两人的不同性格与共同心理昭然若揭。传说郑板桥有一次路过镇江，夜游到一座寺院。方丈见郑板桥一副普通人的打扮，便有些怠慢，指指椅子对郑板桥淡淡地说：“坐。”又吩咐小沙弥说：“茶。”攀谈中只听得郑板桥谈吐不凡，方丈不觉客气起来，说道：“请坐！”又重新吩咐小沙弥：“敬茶！”谈了一会儿，方丈问道：“不敢动问施主尊姓大名？”郑板桥微笑回答：“在下姓郑，名燮。”方丈一听这是当今大名士、大书画家，连忙笑容可掬地说：“请上坐！”又忙不迭地吩咐小沙弥：“敬香茶！”接着又拿出文房四宝，请郑板桥赐墨。郑板桥推辞不得，想起刚才方丈前倨后恭的三副面孔，便写下了：“坐，请坐，请上坐；茶，敬茶，敬香茶。”把老和尚羞得无地自容。老和尚前倨后恭的态度及心理在这简短的几个字的变化中表露无遗！

（3）能够揭示出说话者的处境与人物之间的关系。比如《红楼梦》中

“林黛玉进贾府”一节写王熙凤的语言：

“我来迟了，没得迎接远客！”

这熙凤携着黛玉的手，上下细细打量一回，便仍送到贾母身边坐下，因笑道：“天下真有这样标致人儿！我今日才算看见了！况且这通身的气派竟不像老祖宗的外孙女儿，竟像个嫡亲的孙女儿似的，怨不得老祖宗天天嘴里心里放不下。只可怜我这妹妹这么命苦，怎么姑妈偏就去世了呢？”说着，便用手帕拭泪。贾母笑道：“我才好了，你又来招我。你妹妹远路才来，身子又弱，也才劝住了。快别再提了。”

熙凤听了，忙转悲为喜道：“还是呢，我一见了妹妹，一心都在他身上，又是欢喜，又是伤心，竟忘了老祖宗了，该打，该打。”又忙拉着黛玉的手问道：“妹妹几岁了？可也上过学？现吃什么药？在这里别想家。要什么吃的，什么玩的，只管告诉我。丫头老婆们不好，也只管告诉我。”黛玉一一答应。一面熙凤又问人：“林姑娘的东西可搬来了？带了几个人来？你们赶早打扫两间屋子叫他们歇歇去。”

王熙凤对下人、林黛玉、贾母说话的口气完全不一样，对下人是居高临下、盛气凌人、威胁命令，对贾母是百般奉承与讨好，对林黛玉则是既拉拢又显摆。这种变化，写出了她在贾府的权势、地位，也写出了她八面玲珑、善于见风使舵的个性。

（4）对话应能推动故事情节的发展。好的人物对话描写应该做到上一句必然引出下一句，环环相扣。要使对话富有情节性，就得要求有潜台词，即“话中有话”。比方说一对恋人，女方因为自己疏忽导致某事出错，却常常会撒娇转嫁责任，对男方说：“都怪你！都怪你！”碰到这样的情形，男方只好息事宁人地说：“好了好了！都算我错行不行?!”这句话背后的含义是：明摆着是你的错，我已经帮你背黑锅了，你最好见好就收，不要太过分！因为受到这含义的刺激，女孩往往又用激动的语言说出另外一句话：“什么叫作算你的错？明明就是你的错……”男方到此忍无可忍，脱口而出：“拜托你讲点道理好不好？”女方一听不愿意了：“我就是这样的人啦！你看不惯那就分手吧！”这样，一场激烈的争执就发展到不可收拾的地步了。这样的对话富于冲突性，能推动故事情节的发展，在话剧、小说和电影对白中是非常重要的对话样式。

写人物言语时还要注意简洁，不要一说就一大堆，长篇大论，像在演讲。这不符合生活真实的原则。例如《祝福》中写鲁四老爷的言语，只在几个不同的场合有一两句描写，却深刻揭示了他的虚伪与对人的冷漠：

"不早不迟，偏偏要在这时候，——这就可见是一个谬种！"

……

"这不好。恐怕她是逃出来的。……既是她的婆婆要她回去，那有什么话可说呢。"

……

"可恶！然而……"

……

"可恶！"

……

"然而……"

4. 心理描写

心理描写的内容很丰富，包含显意识层的感受、感触、思考、联想，以及潜意识层面的幻觉、想象、梦境等。心理描写的方式通常有四种："描述"、"形容"、"剖析"、"展示"。

"描述"通常以"他想……"、"他心里寻思……"领起，或用"内心独白"的方式。

"形容"则是由作者出面，运用各种修辞手法来描述人物的心情心境，如"她好像喝了蜜糖似的，心里甜滋滋的"、"他肝胆寸裂，五内如焚"。

"剖析"是作者从旁对人物的心理进行介绍、分析与评说。如《阿Q正传》中对阿Q因为性压抑而产生的不健康的"男女之大防"心理的揭示：

他的学说是：凡尼姑，一定与和尚私通，一个女人在外面走，一定想引诱野男人；一男一女在那里讲话，一定要有勾当了。为惩治他们起见，所以他往往怒目而视，或者大声讲几句"诛心"话；或者在冷僻处，便从后面掷一块小石头。

"展示"则是让人物的意识活动自由地呈现出来，不加分析和整理，这在"意识流"中很突出，有些极端的意识流手法甚至都不允许作者对人的意识内容作任何的选择与安排，而是完全任其自由呈现。“意识流”的写法常常用于写梦境与迷幻状态。《阿Q正传》中写阿Q在土谷祠做梦的那一处就是意识流手法：

造反？有趣……来了一阵白盔白甲的革命党，都拿着板刀，钢鞭，炸弹，洋炮，三尖两刃刀，钩镰枪，走过土谷祠，叫道，“阿Q！同去同去！”于是一同去。……

这时未庄的一伙鸟男女才好笑哩，跪下叫道，“阿Q，饶命！”谁听他！第一个该死的是小D和赵太爷，还有秀才，还有假洋鬼子，……留几条么？王胡本来还可留，但也不要了。……

东西，……直走进去打开箱子来：元宝，洋钱，洋衬衫……秀才娘子的一张宁式床先搬到土谷祠，此外便摆了钱家的桌椅——或者也就用赵家的罢。自己是不动手的了，叫小D来搬，要搬得快，搬得不快打嘴巴。……

赵司晨的妹子真丑。邹七嫂的女儿过几年再说。假洋鬼子的老婆会和没有辫子的男人睡觉，吓，不是好东西！秀才的老婆是眼胞上有疤的。……吴妈长久不见了，不知道在那里，——可惜脚太大。

人物描写不仅是指对人的描写，还包括对人格化的动物、植物、微生物以及神仙鬼怪等的描写。在童话、寓言、民间故事、神话传说、科幻作品中，这些事物往往被赋予了人性，它们也会说话，也会做动作，也有个性与脾气，也有心理活动，还能思考问题……它们与人已经没有多少差别。因此人物描写的一切手段几乎都可以移用在它们身上。

（二）景物描写

景物描写包括对风景、景物等自然环境的描写，对室内布置、陈设等人为环境的描写，以及对仪式、风俗等社会人文环境的描写。

自然景物的描写包括对天地山川等一切自然现象和景观的描写，其对象十分丰富。景物的描写可以浓墨重彩也可以轻描淡写，可以客观写实，也可以主观写意。像游记这类文章写景就是浓墨重彩，在小说这类记叙文体中则更多的是轻描淡写，稍加点染，以免破坏叙述的流畅性。好的景物描写应该虚实相生，所谓“实”是指抓住景物的特点，形象逼真地刻画，但这也容易把景物写得呆板，于是就需要采用一些“虚”的手法，在景物描写中渗透进主观性色彩。

景物的描写可以有客观化的描写、主观化的描写、拟人化的描写、象征化的描写等多种样态。客观化的描写就是如实地描写景物的形态。主观化的描写就是在描写中掺入观察者的一些主观情绪、情感活动，就像杜甫的诗“感时花溅泪，恨别鸟惊心”一样。拟人化的描写则是赋予景物人化的色彩，如冰心的散文《我们把春天吵醒了》就把小草拟人化了：

他们乐得一跳多高！他们一个劲地往上钻，好容易钻出了深深的泥土。他们站住了，深深地吸了一口春天的充满了欢乐的香气，悠悠地伸开两片嫩嫩的翅叶。

景物描写具有如下一些功能：第一，映衬人的心灵和情绪，像朱自清的散文《荷塘月色》中的景物描写就是如此。第二，渲染故事氛围，烘托思想主题，如鲁迅《故乡》的开头写景：“时候既然是深冬，渐近故乡时，天气又阴晦了，冷风吹进船舱中，呜呜地响，从篷隙向外一望，苍黄的天底下，远近横着几个萧索的荒村，没有一些活气。我的心禁不住悲凉起来。”第三，作为社会环境的象征，如鲁迅小说《在酒楼上》结尾的写景：“我独自向着自己的旅馆走，寒风和雪片扑在脸上，倒觉得很爽快。见天色已是黄昏，和屋宇和街道都织在密雪的纯白而不定的罗网里。”“密雪的罗网”就是对当时严酷社会环境的某种象征。第四，写景还可调节行文节奏和韵律，如在激烈的情节冲突之后来点写景的闲笔，可以让读者喘一口气。

除了对自然景物的描写，还有对人为景观的描写。比如《祝福》中对“祝福”这一风俗的描写：

这是鲁镇年终的大典，致敬尽礼，迎接福神，拜求来年一年中的好运气。杀鸡，宰鹅，买猪肉，用心细细的洗，女人的臂膊都在水里浸得通红，有的还带着绞丝银镯子。煮熟之后，横七竖八的插些筷子在这类东西上，可就称为“福礼”了，五更天陈列起来，并且点上香烛，恭请福神们享用；拜的都只限于男人，拜完自然仍然是放爆竹。

还有对室内陈设的描写：

我回到四叔的书房里时，瓦楞上已经雪白，房里也映得较光明，极分明的显出壁上挂着的朱拓的大“寿”，陈抟老祖写的；一边的对联已经脱落，松松的卷了放在长桌上，一边的还在，道是“事理通达心气和平”。我又百无聊赖的到窗下的案头去一翻，只见一堆似乎未必完全的《康熙字典》，一部《近思录集注》和一部《四书衬》。无论如何，我明天决计要走了。

鲁四老爷的书房给人的印象很沉闷。鲁迅借这种室内描写不仅暴露了鲁四的道学气息和伪善以及附庸风雅的性格，更进而呈现了那个时代的社会气息。

应该注意景物描写的目的和时机。一般来说，写自然景物都是为写人而服务的，景物多是作为人的活动环境或是人的情感、心灵的对应物而存在，或是作为社会环境的暗示或象征而存在。著名作家茅盾对于该不该用、怎么样用环境描写，是这样说的：

环境描写怎样的为主题服务呢？如以风景描写为例，一小段的风景描写甚至少到只有几句的风景描写，其目的不是为了风景而写风景，即不是为了装饰，而是为渲染或衬托故事发生时的气氛，或者为了加强故事发生时人物的情绪。社会环境（街道，市场情况，室内装饰、布置等等）的描写，也应当这样，有时对室内的器物作了详尽细致的描写，其目的在于暗示或衬托这间屋子的主人的性格（例如《红楼梦》写到宝玉走进秦可卿的卧室时，详尽地而且形象地描写了房中的对联、供设等等便是这样的），作者如果坚决地这样做，就会控制着自己作品中的环境描写，不使其成为可有可无的长物。

（选自《试谈短篇小说》）

大体而言，景物描写在不同的文体中所占据的地位是不一样的。在游记这类散文文体中，景物描写往往构成文章的主体，但在诗歌和记叙文体中景物描写应该有所节制，尽量精练一些，否则就会使文章显得沉闷。

（三）场面描写

“一个或多个人物，在某一境界中，占若干连续的时间而有所活动，就是一个场面。”（叶圣陶）因此，场面描写是对在一个特定的时间、空间内的人物与活动的描绘。这是一种综合性的细节描写，既要描写到人，也要有环境气氛的描写与渲染；在写人时，既要突出重要的个人，也要描写到周围的群众，可能还要综合运用到肖像、动作、语言、心理的描写。

场面描写要有点有面，点是指焦点（通常为最重要的人物），面是指宏观场面，点面结合，既全面又细致。场面描写还要注意渲染气氛，写出场面的基本特征。鲁迅的小说《药》写坟场相遇的场面就写出了那种“死寂”的场面特征和氛围：

微风早已停息了；枯草支支直立，有如铜丝。一丝发抖的声音，在空气中愈颤愈细，细到没有，周围便都是死一般静。两人站在枯草丛里，仰面看那乌鸦；那乌鸦也在笔直的树枝间，缩着头，铸铁一般站着。

场面描写中要注意运用多种描写角度来烘托氛围，写出场面的特征。比如通过心理活动描写、动作描写、言语描写、景物描写来渲染氛围。在新闻报道的写作中有一种叫“感觉新闻”的描写性报道，特别注重描写感觉（用记者的所见所闻所感，引起读者的同感）又称“6S”报道。6S 指 Sense of sight（视觉）、Sense of hearing（听觉）、Sense of touch（触觉）、Sense of taste（味觉）、Sense of smell（嗅觉）、Sense of balance（平衡感）。例如吕松岩的《我亲历的中国大使馆被炸》中的一段：

一声巨响，当时屋里一片漆黑，我们没来得及点蜡烛……我还没有对那声巨响有所反应，就看到我前面的屋顶轰然塌落，钢筋水泥的碎块从我眼前十厘米的地方落下。紧接着第二次爆炸声又响起，只见整个大使馆大楼内一片白光，不是红光，而是爆炸近在眼前时发出的那种刺眼的白炽灯一样的白光。

……这时门已被炸掉了，什么都看不清，滚滚浓烟散发着涩涩的苦味，呛得我们眼睛都睁不开，也喘不过气来。……我们只能拉着从房顶上掉下来的、被炮火烧得烫手的钢筋一步一步往下挪。

二、描写的艺术

（一）白描与细描

白描与细描都是从绘画中发展出来的概念。白描是传统中国画的一种基本技法，是指只用墨线勾勒物体或人的大致轮廓，而不着颜色，这有点近似于西方绘画中的素描画法。但是，由于宋元以来文人写意画成为中国绘画的正统与主流，其画风与美学之趣也渗入了白描的画法之中，所以绘画中的白描除了本来的不着色这一层意思外，还加上了强调写意（与写实相对）的追求，即强调画出对象之内在神蕴，而不强调外形的刻镂。白描的概念进入写作领域，是指抓住对象的基本特征，用比较简省的文字勾勒，重在传其神的写法。细描原是中国绘画中的一种画法，又称工笔，是极精细的一种画法，因为精雕细刻所以偏于写实的风格。细描用于写作是指对对象进行详细的、细致的描摹与刻画，甚至不惜浓墨重彩地作渲染、铺张的描写。大体而言，白描与细描的区别是：白描笔墨简省，重写意、传神；细描浓墨重彩，重写实、摹形。所谓写意，是指写出作者（观察者）对对象的主观印象或感受；传神则是要传达出对象本身的神采和内在特征；写实则是指按照对象的本来面貌如实反映，不带主观色彩。《红楼梦》第三回“林黛玉进贾府”这一节对林黛玉和贾宝玉的肖像进行了描写，一个是白描，一个是细描：

两弯似蹙非蹙罥烟眉，一双似喜非喜含情目。态生两靥之愁，娇袭一身之病。泪光点点，娇喘微微。闲静似娇花照水，行动如弱柳扶风。心较比干多一窍，病如西子胜三分。

头上戴着束发嵌宝紫金冠，齐眉勒着二龙戏珠金抹额，穿一件二色金百蝶穿花大红箭袖，束着五彩丝攒花结长穗宫绦，外罩石青起花八团倭缎排穗褂，登着青缎粉底小朝靴……项上金螭璎珞，又有一根五色丝绦，系着一块美玉。

上文第一段是对林黛玉的肖像描写，这是从贾宝玉的眼睛来看的，写出了林黛玉的内在气质与神韵，写出了贾宝玉对她的主观感觉和印象，这是典型的白描。第二段文字是对贾宝玉的肖像（装束）描写，是细描。除了人物肖像描写，景物描写等也可有白描、细描的写法之分。如丁玲小说《太阳照在桑干河上》中对果树园的描写：

当大地刚从薄明的晨曦中苏醒过来的时候，在肃穆的清凉的果树园子里，便飘荡着清朗的笑声。鸟雀的欢噪已经退让到另外一些角落去。一些爱在晨风中飞来飞去的小甲虫便更不安地四方乱闯。浓密的树叶在伸展开去的枝条上微微蠕动，却隐藏不住那累累的硕果。看得见在那树丛里还有偶尔闪光的露珠，就像在雾夜中耀眼的星星一样。而那些红色果皮上的一层茸毛，或者是一层薄霜，便更显得柔软而润湿。云霞升起来了，从那重重的绿叶的罅隙中透过点点的金色的彩霞，村子中回映出一缕一缕的透明的淡紫色的、浅黄色的薄光。

白描、细描各有特点，作家们往往结合使用。但是，由于受中国传统艺术精神的影响，中国古代作家偏爱白描的技法。就像绘画中人们往往将白描写意画看得比工笔画更高一筹，往往认为后者有匠气，不是上品。此处虽不乏偏见，但也有一定的道理。就写作而言，白描要求寥寥数语就能道出所描对象的内在特征，这不仅需要极精练的文字功底，更需要极高的感知能力，这相比细描来说确实难度更大一些。现代著名作家鲁迅等都对白描情有独钟，大加提倡。老舍就对那种“一眼一手都须描上多少多少笔，细中加细，一笔不苟，死下功夫”的“工笔画”写法“不喜欢”，他认为：“若极求外貌描写之精详，而无法使之活动，是解剖工作，非创造矣。且艺术作品中的描写，要在以经济的手段，扼要提出，使读者一目了然，且得深刻印象。若尽意刻画一眼一鼻，以至全身衣冠带履，而失其全人生活力量，是小女儿精心刺绣，纵极工致，不能成为艺术作品。”（《略谈人物描写》）

（二）正面描写与侧面描写

正面描写就是直接描绘对象本身，上面所谈到的白描与细描都是正面描写的手段。侧面描写又称为间接描写，就是不直接描绘对象本身，而是旁敲侧击，用暗示、映衬等方法间接表现对象。例如，要描写一个人物，我们可以通过这个人自己的行动、谈话、思想来让读者知道他是个什么样的人；我们还可以通过其他人物对这个人的看法、态度来反映这个人物。前面这种写法是直接的、正面的写法，后面一种就是侧面的描写。

侧面描写往往于正面描写无法进行或者达不到理想的效果之时使用，以收奇效。拿画画类比，有些事物或情境有时不能直接在画布、画纸上画出来，这就需要借助侧面暗示、烘托的画法。例如宋代的画院经常出题考画家。有一次，考官出的题目是“踏花归去马蹄香”，要求考生们以此为据画一幅画。这个题目的意思是：人们在春天骑马赏花，游玩之后归去，马蹄由于踏过满地的落花，也仿佛染上了花的香味。考生们一接到这个题就傻眼了。因为这个题的题眼，就在于这个“香”字，游人、落花、马蹄都有具体的形象，都容易画出来，可这香气如何在纸上画得出来？大家个个抓耳挠腮，无从下笔。只有一个聪明的画师想出了高招：在马蹄周围画上两只蝴蝶！蝴蝶是爱采花的昆虫，哪儿有花香它们就去哪儿。蝴蝶追逐马蹄，那不正是因为马蹄香吗？这样，他就用两只蝴蝶把“香”字的意味从侧面暗示出来了。与画画相似，写作中也会出现这种情况，许多抽象的意思无法直接表现，这就要用侧面描写的方法。正如刘熙载所说：“山之精神写不出，以烟霞写之；春之精神写不出，以草树写之。”（《艺概》）也就是说，山的精神——高、幽，春的精神——生机、活力都很难直接写出来，而如果用烟霞、草树这些事物从侧面烘托，就可以写出来了。

侧面描写可以化抽象为形象。比如要显示一个演员的表演艺术之高明，如果正面来描写，是很难写出来的。因为主观评价性的东西是很抽象的，无法物化或客观化，须从侧面描写烘托才能表现出来。刘鹗的《老残游记》中写山东大鼓书艺人白妞的精湛演技时就用到了这种侧面描写的技巧：

正在热闹哄哄的时节，只见那后台里，又出来了一位姑娘，年纪约十八九岁，装束与前一个毫无分别，瓜子脸儿，白净面皮，相貌不过中人以上之姿，只觉得秀而不媚，清而不寒，半低着头出来，立在半桌后面，把梨花简丁当了几声，煞是奇怪：只是两片顽铁，到她手里，便有了五音十二律似的。又将鼓捶子轻轻的点了两下，方抬起头来，向台下一盼。那双眼睛，如秋水，如寒星，如宝珠，如白水银里头养着两丸黑水银，左右一顾一看，连那坐在远远墙角子里的人，都觉得王小玉看见我了；那坐得近的，更不必说。就这一眼，满园子里便鸦雀无声，比皇帝出来还要静悄得多呢，连一根针跌在地下都听得见响！

这段描写“热闹哄哄”的大剧场中，白妞一出场，还没表演，只是用眼朝台下一扫就震住了全场。那台下的观众都觉得白妞那眼睛看到自己了，于是肃然起敬，鸦雀无声，连一根针跌在地下都听得见响。这是以观众的反应来侧面烘托白妞的演技之高超和声名之响亮。

侧面描写可以起到烘托、反衬的艺术效果，有正衬与反衬两种。反衬如“蝉噪林逾静，鸟鸣山更幽”，“人闲桂花落，夜静春山空。月出惊山鸟，时鸣春涧中”是以动衬静。《水浒传》写武松，则以武大之丑、矮反衬武松之英俊、高大。正衬如刘鹗的《老残游记》以黑妞的演技来衬托白妞的演技，“黑妞的好处说得出，白妞的好处说不出”。

侧面描写可以给读者留下想象的空间，达到言有尽而意无穷的表现效果。比如要写一个女子的美丽和魅力，正面描写只能从她的外貌方面着手，描绘得再细也难以打动人。因为美是主观的东西，如果从侧面来烘托、渲染，就会给读者留下无尽的想象空间，越想越有味。赵树理的小说《小二黑结婚》就是这样来写女孩子的美和魅力的：

小芹今年18岁了，村里的轻薄人说，比她娘年轻时好得多，青年小伙子们，有事没事，总想跟小芹说句话，小芹去洗衣服，马上青年们也都去洗；小芹上山采野菜，马上青年们也都去采。吃饭的时候，邻居们端上碗爱到三仙姑那里坐一会，前庄上的人来回一里路，也并不觉得远……

小芹娘年轻时“是前后庄上第一个俊俏媳妇”，她的美丽当然可想而知，不料小芹却比其母还要美，这从小伙子们不辞辛苦地围在小芹身边就可见一斑。小芹的美足够让我们想象无穷。

但是，一味地“虚”写终究使读者不得要领，摸不着头脑。还是应该“虚实结合”。“实”可以给读者以鲜明直观的印象，“虚”则能给读者以无限想象与回味，“虚实相生”自然妙不可言了。例如汉代乐府诗《陌上桑》描写秦罗敷之美：

秦氏有好女，自名为罗敷。罗敷善蚕桑，采桑城南隅。
青丝为笼系，桂枝为笼钩。头上倭堕髻，耳中明月珠。
缃绮为下裙，紫绮为上襦。行者见罗敷，下担捋髭须。
少年见罗敷，脱帽著帩头。耕者忘其犁，锄者忘其锄。
来归相怨怒，但坐观罗敷。

前十句直接描写罗敷之美，是实写。后八句则从路人、小伙子、耕者、锄者的神态、举止、心理方面来间接描写罗敷之美，这是虚写。这样虚实结合，美女的形象既实在可感，又给人以可望不可即的感觉。毕竟，欣赏美是要一定的距离的（尤其是心理距离），所谓“距离产生美”！

白描与细描，正面描写与侧面描写各有其功用和效果，如果能够结合使用得恰到好处，定会使文章增色不少。

第三节　抒情

抒情，是指作者或叙述者对人、对事、对物的主观态度和情绪情感的抒发和表现。情感是文章不可缺少的基本要素，但在不同的文体中，抒情的地位和表现的方式是不一样的。在诗歌和抒情性散文中，抒情占据着主要的地位，是主要的表述方法；在叙述性文章中，抒情往往用于渲染气氛，表达作者对人物的态度；在议论性文章中作者往往寓情于理，用抒情来增强说理的感染力；在说明性文章中，我们也可以用抒情来强调事物的特征与价值。

一、抒情的原则

（一）要有真情实感

写文章是因为心中有所感受和郁积，不吐不快，所以表达出来，形成文字。因此是“为情而造文”，而不是“为文而造情”。抒情之时一定要有真情实感，要让读者觉得确有值得感动之处。只顾自己抒发感情，而不知道这种感情有没有感动到别人是不行的，无病呻吟更是要不得。《庄子》就说：“真者，精诚之至也。不精不诚，不能动人。故强哭者虽悲不哀，强怒者虽严不威，强亲者虽笑不和。真悲无声而哀，真怒未发而威，真亲未笑而和。真在内者，神动于外，是所以贵真也。”

真正的情感应该是因事、因境、因人而生，所谓“没有无缘无故的爱，也没有无缘无故的恨”。因此我们切忌无所依凭，没有铺垫，就仓促地抒情，更忌空泛地抒情。抒情最好建立在叙事、描写等之上，先交代清楚令人感动、产生抒情愿望的原因，这样才能使情抒发得坚实有力。就像朱德《我的母亲》所抒发的情感，非常实在、感人：

我应该感谢母亲，她教给我与困难作斗争的经验。……母亲又给我一个强健的身体，一个勤劳的习惯，使我从来没感到过劳累。

我应该感谢母亲，她教给我生产的知识和革命的意志，鼓励我以后走上革命的道路。

（二）要自然得体

情感的抒发要切合具体情境，切合人物之间的关系，而不应矫揉造作，既不可夸张失度，又不能刻意雕琢失去自然。老舍《我的母亲》抒发对母亲的感恩心理就很自然：

生命是母亲给我的。我之能长大成人，是母亲的血汗灌养的。我之能成为一个不十分坏的人，是母亲感化的。我的性格、习惯是母亲传给的。

而下面这种抒情就非常空泛，虚浮无力，很不自然：

母亲把我放飞了；放飞的不仅仅是她的儿子，还有她的心。如果说，我离开她之前，母亲与儿子还能相依为命，那么，我走后她将空寂与孤单。

……

母亲是伟大的，母爱是无私的。任何一个人都有母亲。没有母亲便没有世界，没有阳光，没有雨露，当然便不会有科学家、诗人和作家。母爱，最崇高，最神圣，最纯洁！

（卞卡《娘，我回来了》）

这篇文章本来叙写的是自己母亲的一生，含辛茹苦养育子女，让其成人。人们对自己的母亲在表达情感时一般都是比较含蓄与节制的。亲情的抒发应体现在日常的生活细节之中，而不是通过喊口号、发宣言的方式来表达。该文像是在演讲，表演性太强，很不自然。所以，叶圣陶先生指出："各人的情感有广狭、深浅、方向的不同，千差万殊，难定程限，惟有反求诸己，以自己的满足为限度：抒写到某地步，自己觉得所有的情感倾吐出来了，这就是最适当的限度。"

（三）要浓淡相宜

叶圣陶先生指出，抒情的方法有两种：一种是强烈的、紧张的，一种是清淡的、弛缓的。紧张的抒写往往直抒所感，不复节制，想到什么就说什么，毫不隐匿。只要内蕴的情感真而且深，自会写成很好的文字。它对读者有一种近乎压迫的力量，使读者不得不感动。弛缓的抒写则不然，往往蕴含的情感很多很深，而抒写时敛抑凝聚，只写出似乎平常的一部分，而这一部分正就摄取了全部情感的精魂。这样的抒情，对读者的力量是暗示的而不是压迫的。读者读着，受着暗示，同时能动地动起情感来，于是感受到作者所有的情感。也可以说，这是留下空间让读者自己想象的抒写方法。

大体而言，激情、浓情多用紧张的抒情方式，而平淡之情多用清淡的方式来抒发。当然，也要考虑情感发生时的具体情境，如果是激动的时刻、突发事件之时则多用强烈式抒情。而日常事件、小事件多为平淡之情，则宜娓娓道来。如果不顾实情随意滥用就可能收不到应有的表达效果。在浓淡这两种抒情方式中，后一种往往更难，需要更高的技巧，效果也更好。写作水平不高的人往往对此缺乏认识。鲁迅的《一件小事》在表达对车夫的敬意时就显得有些过头，文章的结尾是这样写的："我觉得他愈来愈高大，以至于要榨出我皮袍下面藏着的'小'来……"这里对车夫的评价似乎太高了，对自己的批判与自贬又太重了。这种抒情的姿态不免夸张了些。郭沫若的态度更夸张，在《西湖纪游·雷峰塔下》这首诗中，他描写自己回国后看见一个锄地的农民时的奇妙感受："我想去跪在他面前，/叫他一声：'我的爹'/把他脚上的黄泥舐个干净！"知识分子认识到劳动人民的伟大是对的，但同时似乎没有必要把自己贬得一无是处。这种知识分子的情感表达过于做作了，缺乏说服力。

必须明白，强调真情实感并不是就不需要对情感加以节制和修饰。写作所要求的真情实感应该比实际的情感更高雅、更具艺术性，那种口无遮拦、一任情感泛滥的所谓"真情"并不可贵。正如鲁迅所说，那种"哎呀呀，我要死了"似的情诗并不是真正的诗。抒情要自然，不要老是用"啊"、"呀"这样的语气词与感叹号。尽量用平实的语言来抒情，这样，在平淡的语言之下蕴藏强烈的情感，所形成的情感张力就比较大。且看周作人在《若子的死》中是怎样表达对爱女少年夭折的悲痛的：

若子……常以两腕力抱母颈低语曰："姆妈，我不要死。"然而终于死了。吁！可伤已。

"然而终于死了。吁！可伤已。"这短短的一句话，包含了多少深情与悲哀！懵懂无知的小孩子对生命的留恋，为人父母者的无可奈何、无能为力，这种沉痛的感情全都蕴藏在这两句中了。我们都知道，人在感情最强烈的时候，是很难用语言来表达的，所谓“欲哭无泪”、“欲哭无声”就是如此。越是沉痛的感情，越是隐忍不发！鲁迅《为了忘却的记念》中，当得知柔石等二十多人已被秘密处决时，鲁迅也只是用了一句话：“原来如此！……”这也是愤怒到极点，无话可说。所以，我们写作抒情不仅要有情感的“量”（感情充沛），更要有感情的“质”（沉实、厚重）。

二、抒情的方式与技巧

（一）直接抒情

直接抒情就是直截了当地表露情感，脱口而出，直抒胸臆。感情热烈，则极易感动人。直接抒情的主导风格是热烈奔放，一泻而下，这种抒情往往借助判断、感叹、呼告、反复等手段，以较为明朗、激越的语言，直接表达情绪、情感。当然，直接抒情也有别样的风格，如娓娓道来，缓缓而抒，深沉质朴。

直接抒情的主要方式之一是热烈的讴歌。如刘成章《安塞腰鼓》：

好一个安塞腰鼓！

好一个黄土高原！

每一个舞姿都充满了力量。每一个舞姿都呼呼作响。每一个舞姿都是光和影的匆匆变幻。每一舞姿都使人颤栗在浓烈的艺术享受中，使人叹为观止。

好一个痛快了山河、蓬勃了想象力的安塞腰鼓！

愈捶愈烈！形体成了深重而又纷飞的思绪！

愈捶愈烈！思绪中不存在任何隐秘！

愈捶愈烈！痛苦和欢乐，生活和梦幻，摆脱和追求，都在这舞姿和鼓点中，交织！旋转！凝聚！奔突！辐射！翻飞！升华！人，成了茫茫一片；声，成了茫茫一片……

呼告、对话、鼓动也是直接抒情的重要方式。如魏巍的《依依惜别的深情》：

请收起眼泪吧，亲爱的、可敬的人民！你的泪是这样倾流不止，已经洒湿了你们的国土。我知道，你是为中国战士的鲜血而痛惜，为中国战士一点点工作而感怀。你今天的泪，是对中国战士最崇高的评价，是给予中国战士的无上的光荣！我知道，这泪雨中的每一滴，都不是普通的眼泪，一颗，一颗，都是万金难买的友谊的珍珠！

此外，还有内心独白、反复咏叹等多种直接抒情的方式。像鲁迅小说《伤逝》中那种“如果我能够，我要写下我的悔恨和悲哀，为子君，为自己”的反复叹婉，就是偏于节制、深沉风格的直接抒情：

如果我能够，我要写下我的悔恨和悲哀，为子君，为自己。

……

……我活着，我总得向着新的生路跨出去，那第一步，——却不过是写下我的悔恨和悲哀，为子君，为自己。

我仍然只有唱歌一般的哭声，给子君送葬，葬在遗忘中。

我要遗忘；我为自己，并且要不再想到这用了遗忘给子君送葬。

我要向新的生活跨进第一步去，我要将真实深深地藏在心的创伤中，默默地前行，用遗忘和说谎做我的前导……

（二）间接抒情

间接抒情，就是通过叙述、描写或议论等表达方式进行抒情，情感以潜隐的方式表达。间接抒情能够节制与克服直接抒情容易产生的滥情之弊，起到含蓄蕴藉，令人回味无穷的抒情效果，也能够让抽象的情感有具体的缘由和附着的基础。大体上，间接抒情有借叙事抒情、借描写抒情、借议论抒情、借说明抒情这几种。

（1）借叙事抒情。感情总是因事而发的，在叙事的基础上再抒情，先做好铺垫，然后抒情才能自然而真切。更巧妙的做法是在叙述性的文字中自然灌注某种情感色彩，让叙述本身就具有了情感的力量。以下两篇新闻报道就在朴素的叙述之中蕴含着深沉的情感力量——对恐怖分子罪恶的控诉，对无辜者的悲悯，给读者以深深的刺痛：

俄克拉荷马城电（1996 年 12 月 12 日）灰尘和愤怒还没有平息，一场寒冷的雨开始落在被炸毁的办公大楼废墟上，落在警察、消防员、医生的肩膀上。

换作别的随便哪天，他们可能会接到厨房失火、家庭纠纷，甚至小猫上了树下不来的报警电话。“俄克拉荷马就是这样一个平静的小城”，住在这里的人们说。

今天早晨，巨大的爆炸震动几英里外的早餐咖啡店，俄克拉荷马城的世界被打碎了。

“我刚刚做了一例手术，一个小男孩的半边大脑被炸出了颅腔”，特里·琼斯大夫说。在他的身后，消防员正仔细地在大楼的废墟中寻找幸存者和遇难者。

“请你告诉我”，他说，“怎么可能有人如此漠视生命。”

（选自《纽约9·11》）

昨天，消防官温森特·鲍拉蹒跚着走出废墟，泪流满面，他不知道是否世界还能和以前一样。

援救人员在世贸大楼的瓦砾废墟中挖了一个巨大的坑，鲍拉和几千名满身烟尘的消防员不停地在这个坑里爬进爬出。

他们垂下30英尺的绳子，阳光透过漫天的烟尘照在他们的头盔上。

他们穿过黑暗的废墟，这里曾是商店汇集的繁华之都。

他们近乎徒劳地搜寻着生命存在的讯息。

“我要回家亲亲我的女儿”，鲍拉说，他蹒跚着走到街道上，从头到脚落满了烟尘，“她刚学会叫‘爸爸’。不幸的是，许多孩子再也不能叫‘爸爸’了。”

（戴夫·戈尔迪纳《每日新闻》）

（2）借描写抒情。即在对人、对物、对景的描写中，寄托作者的感情。我们常说的“寓情于景”、“借景抒情”、“情景交融”都是这一类。台湾散文家陈启佑的《永远的蝴蝶》就善于在景物、环境描写和场景描写中蕴含情感，打动读者：

那时候刚好下着雨，柏油路面湿冷冷的，还闪烁着青、黄、红颜色的灯火。我们就在骑楼下躲雨，看绿色的邮筒孤独地站在街对面。我白色风衣的大口袋里有一封要寄给南部的母亲的信。

樱子说她可以撑伞过去帮我寄信。我默默点头，把信交给她。

“谁叫我们只带来一把小伞哪。”她微笑着说，一面撑起伞，准备过马路去帮我寄信。从她伞骨渗下来的小雨点溅在我的眼镜玻璃上。

随着一阵拔尖的煞车声，樱子的一生轻轻飞了起来，缓缓地，飘落在湿冷的街面，好像一只夜晚的蝴蝶。

虽然是春天，好像已经是深秋了。

她只是过马路去帮我寄信。这简单的动作，却要教我终生难忘了。我缓缓睁开眼，茫然站在骑楼下，眼里裹着滚烫的泪水。世上所有的车子都停了下来，人潮涌向马路中央。没有人知道躺在街对面的，就是我的，蝴蝶。这时她只离我五公尺，竟是那么遥远。更大的雨点溅到我的眼镜上，溅到我的生命里来。

为什么呢？只带一把雨伞。

然而，我又看到了樱子穿着白色的风衣，撑着伞，静静地过马路了。她是要帮我寄信，那，那是一封写给南部的母亲的信，我茫然站在骑楼下，我又看到永远的樱子走在街心。其实雨下得并不大，却是一生一世中最大的一场雨。而那封信是这样写的，年轻的樱子知不知道呢？

妈：我打算在下个月和樱子结婚。

这篇文章一开始就用“柏油路面湿冷冷的”、“绿色的邮筒孤独地站在街对面”这样的景物环境描写渲染故事的氛围，为整篇文章奠定了情感的基调——凄凉。接下来，叙述者又通过反复描写“雨点溅在我的眼镜玻璃上”、“更大的雨点溅到我的眼镜上”、“其实雨下得并不大”，以此烘托出自己的悲凉情感。

（3）借议论抒情。即在对人或事发表议论的时候，注入强烈的感情，使议论具有很强烈的情感色彩。这样的议论可能不是很讲逻辑，而是被情感所左右和支配，有时甚至可以达到偏激的地步。杨朔的《荔枝蜜》就是在议论中蕴含抒情：

我的心不禁一颤：多可爱的小生灵啊，对人无所求，给人的却是极好的东西。蜜蜂是在酿蜜，又是在酿造生活；不是为自己，而是在为人类酿造最甜的生活。蜜蜂是渺小的，蜜蜂却又多么高尚啊！

（4）借说明抒情。在对事物原理、特性等的说明中蕴含情感评价，就是借说明来抒情。如法布尔的《蝉》就借对蝉的生物习性——四年作为虫的地下生活，而只有一个月作为蝉的地上生命的说明，蕴含了对蝉这种生物的同情与怜悯：

四年黑暗中的苦工，一个月阳光下的享乐，这就是蝉的生活。我们不应当讨厌它那喧嚣的歌声，因为它掘土四年，现在才能够穿起漂亮的衣服，长起可与飞鸟匹敌的翅膀，沐浴在温暖的阳光中。什么样的钹声能响亮到足以歌颂它那得来不易的刹那欢愉呢？

直接抒情与间接抒情各具特点，各有其合适的场合。但是，从表达的技巧来看，从文化传统以及接受美学的角度来看，间接抒情是更值得我们学习和重视的一种抒情方式或艺术追求。间接、含蓄、节制，这是中国式的抒情传统，已作为一种民族审美趣味以集体无意识的方式渗入人们的心灵之中。孔子早就提出过“乐而不淫，哀而不伤”、“温柔敦厚”的抒情原则。在儒家讲究中庸之道、中和之美的传统审美趣味之下，中国的传统文学创造出了许多间接抒情的技巧。诸如“打起黄莺儿，莫教枝上啼。啼时惊妾梦，不得到辽西”（金昌绪《春怨》），通过对鸟的怨恨来间接表达思妇的相思之情；或者像晚唐温庭筠的“梳洗罢，独倚望江楼。过尽千帆皆不是，斜晖脉脉水悠悠”（《望江南》），不直说妇人对情人爽约的怨恨，而以描写落日余晖来间接传达妇人“脉脉”之情与“悠悠”不尽的思念和寂寞。这都是极高超巧妙的抒情技巧。受这种传统文化的熏陶，中国的读者也大多养成了相应的文学审美趣味，甚至将其转化为一种生活美学。到了现代社会，这种审美趣味也依然存在。另外，就民族性格而言，中国人也不像西方欧美人那样直率，欧美人表达爱是在口中，且很自然很随意；而中国人的“爱”字是放在心里的，很少说出口。这就提醒我们在写作抒情时，要注意这种民族性格，要注意读者的文化趣味。此外，在抒情的问题上也有一个年龄和心性的问题，少年人表达情感多直露，中老年人则多含蓄。作为年青的写作者，应该尽量避免这种因年龄、阅历而导致的肤浅，更多地学习掌握含蓄、节制的写作艺术。

第四节　议论

议论是论说文的主要表达方式，是通过逻辑的演绎（推理、推导）或展开来得出某种观点或给出评判的一种表达方式。广义上来说，人们表达自己的主观态度、观点和看法时运用的言说方式都可以称为议论，这种议论可能并不严谨，而是很随意的，像一般的短评类文章、杂感类文章都属于这种情况。有时候，在论说性文章之外的其他文体中，比如叙事性文章中，也会有议论的部分，这时的议论一般表现为对人、事进行画龙点睛式的判断、议论，作者（叙述者）只是简单地表达自己的意见、见解或情感态度。这就是在使用议论的表达方式。这时候的议论只是一般性议论，并不要求论据、论证俱足，也不要求论证的严密。严格意义上的议论则是指建立在严密的逻辑推理基础之上的论证，学术论文就属于此类。

一、议论的要求

议论一般包括论据、论点和论证（过程）这三个要素。议论这种表达方式对这三个要素各有要求。

就论据而言，其基本要求是可靠。论据不可靠，论点当然也无法成立。论据包括事实性论据和理论性论据两种，它们的“可靠”所指不同。一般来说，事实性论据要求的是真实，而“真实”的含义又有多种，包括事实、可能与可信等不同的层面。事实就是指客观情况，是历史上或现实生活中实际发生过、出现过的东西。历史论文、新闻评论、调查报告、社会科学研究中的学术论文等都需要事实性材料，而不是虚构或想象出来的材料，即使它们显得可信。而一般性的议论文则既可以使用事实性材料，也可以使用虚构中编造的“可能”、“可信”性材料，但要按照生活常识或事理逻辑来虚构，更关键是要让读者觉得这些东西是可能出现的、可信的。所谓的理论性论据，是指名人名言、谚语、公理、原理、定理等，它们讲述的是道理逻辑或规律，是议论中用来讲道理的依据或参照。理论性论据的可靠，包括理论本身的可靠，即理论本身成立或广为人所接受，也包括在使用这些理论论据时的方法的可靠，比如引用别人的话要准确，不能断章取义，使用原理时要注意其成立的条件和使用的领域等，不能随意滥用，否则就不可靠了。须要注意的是，论据的可靠性的鉴别是我们进行议论的前提，不能掉以轻心。

就论证（过程）而言，其基本要求是充分、严密、符合逻辑。论证部分应该是议论文的主体和重点，比论据和论点都重要。论证的充分是指论证应翔实、饱满，切不可粗疏、空洞。论证的严密是指论证过程中要注意思维细密，层层推进，环环相扣，让论点的提出顺理成章，无懈可击。此外，论证还必须符合逻辑，也就是说要讲推理，要让论据与论点之间的紧密联系呈现出来。论证要符合逻辑就意味着必然要遵循一定的论证方法，因为像演绎法、归纳法、类比法这样的论证方法本身就是逻辑推理的方法。

就论点而言，其基本要求是要站得住脚。这或者是指根据已有证据且论证过程中逻辑推理正确而必然会得出某种结论，或者是指议论者能够言之成理，自圆其说。当然，不同类型的议论文章的要求是不一样的。一般性议论文，只要作者能讲出自己的逻辑或依据（不管这种逻辑或依据其他人能否接受）而不是随意妄言，都可以称得上是站得住脚。至于学术论文这类较严格的论说文，则要求作者严格遵循公认的逻辑或依据，不能别出心裁，也不应有个人化的思维偏向。至于论点的表述，一般应该直截了当，明确而不含糊。

一般性的议论，要求不那么严密，关键是论点的提出要有针对性，也要求新颖和深刻，要敢于言人之所未言，而不是人云亦云，否则就失去了价值。一般性的议论，论点可以偏颇，只要是言之成理（即使是部分的道理），论者能自圆其说便可。比如鲁迅的《文学和出汗》批驳的是梁实秋的“永久不变的人性”说。从事实上讲，梁实秋的说法也有站得住脚的一面。人类的爱情、友谊、责任感、不甘平庸的上进心等都是“永久不变的人性”的表现，它不会随着时间的变化而发生太大的变化，因此，文学当然有表现这些“永久不变的人性”的需要。但是，人性中也有“变”的成分，比如阶级情感与政治立场等，这些都会随时代、环境等的变化而变化。因此，人性有“变”与“不变”的两面。梁实秋针对当时“革命文学”潮流过分强调阶级性，在描写人物和社会关系时过分强调阶级对立与冲突的内容，有针对性地提出文学应当描写永久不变的人性，这样才能传之久远，不至随着时代的变化而湮没无闻。这种有针对性的观点是站得住脚的。而鲁迅则针对当时社会贫富分化、对立的事实，从社会公平、正义的角度强调文学描写的阶级性内容，强调文学的阶级性，反对文学回避社会现实矛盾，沦为文人无用的生活点缀，这也是站得住脚的。梁实秋和鲁迅两人的立论都有所偏向，不过也都做到了“片面的深刻”，在片面中也能给读者以深刻的启示与教育。

在议论时切记不可武断，也就是说论点不能绝对化。像毛泽东在《在延安文艺座谈会上的讲话》中说：“你是资产阶级文艺家，你就不歌颂无产阶级而歌颂资产阶级；你是无产阶级文艺家，你就不歌颂资产阶级而歌颂无产阶级和劳动人民。”这种阶级分析法显然是有些绝对化了：人的出身与他的价值观念往往不是一回事，不能简单对应。在现实生活中，人们的社会出身与其价值选择往往不一致，这是非常复杂的一个问题。出身富贵的人也可能站在穷人一边为其说话，出身贫穷的人也可能为富人唱赞歌，这是完全合理的。像身为贵族伯爵的列夫·托尔斯泰也能够批判自我，为其剥削而忏悔，为平民百姓说话。他晚年更是散尽家财，救济穷人。而身为平民阶层的一员，靠写稿维持生活的巴尔扎克对贵族阶级也不无同情，在小说中为他们的没落唱了一曲曲“温情的挽歌”。

二、议论的类型及论证方法

议论有两种基本类型——立论和驳论，其议论的方法和技巧是有所不同的。立论就是提出自己的论点，并进行论证与阐述，让这种论点得以成立，这是一种主动的观点表述；驳论则是建立在对别人的议论进行反驳的基础之上，它可以提出自己独立的论点，也可以不提出，只以否定掉别人的论点为目标。立论强调的是论者自己观点的表述和逻辑的论证，其议论是自给自足的；驳论则是针对别人的议论，对别人的议论的依赖性较强。

相对而言，驳论的手段更为多样一些，除了包含立论常用的一些手段，它还有自己独特的手段。因为驳论是以别人的议论为靶子，所以别人的议论中的各种要素都可能成为攻击的目标。比如，可以直接反驳对方的论点，指出其偏颇或错误；可以通过驳倒对方的论据来间接驳倒其论点，因为不可靠的论据所得出的结论也是不可靠的；也可以通过驳倒对方的论证过程来间接驳倒其论点，因为错误的逻辑或不严密的论证会影响论点的可靠性。具体如下：

驳论点，即直接用事实或道理来证明对方观点的错误或偏颇。驳论据则是要指出对方事实论据的虚假，如与客观事实不符，属于编造或虚构的、不合情理的；或者指出其论据不典型、属于孤证等；或者指出对方理论论据的虚假，如理论本身不成立，误解理论本身，对理论断章取义，理论使用场合不对（超出理论的适用范围）等。

驳论证，则是要围绕对方的逻辑推理方法和过程来进行反驳，比如指出对方违反推理规则，偷换论题、偷换概念、搞循环论证、诡辩等。论证过程中常见的逻辑错误有机械类比、强加观点、强拉因果、非白即黑、诉诸常理与权威、数字决定论、因果倒置、循环推理、样本数据缺乏代表性、以偏概全等，只要指出对方的这些错误就能驳倒对方。常见的错误包括以下几种：

（1）偷换论题。所谓偷换论题，通俗地说就是转移话题，离开了本题。《庄子》中有这样一个故事，说庄子与好友惠施共同游于梁上，散步的途中经过一条水沟，看见里面有许多小鱼在游。于是庄子大发感慨："这些鱼游来游去，多么快乐呀！"惠施听了就较真起来，问他："子非鱼，安知鱼之乐？"（你不是鱼，怎么会知道鱼是快乐的呢？）庄子回答不出来，只好反问道："子非鱼，安知鱼之不乐？"（你也不是鱼，怎么知道鱼就不快乐？）这里，庄子其实玩了一个偷换论题的把戏，因为原初（惠施提出）的论题是"庄子何以知道鱼是快乐的"，庄子却将其转换为"惠施何以知道鱼不快乐"这个论题。所以惠施立即抗议道："请循其本！"

（2）机械类比。2005 年左右，北京大学进行人事分配制度改革，该改革方案不敢针对行政管理人员，只把矛头对准教师，向教师提出很多要求，损害了广大教师的利益，因此引起很大争议。舆论质疑北大为何不针对行政管理人员进行改革，因为高校行政管理人员比例过高，冗员低效，不从事教学、科研，却掌控着各种权力和资源，极不合理。北京大学光华管理学院副院长张维迎辩称，高校行政和教学管理人员数量庞大甚至多过教师是合理的、正常的，就像美国总统出行一样，总统只有一个，为之服务的警卫、秘书、厨师、顾问等却是一大帮。高校里行政管理人员多，能为教师提供更多的服务，让教师专心教学、科研，这是好事……这种论调就是一种机械类比、不当类比。美国总统是权力者，教师却并非权力者，二者根本不具可比性。

（3）偷换概念。偷换概念是指论者在使用相关概念时有意地曲解概念的本义，改换其内涵或外延。比如"人权"这个概念，其基本内涵是指人之为人的特殊权利，包括人的尊严、个性自由等，西方某些国家正是据此来评论世界的人权状况的。可是在中美人权争论中，为了反驳美国的人权概念和标准，中国对“人权”提出了自己的解释，即认为人权是指人的生存权、发展权、经济权等。这就无限扩大了人权的内涵，失去了这个概念存在的意义了。因为提出“人权”本身就是为了强调在人生存的基本需要的基础之上还有更高级的需要，如尊严的需要、自由的需要。所以中国式的解释有偷换概念之嫌。

（4）循环论证。论点的可靠性要靠论据的可靠性来证实，而如果论据的可靠性还要靠论点来证明，那就是循环论证。我们通常所说的“先有鸡还是先有蛋”的问题就是一个典型的循环论证问题。先有鸡，因为蛋是鸡生的；先有蛋，因为鸡是蛋孵出来的……这样争论下去就只能是循环论证了。毛泽东的《论人民民主专政》中说：“人民民主专政需要工人阶级的领导。因为只有工人阶级最有远见，大公无私，最富于革命的彻底性。”这里存在一个循环论证的纰漏：“只有工人阶级最有远见，大公无私，最富于革命的彻底性”这个论据其实并不是不证自明的，也需要论证。这里直接用来当论据，是缺乏说服力的。

（5）违背“三段论”等推理规则。三段论是一种常见的推理方法，它由三个判断（其位置不定）组成：一是已知的一般原理，作为论据，称为大前提；二是有待确证的论题，即论点，称为小前提；三是由前两个前提推导出的结论。三段论式推理的关键是大前提必须正确，大、小前提之间必须有必然的联系，否则这样的三段论就是假性三段论，并不成立的。鲁迅在《论辩的灵魂》中就通过一个假性三段论揭露了某些人在辩论中的不讲逻辑：“你说谎，卖国贼是说谎的，所以你是卖国贼。我骂卖国贼，所以我是爱国的，爱国者的话是有价值的，所以我的话是不错的。我的话既然不错，你就是卖国贼无疑了。”这里有几组连续的假性三段论：第一组，大前提是“卖国贼是说谎的”，小前提是“你说谎”，结论是“你是卖国贼”，大前提并不成立，因为卖国贼并不总是说谎的；第二组，“骂卖国贼就是爱国，我骂卖国贼，所以我是爱国者”，这里大前提也不成立；第三组，“爱国者的话是有价值的，我是爱国者，所以我的话是有价值的”，大前提也不成立；第四组：“我的话是对的，我说你是卖国贼，所以你就是卖国贼”，大前提也不成立。所引的这段话既不符合三段论推理规则，又犯了循环推理的错误。

驳论中常常使用的还有一种归谬法。归谬法，又称引申法，就是有意将对方论点的错误加以引申，将其推向极端，使其自相矛盾，不攻自破。这是一种极有力的驳论方法。古往今来，许多作家都善于运用它。我国古代的唯物论者王充在《论衡·论死篇》中就用这种方法批驳了“人死辄为鬼”的唯心主义论断：

天地开辟，人皇以来，随寿而死，若中年夭亡，以亿万数。计今人之数，不若死者多。如人死辄为鬼，则道路之上，一步一鬼也。人且死见鬼，宜见数百千万，满堂盈廷，填塞巷路，不宜徒见一两人也。

如果人死为鬼，那么历代的鬼加起来必然多于今人，势必到处是鬼，人人见鬼、天天见鬼、处处见鬼，而这显然并不符合事实。这样，“人死辄为鬼”的荒谬就显而易见了。

至于立论，则主要采用下面这些论证方法。

（1）归纳法。这是一种由个别到一般的论证方法。它通过分析许多“个别”的事例或分论点，然后归纳出它们共有的特性，从而概括出一个反映普遍规律和共同属性的一般性结论。比如司马迁在《报任安书》中就从周文王、孔子、屈原、左丘、孙膑、吕不韦、韩非等历史人物的相同遭遇中归纳出了“大抵圣贤皆发愤著书”的结论，这就是归纳推理：

盖文王拘而演《周易》；仲尼厄而作《春秋》；屈原放逐，乃赋《离骚》；左丘失明，厥有《国语》；孙子膑脚，《兵法》修列；不韦迁蜀，世传《吕览》；韩非囚秦，《说难》、《孤愤》；《诗》三百篇，大抵圣贤发愤之所为作也。此人皆意有所郁结，不得通其道，故述往事，思来者。

（2）演绎法。这是一种与归纳法相反的论证方法，它根据已知的一般原理推导出个别事物的结论。如毛泽东《为人民服务》中的一段：

人总是要死的，但死的意义有不同。中国古时候有个文学家叫做司马迁的说过：“人固有一死，或重于泰山，或轻于鸿毛。”为人民利益而死，就比泰山还重；替法西斯卖力，替剥削人民和压迫人民的人去死，就比鸿毛还轻。张思德同志是为人民利益而死的，他的死是比泰山还要重的。

这里“为人民利益而死，就比泰山还重”是一般原理，“张思德同志的死是比泰山还要重的”就是推导出来的个别结论。

（3）比较法。包括类比法与对比法两种。类比法，是将性质、特点在某些方面相同或相似的不同事物加以比较，推论两者在其他属性上也有相同或相似的地方，从而引出结论的方法。这是一种求同的思维方法。如《邹忌讽齐王纳谏》中邹忌问自己和徐公相比谁长得美，结果妾、妻、客人都说是他更美，细一思量，他发现小妾是怕他才奉承他，妻是爱他才奉承他，客人是有求于他才奉承他，他们都没有说真话。想通这个道理后，他连忙跑去劝谏齐王，说天下的人要么怕国王，要么爱护国王，要么有求于国王，因此都不会为说真话而得罪国王，因此国王应该广开言路，听得进逆耳之言才能不被蒙蔽。邹忌用的就是类比推理法。

类比推理属于或然性推理，其结论不一定为真，只有一定程度上的可靠性，因此在使用上要把握分寸，不可胡拉乱扯，类比时也必须适可而止。当无法获得更确切的论据时，运用类比法不失为一种较好的替代之策。

对比法，是将性质、特征在某些方面相反或对立的不同事物加以比较来证明论点的方法。这是一种求异的思维方式，它侧重于从事物的相反或相异的属性的比较来揭示需要论证的论点的本质。明代文学家刘基写过一篇寓言，用的就是这种对比的方法：

东南之美，有荆山之麝脐焉。荆人有逐麝者，麝急则抉其脐投诸莽，逐者趋焉，麝因得以逸。令尹子文闻之曰："是兽也，而人有弗如之者，以贿亡其身，以及其家，何其知之不如麝耶？"

（选自《寓林折枝》）

人们为了获得名贵的麝脐而大肆追杀麝，麝在逃跑的危急关头往往会剔出自己身上的脐，将其丢在草丛中，而逐麝的人得到了麝脐也就放过了麝。麝为了活命可以丢掉自己身上的宝物，而人呢？不少人为了贪财而丧命甚至连累全家，这样的人连麝这种动物都不如啊！这就证明了人应该比动物更聪明，我们应该正确对待财物这一论点。

运用对比论证要注意两点，一是用来比较的双方在性质上要具有可比性；二是要建立合理的参照系，即用来衡量和确定双方优劣长短的具有客观性的标准。否则比较得出的结论不一定可靠。

（4）假设法。这是一种假设推理。就像古诗《赤壁》："折戟沉沙铁未销，自将磨洗认前朝。东风不与周郎便，铜雀春深锁二乔。"诗人认为，假如当年赤壁之战时不起东风，周瑜就会被曹操打败，其妻子和妻姐就会被曹操抢夺而去。诗人提出的是一种历史的偶然性的假设。古希腊哲学家伊壁鸠鲁在证明“上帝与人的生活无关”这一观点时也采用了假设论证法：

我们不得不承认上帝或者愿意扑灭世界上的邪恶，但他做不到；或者他能够做到，但是他不愿做；或者他既不愿做，又做不到；最后，或者他既愿意做，又做得到。

如果上帝愿意做，但做不到，这就不符合“上帝是万能的”这个宗教观念了。

如果上帝虽然可以做得到，但他不愿做，这就不符合“上帝是完美的”这一宗教观念了，这只能证明上帝的意志是邪恶的。

如果他既不愿意，又做不到，这当然同上帝的本性根本不相符。

如果他既愿意做，同时又是做得到，那么在世界上为什么还有邪恶的存在？

从这里只能得到一个不可避免的结论：如果真的有什么上帝存在的话，那么，这个上帝同世界、同人的生活并没有丝毫的关系。

（5）反证法。为了证明一个论点是正确的，应先从反面入手证明反面论点的不成立，从而证明正面论点的正确。如鲁迅的《论“费厄泼赖”应该缓行》一文的论点是“必须痛打落水狗”。在该文第四节中，他从反面入手论述辛亥革命后，革命党不打“落水狗”，任凭反革命的“绅士们”爬上岸来，结果到民国二年下半年二次革命的时候，就出来帮着袁世凯咬死了许多革命党人。这样，证明了不打“落水狗”的危害，自然就证明了“必须痛打落水狗”的正确。

（6）排他法。证明在同一条件下，其他主张均行不通，从而证明只有自己的主张可行；或在同一论域里，证明其他论点都荒谬，从而证明自己论点的正确。例如，在《论人民民主专政》里，毛泽东通过对中国近代历史的回顾，说明向西方学习走资产阶级共和国的路（如辛亥革命），在中国是走不通的；维持现状，保留一个封建的国家，也不行。于是“只有走俄国的路”（即社会主义道路）才是唯一正确的选择。

（7）喻证法。打比方是一种形象说理的方法，可以把深刻复杂的道理说得既明白又生动，因此常常为人使用。鲁迅在《拿来主义》中就用对“姨太太”、“鸦片”、“鱼翅”、“烟枪”的不同态度来比喻对待文化遗产应该区别对待，采取不同的态度，或使用，或存放，或毁灭。毛泽东在谈到共产党与人民群众的关系时这样比喻："我们共产党人好比种子，人民好比土地。我们到了一个地方，就要同那里的人民结合起来，在人民中间生根、开花。"（《关于重庆谈判》）这就把党和群众的关系——党能否生存，党的事业能否发展这一重大而密切的关系，说得既通俗又明白。

比喻的方式有利于深入浅出地说明道理。试看毛泽东这段比喻论证：

抗战胜利的果实应该属于谁？这是很明白的。比如一棵桃树，树上结了桃子，这桃子就是胜利果实。桃子该由谁摘？这要问桃树是谁栽的，谁挑水浇的。蒋介石蹲在山上一担水也不挑，现在他却把手伸得老长老长地要摘桃子。他说，此桃子的所有权属于我蒋介石，我是地主，你们是农奴，我不准你们摘。我们在报上驳了他。我们说，你没有挑过水，所以没有摘桃子的权利。我们解放区的人民天天浇水，最有权利摘的应该是我们。

（选自《抗战胜利后的时局和我们的方针》）

（8）引证法。即引用权威论述、名人名言、生活常理、科学原理、公理、定理等来辅助说明论点。引用别人的论述一定要弄清本义，忠实于原文，绝不能断章取义，甚至有意曲解别人的话以近合自己的需要。使用权威论述、名人名言、生活常理（如"常言道"）时要注意其本身是否正确合理，权威、名人的话也并不一定就是对的，不能靠权威来唬人。

（9）例证法。用具体事例、数据材料等来证明论点的方法。这是较常见的论证方法，但使用时须注意事例的真实性、典型性等问题，比如数据的准确性等。

三、议论的表达

议论的表达方式是多种多样的，按其表达效果或手段，有形象说理、以情动人等方式；按议论的风格则有直言议论、婉言议论、讽刺议论等多种样式。

1. 形象说理

朱光潜曾说："……我很相信说理文如果要写好，也还是要一点情感，要用一点形象思维。准确、鲜明和生动的要求应该说也适用于说理文。"

形象说理，就是要通过打比方、引用寓言、讲故事等多种手段来说理，使说理过程生动而不枯燥。如鲁迅的《论“费厄泼赖”应该缓行》中“打落水狗”的比方就很形象，其《文学与出汗》中拿富家小姐出的“香汗”与劳动大众出的“臭汗”的区别来比喻社会的阶级分化就很形象、幽默。毛泽东的《星星之火，可以燎原》也是用比喻，将革命比作火种，形容革命潜藏着的巨大力量和声势。

2. 以情动人

议论除了要以逻辑力量取胜，用道理来说服人，也还要学会以情感、气势取胜。好的议论文除了诉诸理性——通过剖析事实、提供证据和阐释观念来诉诸读者的理性，达到以理服人的效果之外，往往还需诉诸情感与道德。也就是说，为了能更好地达到说服读者、改变他们的观点的目的，不仅要以逻辑严密的论述来诉诸读者的理性（所谓“晓之以理”），而且还有必要用有效的手段来诉诸他们的情感（所谓“动之以情”），比如用伦理道德的召唤，用对与错、好与坏、正与反的伦理判断来影响读者。如龙应台的《中国人，你为什么不生气?》就是很有道德情感色彩的议论。

3. 风格多样

议论可以有各种各样的风格。比如直言议论，就是作者把意见、看法、观点和主张等直接宣示出来，不加掩饰，不拖泥带水，也不绕圈子。像杂文这种批判性较强的议论文往往都爱用这种直言议论，以达到一针见血、振聋发聩的效果，就像《中国人，你为什么不生气?》的议论风格一样。直言议论往往用讥讽、嘲笑等激烈和尖锐的方式揭露和批判假、丑、恶的事物，往往带有较强的情感力量。像鲁迅的杂文常以批判性见长，其风格是“犀利、幽默，嬉笑怒骂皆成文章”、“似匕首，似投枪”。与直言议论相反，婉言议论是兜着圈子说理，或旁敲侧击，或言近旨远，或暗示影射，总之是以隐晦曲折之法，让读者琢磨、咀嚼出其中的意味。有时候，婉言议论也采用幽默、风趣的风格，如香港作家梁锡华的《低眉窃笑的男人》一文。婉言议论绝不是不要观点或者缺乏议论的力度，而可能是以表面的委婉含蓄蕴藏内在的情感性态度，如香港作家曾敏之的《谈“谏”》一文就是如此。一般来说，婉言议论多用于针对生活小事的议论，较少用于对大是大非问题的议论。总之，议论不必都板起面孔来说教，也不必都“剑拔弩张”，即使是驳论，也可以追求委婉、平易近人的风格。应该针对不同的对象采用合适的议论风格。对敌人，对邪恶的现象，可以鲜明、严正，冷嘲热讽，毫不留情；对生活中的一般小事则尽可能以理服人，让人容易接受。运用讽刺时也要针对不同的对象，采取不同的态度，掌握分寸。毛泽东的《别了，司徒雷登》中的讽刺议论就别有风趣：

南京的美国殖民政府如鸟兽散。司徒雷登大使老爷却坐着不动，睁起眼睛看着，希望开设新店，捞一把。司徒雷登看见了什么呢？除了看见人民解放军一队一队地走过……总之是没有人去理他，使得他“茕茕孑立，形影相吊”，没有什么事做了，只好挟起皮包走路。

（选自毛泽东《别了·司徒雷登》）

第五节　说明

说明，是用简明扼要的文字，把事物的形状、性质、特征、构造、功用、成因、演变等解说清楚的一种表达方式。说明不仅是说明文最主要的表达方式，也是一般记叙文、议论文、应用文常用到的表达方式。如消息中的注释性背景材料解说，议论文中的概念解释，应用文中的情况交代，散文、游记中的风物介绍，小说中的人物出身、社会关系交代，剧本中的舞台提示，等等，都离不开说明这种表达方式。

说明按其对象与类别可分为：①实物说明文，说明的对象主要是客观实物和现象，如《雄伟的人民大会堂》、《中国石拱桥》等；②事理说明文，说明的对象主要是事物的规律、原理等，如《花儿为什么那样红》；③程序说明文，说明的对象主要是事情的过程和步骤，如《景泰蓝的制作》，各种家用电器的使用说明书也是程序说明文。

一、说明的要求

1. 说明首先要抓住对象的特征

说明首先要抓住事物的形体特征、性质特征等，并以这些特征为重点展开说明。只有写出了对象的特征才能叫作有效的说明，才能给读者有用的信息。

2. 要注意说明的科学性与严谨性

说明必须科学严谨，无懈可击。比如有篇说明“电”的文章这样写道："电老虎确有'摸不得'的脾气，人体接触带电体就会触电。"这后一句就不严谨。倘若有人问："我手拿带电的电线，为何不触电?"答曰："你那电线未破皮。"那么，"我拿的电线没皮，为何不触电?"答曰："那是因为电压不够。"那么，"有人走到电线杆下，连一根电线也未接触，为何触电倒下?"答曰："那是因为地面带电。"一句话竟有这么多漏洞！后来将原句改为"人体接触带电体，若通过人体的电流达到0.05～0.1安培，就会触电"。接着又分类说明了三种情况：其一，人体同时接触两根火线或一根火线、一根地线；其二，人体一部分接触带电体，另一部分与地相通；其三，高压线断落，周围8～10米的地面带电……这样讲就严谨了。

为了做到科学、严谨，必须注意：

（1）慎用全称判断。像"都是"、"全部"、"所有"这些都是全称判断，表示不允许出现例外，所以，如果没有十足的把握，就不要轻易使用，而是应该留有余地，用"大都"、"大体"这样的词指称。如《食物从何处来》中的三种判断就非常严谨：①"一切生物都需要食物。"②"另一种叫异养。所有的动物和大部分微生物都是这一类。"③"世界上除了极个别的细菌能不依赖阳光而靠化学能来合成食物以外，其他一切生物都靠绿色植物的光合作用来获得食物。""一切"、"所有"、"大部分"这些词就用得非常贴切。"一切"，就是无所不包、毫无例外，因为迄今为止不能举出任何一种不需要食物的生物，所以用"一切"是妥当的；"所有"，凡动物都无一例外地属于异养；"大部分"，有的微生物不属于异养而属于自养，比如"极个别的细菌能不依赖阳光而靠化学能来合成食物"，因此，只能用"大部分"，以示严谨。

（2）措辞的分寸。像"可能"、"大概"、"总体而言"、"大致来说"这样一些措辞，在说明的时候会显得比较合理，不致因绝对化而出错。

（3）数字、数据的使用。要注意概数、约数与确数，整数与小数的差异。如果是说明比较巨大的数据，如说明宇宙的历史、空间等，一般使用概数、约数和整数就行了；而说明微小的事物，如说明电子设备，往往要将数据精确到小数。

3. 要注意说明的条理性

所谓条理，就是事物、事理本身固有的规律和人们认识规律的反映。说明事物必须依照事物的特性采用恰当的展开方式。

（1）说明事物的形状和构造，一般采用空间顺序，根据事物的结构特点，或由远到近，或由内到外，或由上到下，或由前到后，或由左到右，使读者了解事物的各个局部及其相互关系，如《雄伟的人民大会堂》。

（2）说明事物的发展变化过程及介绍产品的工艺流程，一般采用时间顺序，如《景泰蓝的制作》、《宇宙的起源》等。

（3）说明抽象的事理，则可采取逻辑顺序，按事理本身的内在联系来安排说明的顺序，或主次，或因果，或总分。如《中国石拱桥》，先总说石拱桥的特点；接着以赵州桥和卢沟桥为例，具体说明我国石拱桥的特性，这是分说；结尾归纳、总结了我国桥梁事业的飞速发展，这又是总结。如《死海不死》，先说明了死海的奇异现象，进而说明了死海形成的原因，这就是由果溯因的结构。常见的逻辑顺序有：从主要到次要、从现象到本质、从原因到结果、从概括到具体、从整体到部分、从特点到用途等。

（4）说明比较复杂的事物，可以分门别类地依次说明。如介绍产品，可以先说明其外形、构造、部件，再说明其内质（特点），最后再介绍其功能和使用方法、维修保养方法等。

二、说明的方法

1. 下定义

定义说明就是通过给说明对象下定义的方法来说明对象的本质特征，从而使读者形成对有关对象的基本概念，对说明对象的本质有一个简明而又精准的认识。这在某些科学说明文或理论性说明文中是常用的说明方法。下定义通常是采用“种差加属性”的方式。“属性”是说被定义物是什么性质的东西，比如统筹方法的属性就是“一种数学方法”。“种差”是说被定义物在同一属性的事物中所占的位置，也就是说要对其作进一步的限定，比如数学方法有很多种，像代数法、函数法、概率法等，而统筹方法只是其中用来安排工作次序的一种方法。因此，在下定义时，我们首先要找到被定义物所从属的更高一层的事物类别，然后找出这一类别中被定义物与其他事物的区别。下定义一般采用“××（被定义物）是……（限定）的……（性质）”的句型。如：

股票即股份公司为了筹集资金而公开发行的一种有价证券，它既是购买公司股份的所有权的凭证，又是投资者借以获利的凭证。所谓炒股是指在证券交易所内进行股票的买卖交易。

债券是指政府、金融机构（如银行、保险公司）及公司企业等，为筹集资金面向社会发行的表示承担还本付息的借贷凭证，它也是一种有价证券。按其偿还期的不同，可分为短、中、长期债券。短期国债称为国库券，主要用于弥补国库资金的临时不足；中、长期国债称为公债，主要用于特殊项目的建设投资；此外，还有各种企业的短期债券。

股票和债券的重要区别在于风险性。有的债券（如国库券等）和股票一样，也可以因在交易所内进行买卖而获取价格差，但债券到期后仍可享受还本付息的待遇，而股票一经购买便不能退还本金，其获利靠的是分红和炒作，公司盈利时才能派发股息，公司破产了，股票有可能成为废纸一张。其实，有的股民买股票的心态并非是看中那有限的股息，而是看中股市交易中那上下浮动的价格差，正是这种投机心理，才诱发人们购买股票。股票交易中的大赚，正是其魅力所在；大赔，也正是其风险所在。

彩票，亦称奖券，它是以抽签给奖的方式进行筹款所发行的一种凭证。彩票一般不还本，也不计利息，但中彩（也叫中奖）后却可以得到不同等级的丰厚彩金（资金和物品）。

（选自黎静音《股票·债券·彩票》）

2. 作诠释

诠释说明就是对事物进行解释说明的方法。它不同于严格意义上的下定义，只需要大致说出或形容出是怎么回事就行了。如：

人的发展可以分为生理发展、性格发展、社会发展和智力发展若干个不同的方面。生理发展，如其名称所表明的，指的是人在身体方面的发展。性格发展这一术语通常用来指人在个性方面的发展。社会发展则是指其在与他人相处的方法上的变化。而智力发展所指的是在思考能力和方法上的变化。

3. 分类别

分类可以根据形状、性质、成因、功用等来进行，分类时要注意以下几方面：

（1）分类的标准要统一。我们不能把文体划分为说明文、议论文、记叙文、散文、小说、诗歌，这就犯了分类标准不统一的毛病。因为记叙文、议论文、说明文是就普通写作文体而言的，而小说、散文、诗歌是就文学文体而言的。

(2) 分类所列举的项目要全面彻底，不能遗漏，各项之和应该等于总项。如《食物从何处来》一文把生物获得食物的途径与方法分为“自养”与“异养”两种，除此之外，再无第三种，这就是全列举。下面这篇文章对人类血型的分类就是全列举：

科学家最新的研究报告对人类血型的形成提出了新看法，报告认为目前已经发现的4种血型（O型、A型、B型、AB型）并不是在人类诞生时就固定下来的，而是随着人类不断进化和人们在不同气候地区定居下来后逐渐形成的。在寒冷的年代，由于草原上可供吃用的东西匮乏，游牧部落不得不去适应新地形所能提供的新食物。由于新的饮食结构出现，人的消化系统和免疫系统也会有所变化。

O型血的历史最为悠久。它大约出现于公元前6万至4万年之间。当时的尼安德特人吃的是简单的饭食：野草、昆虫和从树上掉下来被猛兽吃剩下的果实。而4万年前出现了克鲁马依人，他们以狩猎为生。在猎光了所有的大野兽后，他们从非洲向欧洲和亚洲转移。

A型血出现在公元前2.5万年至1.5万年之间。当时，我们以果实为生的祖先逐渐变成杂食。随着时间的推移，农耕成为现今住在欧洲土地上的人们的主要生产方式，野禽野兽开始被驯养，人的饮食结构随之发生变化。现在，绝大多数A型血的人都居住在西欧和日本。

B型血约在公元前1.5万年至新纪元之间出现。当时东非的一部分人被迫从热带稀树干草原迁徙到寒冷而贫瘠的喜马拉雅山一带。气候的变化便成了催生B型血的主要因素。这种血型一开始出现在蒙古人种身上，随着他们后来不断向欧洲大陆迁徙，结果今天有很多东欧人都是这个血型。

人体4种血型中最后出现的为AB型，它的出现还不到1 000年的时间，是“携带”A型血的印欧语民族和“携带”B型血的蒙古人混杂在一起后的产物。AB血型的人继承了耐病的能力，他们的免疫系统更能抵抗细菌，但他们易患恶性肿瘤。

科学家估计，随着生态条件的变化，有可能很快会出现适应新生态条件的第5种血型，比如说C型。有这种新血型的人能抵御日益加剧的生态灾难。

（选自恺杰《人类血型的进化》）

当然，当碰到比较复杂的对象时，我们也没有必要无休止地分类下去，只要抓住重要的、与主题有关的几项即可，其他则可划归“其他”类。

（3）分类必须在同一个逻辑层面上进行。如果我们把说明文、议论文、记叙文、应用文作为一类，就不是在同一个逻辑层面上进行分类。因为说明文、议论文等往往属于应用文，这种有包含关系的分类是不恰当的。

4. 举例子

像本书例文《澳门新八景随想》，在写“松山抒怀”一节时，举了明清间的诗人画家张穆曾经登临松山咏诗的例子，还介绍了他曾参加抗清行动，失败后才隐居的故事；在说明妈祖庙的来历时，则举了当时一位商人在海中遇险，因天后显灵救助，平安上岸后与本地人合资兴建妈祖庙的例子。

5. 列数字

列举数字可以让说明更准确，让读者对事物的印象更形象直观。列数字时要注意概数、约数与确数，整数与小数的恰当使用。如下文说明虎鲸时，就恰当地使用了确数、约数、小数等。

虎鲸是鲸类中较小的一种，最大个体不过10米，体重7～8吨。它胆大、狡猾、残暴、食杂。其游泳速度一般每小时55千米，在追捕猎物时可加快一倍。凭着这套本领，一般海洋动物只要被它发现就难逃“虎口”。海豚、海狗、海象、海豹、大鲨鱼、乌贼、企鹅、各种鱼类乃至大型鲸都是它猎捕的对象。它胃口大得惊人，有人曾在一头长7米的虎鲸胃里，发现有13头海豚和14只海豹。还有人曾发现一头虎鲸一次吞下60头海狗崽子。据推测，虎鲸每天摄取的食量至少要达其体重的4%，就是说一只8吨重的虎鲸每天要吃掉0.32吨左右的海洋动物，可见其对海洋动物的祸害之甚。

（选自正冠《海中霸王——虎鲸》）

6. 引用

引用是指在说明之中引用诗文、传说、他人言论等，以辅助说明，增添趣味。像本书例文《澳门新八景随想》之“卢园我所爱”一节就引用了“竹石清幽曲径通，名园不数小玲珑。荷花风露梅花雪，浅醉时来一倚筇”一诗，以说明卢园之美与吸引人；在“普济禅院探幽”一节中则引用了一则有关情侣殉情自杀，死后合葬处长出连理树的民间传说，来增添浪漫色彩，并且又引用了白居易《长恨歌》中“在天愿作比翼鸟，在地愿为连理枝”一句来比对。

7. 作比较

有时候，孤立地说明对象很难给读者留下深刻的印象，只有比较相关事物，才能更直观。比如，为了说明番茄中某种维生素的含量之高，仅仅用具体数字是难以形象直观地说明的，因为人们对许多过大或过小的数字缺乏直感，只有通过比较才简单易懂。比如说：“番茄中维生素B族、芦丁的含量要比苹果、梨、香蕉、葡萄高2～4倍。”又如《雄伟的人民大会堂》一文为了直观地说明宴会厅的面积大小，用了作比较的说明方法：“它的面积有七千平方米，比一个足球场还大……”一般来说，人们对七千平方米这个数字不敏感，但对足球场的大小就会很明了，因为有生活经验。

8. 打比方

用人们熟悉的事物打比方，有助于人们了解被说明事物的具体形象与特征。比如《中国石拱桥》用“卧虹”、“长虹卧波”、“初月出云，长虹饮涧”来说明石拱桥的形状。《食物从何处来》也用形象的比喻把复杂、抽象的生物原理说得很通俗易懂：“绿色开花的植物有庞大得惊人的根系，每条根的尖端都有很多根毛。每一个根毛就是一个最基层的原料采集站，大量吸收土壤中的水分和无机盐等原料，经过运输干线——茎，源源送入叶子里。叶子就是一个食品工厂。”

三、说明的艺术

叶圣陶先生说过：“说明文不一定要板起面孔来说话，未尝不可带一点风趣。”这就是形象说明。生活中，许多说明类文章都需要具有艺术性和审美性，如广告语、商品说明书等都要求生动形象，能吸引顾客，让其产生兴趣或好感。像下面两则广告词就具有这样的特点：

水变汽油是笑话！

猴子变人是神话！

纸巾变毛巾却是大实话！

您看到的这个比硬币大不了多少的东西就是一条可以变成毛巾的纸

巾。只要把它展开放入水中，立马就能变成一条可用于洗脸、洗手的毛巾。它采用高级植物纤维，经高科技特殊工艺处理制造而成，无毒无害，柔软舒适，香气馥郁，小巧便携，是您居家旅行的理想用品。

（选自《旅行用魔术毛巾》）

“阿里山的姑娘美如水呀，阿里山的少年壮如山……”

气候湿热、紫外线强烈的台湾阿里山，为何能滋养出如此美丽的姑娘？原来，阿里山的高山族女孩子有个世代相传的习惯：用油茶籽浸泡过的水洗头、洗脸。因为油茶籽中蕴含丰富的维生素、不饱和脂肪酸及多种微量元素，能够有效杀菌、滋润皮肤，是天然的美容圣品。

（选自《茶树油暗疮膏》）

1. 化枯燥为形象

要让说明类文章形象而不枯燥可以采用多种有效的方法。比如插入趣闻，在说明的过程中插入神话故事、传说等有趣的内容，就会很吸引人。如《死海不死》在说明死海海水浮力之大时，插入了古罗马元帅处决俘虏，两次将俘虏投入海中却不沉的传说；在说明死海的成因时，又插入了鲁特的妻子变成石人的神话。

此外，还可以通过引用诗文、谜语、歇后语等达到生动有趣的效果。有时候，拟人化的说明、比喻性的说明也是获得生动性、趣味性的好办法。比如《猪的自述》、《鸟的对话》等就是拟人化的说明。《向沙漠进军》一文把沙漠向人类进攻的两种方式比喻成“游击战”和“运动战”，这也比较形象。

2. 化深奥为浅显

某些科学原理与规律往往很深奥，不容易说清楚，这就要注意化深奥为浅显。如《心脏是如何工作的》一文就运用了打比方、列数字、分类别、作比较、作诠释等多种方式把心脏工作的复杂原理说得深入浅出，十分易于理解。

心脏是如何工作的？

（美国）鲍勃·伯克

直到1 600年威廉·哈维发现血液循环和心脏如何工作之前，没有人真正知道心脏是干什么或者它是如何工作的。人们相信它和血液有点什么关系，但是人们又一致认为它是身体中感觉爱情和勇气的地方。直到哈维的发现以前，没有人认识到心脏是人体中最坚强的肌肉之一，也是世界上最奇妙的唧筒。尽管它的体积仅象一个捏紧的拳头那么大，它在一天之内所做的功足以把一个150磅重的人举到1 000呎的高空中去。

心脏实际上是边靠边的两个唧筒，一个在右边，一个在左边。右边的唧筒从血管中抽出血液，压到肺里，再从肺里抽出血液，压到左边的唧筒里。而左边的一个接着把血液送往全身。

它是这样工作的。每一个唧筒包括两个心房，样子象汽球，一个在另一个上面。上面的一个薄壁的叫心耳，下面的一个壁较厚，也更有力，叫做心室。两个心室由门一样的阀隔开，阀只允许血液朝一个方向流动。当血液进入了心脏，它从血管流入右心耳。血液注入心耳后，经过开放的阀门向下流入心室。在心室开始收缩之前，心耳通过短暂的挤压动作帮助血液通过。当心室收缩的时候，心室心耳间的阀门闭合起来，防止血液倒流。这样，血液就只有一个流向——通过其他开放的阀门流出心室，经过大动脉导至肺部。

在心脏的左半边，唧筒也有两个心房，和右边的一样。血液从上面的左心耳吸入，流向较低的左心室，再由较低的左心室把血液输送到身体的主要动脉，又称主动脉。血液经过主动脉通向动脉的各个支脉，压到全身。心跳属于不随意跳动，它按照一种有规律的步调使血液一直流到全身甚至最远的角落。即使这样，心脏的左右两边也是两个不同的唧筒，在它们之间并没有直接的联系。它们的压缩与松弛大体上保持着同样的节奏。

这颗无价之宝的心脏最有意思的是，它在整个生命中始终不断地跳动，在每一次跳动后，只休息了一秒钟的一部分。看来心脏的肌肉一定很复杂，而它使整个身体保持生存的方法实际上又是一个很简单的过程。

（选自威廉·W. 韦斯特《提高写作技能》，福建教育出版社1984年版）

3. 化抽象为具体

科学原理、规律、定理等，以及其他某些事物往往是抽象的或不直观的，需要用恰当的说明方法使之具体直观、容易理解。比如人们知道原子特别小，可是小到什么程度呢？光用数字说明是远远不够的，如果说“50万个原子排列起来只有一根头发的直径那么长”，这就直观形象了。

附例文

谈“谏”

（香港）曾敏之

韩愈写过一篇文章，题为《诤臣论》，是批评担任谏议大夫职务阳城失职的。因为阳城任职日久，对朝政得失，不敢进言，“视政之得失，若越人视秦人之肥瘠，忽焉不加喜戚于其心”。因此韩愈认为“有官守者，不得其职则去，有言责者，不得其言则去”。为阳城的碌碌无为，韩愈讥评他是为了保住“禄仕”，亦即保住官禄、乌纱帽、饭碗之意。

在尽言责方面，韩愈不失为言行一致的官僚，以他进谏《论佛骨表》而遭贬潮州可为明证。虽然罢官遭贬，可是他却赢得了直言的美名。

不过，进谏的事，自古以来都非易事，要冒风险，韩愈固然吃了苦头，历史上对谏臣的杀戮放逐也史不绝书，如屈原就是最早的一个典型。从封建时代的特点说来，统治者多数是好谀、好顺，闭塞言路，拒谏饰非的。孔老夫子的门徒子思周游列国，曾考察了卫国的情况，他直言无隐地指出卫国国事日非的危险。为什么呢？因为国君卫侯“言计非是，而群臣和者如出一口”。凡卫侯“自以为是，而卿大夫莫敢矫其非；卿大夫出言亦自以为是，而士庶人莫敢矫其非……顺而有福，矫之则逆而有祸，如此则善安从生？”所以子思断言卫国“若此不已，国无类矣”。

像卫侯的作风，大概就是“一言堂”的表现吧？这种“一言堂”造成的后果是十分严重的：“人主自臧，则众谋不进……暗莫甚焉”，“君暗臣谄，以居百姓之上，民不与也”。结局就必然“国无类矣”。

鉴于历史上无数兴亡的教训，所以有为的统治者对谏言谏臣采取了较开明的态度，例如唐太宗之容纳魏征的进谏就传为千古美谈，事实也证明，正因为唐太宗能采纳忠言，改进政治措施，而后有贞观之治。

魏征的进谏，不是徒托空言，他擅长纵横辩证之术，以史实为根据，按逻辑推理以服人君。例如他劝唐太宗要明鉴隋朝灭亡的原因，认为君好比舟，民好比水，“水能载舟，亦能覆舟”，必须“居安思危，戒奢以俭”，“任贤受谏”，“薄赋敛，轻租税”，“无为而理”等等，都为唐太宗采纳。

从谏臣的际遇来说，魏征可称得上幸运。他的进谏所以取得效果，除了唐太宗能明察，有纳谏之量的原因外，也与魏征进谏具有辩证之才有关，也就是说话的策略。

说到谏言要讲策略，有一个例子不妨一举，就是西汉刘向在《说苑·正谏》中所引的故事。刘向写道：“吴王欲伐荆，告其左右曰：‘敢有谏者死。’”这是对付谏阻者最严厉的警告。可是有一位掌言政，得近吴王左右的舍人少孺子“欲谏不敢”，于是想出了一个策略：“怀丸操弹，游于后园，露沾其衣，如是者三旦。吴王曰：子来，何苦沾衣如此！对曰：‘园中有树，其上有蝉，蝉高居悲鸣饮露，不知螳螂在其后也；螳螂委身曲附欲取蝉，而不知黄雀在其傍也；黄雀延颈欲啄螳螂，而不知弹丸在其下也。此三者，皆务欲得其前利而不顾其后之有患也。’”吴王听了他这番话，终于醒悟过来，于是赞曰：“善哉。”乃罢伐荆之兵。

看来少孺子颇费苦心，在冒险进谏，但又希冀不至以“言论罪”遭到杀戮，于是螳螂捕蝉，黄雀在后，弹丸在下的故事也就传为千古美谈。少孺子的特长在于委婉取譬，以儆顽愚，以陈利害。如果他也如历史上的国武子“好尽言以招人过”，也必然如“国武子之见杀于宥也”。所以太直、太坦率吃亏。《红楼梦》里的焦大，对贾府可说忠心耿耿，由于看到贾府的腐化堕落现象，借酒醉而大骂出口，遂遭到以粪溺塞口的“惩罚”。焦大还算幸运，未被以“言论罪”送官，只是吃了一点苦头就是了。

不过，从古迄今，因谏受罪者不胜枚举。特别是有些统治者擅长权术，具有韩非所传授的术数：“擅杀生之力，通雍塞之涂，权轻重之数，论得失之道”，而后心辣手狠，布下陷阱，将忠言逆耳之辈打成罪囚。这在历史上有的是。“惟善人能受尽言”，毕竟是太少了。所以韩愈也明白这一点，他说：“耳目之于身也，耳司闻而目司见，听其是非，视其险易，然后身得安焉。”这就是明哲保身之论。其实，明哲保身在正常的情况下也许可行，在动乱之中就未必能置身于祸外，验之“文革”十年血的教训，就不能不从根本上考虑杜绝以言论入罪的途径了，确立法治、倡导民主，革除封建积弊，治乱机微，其在斯乎？

（选自《人文纪事》，江苏文艺出版社 2007 年版）

中国人，你为什么不生气？

（台湾）龙应台

在昨晚的电视新闻中，有人微笑着说：“你把检验不合格的厂商都揭露了，叫这些生意人怎么吃饭?”

我觉得恶心，觉得愤怒。但我生气的对象倒不是这位人士，而是台湾一千八百万懦弱自私的中国人。

我所不能了解的是：中国人，你为什么不生气?

包德甫的《苦海余生》英文原本中有一段他在台湾的经验：他看见一辆车子把小孩子撞伤了，一脸的血。过路的人很多，却没有一个人停下来帮助受伤的小孩子，或谴责肇事的人。我在美国读到这一段，曾经很肯定地跟朋友说：不可能！中国人以人情味自诩，这种情况简直不可能！

回国一年了，我瞪大眼睛，发觉包德甫所描述的不只可能，根本就是每天发生、随地可见的生活常态。在台湾，最容易生存的不是蟑螂，而是“坏人”，因为中国人怕事、自私，只要不杀到他床上去，他宁可闭着眼假寐。

我看见摊贩占据着你家的骑楼，在那儿烧火洗锅，使走廊垢上一层厚厚的油污，腐臭的菜叶塞在墙角。半夜里，吃客喝酒猜拳作乐，吵得鸡犬不宁。

你为什么不生气？你为什么不跟他说“滚蛋”！

哎呀！不敢呀！这些摊贩都是流氓，会动刀子的。

那么为什么不找警察呢?

警察跟摊贩相熟，报了也没有用；到时候若曝了光，那才真惹祸上门了。

所以呢?

所以忍呀！反正中国人讲忍耐！你耸耸肩、摇摇头！

在一个法治上轨道的社会里，人是有权生气的。受折磨的你首先应该双手叉腰，很愤怒地对摊贩说：“请你滚蛋！”他们不走，就请警察来。若发觉警察与小贩有勾结……那更严重。这一团怒火应该往上烧，烧到警察肃清纪律为止，烧到摊贩离开你家为止。可是你为什么都不做；畏缩地把门窗关上，耸耸肩、摇摇头！

我看见成百的人到淡水河畔去欣赏落日、去钓鱼。我也看见淡水河畔的住家把整笼整笼的恶臭的垃圾往河里倒；厕所的排泄管直接通到河底。河水一涨，污秽气直逼到呼吸里来。

爱河的人，你为什么不生气？

你为什么没有勇气对那个丢汽水瓶的少年郎大声说：“你敢丢，我就把你也丢进去！”你静静坐在那儿钓鱼（那已经布满癌细胞的鱼），想着今晚的鱼汤，假装没看见那个几百年都化解不了的汽水瓶。你为什么不丢掉鱼竿，站起来，告诉他，你很生气？

我看见计程车穿来插去，最后停在右转线上，却没有右转的意思。一整列想右转的车子就停滞下来，造成大阻塞，你坐在方向盘前，叹口气，觉得无奈。

你为什么不生气？

哦！跟计程车可理论不得！报上说，司机都带着扁钻的。

问题不在于他带不带扁钻。问题在于你们这20个受他阻碍的人没有推开车门，很果断地让他知道你们不齿他的行为，你们很愤怒！

经过郊区，我闻到刺鼻的化学品的味道。走进海滩，看见工厂的废料大股大股地流进海里，把海水染成一种奇异的颜色。湾里的小商人焚烧电缆，使湾里生出许多缺少脑子的婴儿。我们的下一代——眼睛明亮、嗓音稚嫩、脸颊透红的下一代，将在化学废料中学游泳，他们的血管里将流着我们连名字都说不出的毒素……

你又为什么不生气呢？难道一定要等到你自己的手臂也温柔地捧着一个无脑婴儿，你再无言地对天哭泣？

西方人来台湾观光，他们的旅行社频频叮咛：绝对不能吃摊子上的东西，最好也少上餐厅；饮料最好喝瓶装的，但台湾本地出产的也别喝，他们的饮料不保险……

这是美丽宝岛的名誉。但是名誉还真是其次。最重要的是我们自己的健康，我们下一代的健康。一百位交大的学生食物中毒——这真的只是一场笑话吗？中国人的命这么不值钱吗？好不容易总算有几个人生起气来，组织了一个消费者团体。现在却又有“占着茅坑不拉屎”的卫生署，为不知道什么人做说客的立法委员要扼杀这个还没有做几桩事的组织。

你怎么能够不生气呢？你怎么还有良心躲在角落里做“沉默的大多数”？你以为你是好人，但是就因为你不生气，你忍耐，你退让，所以摊贩把你的家搞得像个破落大杂院，所以台北的交通一团乌烟瘴气，所以淡水河是条烂肠子；就是因为你不说话、不骂人、不表示意见，所以你疼爱的娃娃每天吃着、喝着、呼吸着化学毒素，你还在梦想他大学毕业的那一天！你忘了，几年前在南部有许多孕妇，怀胎九月中，她们也闭着眼梦想孩子长大的那一天，却没想到吃了滴滴纯净的沙拉油，孩子生下来是瞎的、黑的！

不要以为你是大学教授，所以作研究比较重要；不要以为你是杀猪的，所以没有人会听你的话；也不要以为你是个学生，不够资格管社会的事。你今天不生气，不站出来说话，明天你——还有我，还有你我的下一代，就要成为沉默的牺牲者、受害人！如果你有种、有良心，你现在就去告诉你的公仆立法委员、告诉卫生署、告诉环保局：你受够了，你很生气！

你一定要很大声地说。

（原载《中国时报·人间》，1984 年 11 月 20 日）

低眉窃笑的男人

（加拿大）梁锡华

世上开始有所谓人类的时候，可以想象，那些人，不管是上帝创造还是猿猴变的，从衣着上来说应该相差不大。在那段洪荒的时代，根本无所谓衣着，不过在有需要时，找块什么东西胡乱披在身上就是了。颜色、宽窄、质料等绝对无可讲究。而且在花样方面，也没有男女之别。以后，物质条件逐渐进步，到一天才因着男女生理、工作的不同，有了男装、女装的区分。至于各种颜色，两性都有权共享。

中国史书记载历朝历代自皇帝公卿以下各级人等的衣着，是相当详细的，稍有身份的人，例多以颜色炫耀。就如唐代官服，按高下分紫、红、绿、蓝、黄。如此五彩，我们今天只能从地方戏上看到。男人好“色”，正所谓自古已然。但自唐以降，那个趋势是男人似乎愈过愈不好“色”了。到了现代，更不用说。男人，除了在少数民族地区，身上所穿的，不外灰、蓝、黑、棕这几个黯然无光的颜色，哪有什么彩丽可言？所谓的华艳，都让大小娘儿们包揽了。但这又并非出自官府的规定，诚然是社会发展的自然结果，真叫人愈想愈稀奇。

另一个现象，是古代许多美丽的字眼，用在男人身上当时是合理的，如今一律变得荒唐了，而且迹近侮辱。钱锺书在他的名著《管锥编》已指出，“美艳”、“丽”、“姣”这类词儿，从前都是男女通用的。此外，我们也不难发现，“剪水瞳人”、“玉齿”、“朱唇”等，以往大多数属男人专利品，到了唐末，才渐渐无条件供诸同好。想不到，宋朝之后，男人在这方面弃甲曳兵，把美丽之物，一样样，全部奉献给女人了。到今天，不论伟大作家或无名小卒，都不会把上述的丽词形容男人的。“玉”字更受十四五岁以上和四五十岁以下的女子集体垄断。“玉容”、“玉指”、“玉臂”、“玉腿”、“玉臀”……你们臭男人敢来分一杯羹？虽然今天炎黄子孙中，仍有若干不死心的国粹派君子，以颈下系个玉环、手上带只玉镯或腰间悬块玉什么，以示怀旧、传道、伤时或辟邪。但男人今天，连“玉洁冰清”、“玉叶金枝”、“玉润珠圆”等词儿都担当不起，证明复古无方，大势已去。

钱锺书在上述《管锥编》内（一：第174页），关于丽词，有下面的结语：“古希腊诗中，初仅以‘美’（Kalos）字限于品藻妇女，视吾国前载中‘艳’、‘姣’、‘丽’等胥可以施之丈夫至于老翁，相形见隘。盖字有愈用愈宽者，亦复有愈用愈狭者，不可株守初意也。”

钱先生所言甚是。用字不能不顺应潮流，不然的话会引起误会。但他点到即止，没有往下说出为什么上述丽词会愈用愈狭。

无论如何，在衣着上，在文字上，可见的是今天的男人完全不济，撑出来的，只是一片灰溜溜而已。所谓大气候、小气候，都显得不成气候。风光，给女人占尽了。

我们都知道世上的统治者，从来不会把自己的产拿出来给人共的。已到手的一切，若非被环境所迫，谁肯大大方方地让别人沾光？由此可见，男人这班社会统治者，数千年来叱咤风云，而又那么轻易把一些好东西双手奉送给对立面的弱质女流，其中必有不可告人的内情或阴谋了。

历史给我们看见，中国自宋朝以降，读书人都一脸严肃正经相。日本学者吉川幸次郎指出：“唐代的陶器以三彩为主，宋代的则多为青瓷白瓷。”道学一来，什么颜色都黯淡。他又说宋儒朱熹，看不起唐代宫庭的花柳，却赞赏宋季“惟植槐楸，郁然有严毅气象。”（《宋诗概说》）。君子们要严毅，借以敦品励学，向圣贤看齐，这是不难理解的。此外，他们当然也得管管妇女，以免她们堕入唐代的不良开放遗风，于是大力提倡礼教，好让她们人人三从四德，男士才方便寻花问柳或广置姬妾。

可是，女人并非那么好惹的，单单扛着几个子曰诗云的招牌压她们，不一定压得下。男人之辈，无计可施，只好笑嘻嘻哄异性，把所有“美”啊、“艳”啊、“丽”啊、“秋波”啊、“朱唇”啊等等全部割让给她们，另外，凡与“玉”有关的，都奉送。如此一来，念书不多的女人，给这些礼物乐昏了头脑，自然让男人在外面做圣贤做浪子都无所谓了。直到今天，有识的男士，仍然坚守这个大原则，在文字上，不管对方是姑娘或婆娘，都一律慷慨。例如，只要她们有力扛得起寸管，会在稿纸上涂一二千字，马上敬奉“才女”封号；要是她们在什么机构当头目，那么不论是狮头或蝇头，照例低眉恭称“女强人”。表面上，男人似乎苦了一生，也没有熬出个“才”字或“强”字，而女人一动就本领超凡，像杜甫笔下那位公孙大娘，“一舞剑器动四方”了。其实这都是他们立下坏心肠作祟。他们挤眉弄眼，送点不费钱的口舌或文字礼，使女人柔肠百转、帖帖服服做次等公民，而尚自觉飘飘然，结果乃昏然不觉，成了他们暗地窃笑的对象。中国男人之不堪，事实俱在，但洋汉们也同样是坏蛋，他们的小动作，比我们更多，例如口头禅的“女士请先”（Ladies First），在筵席上赞美别人的老婆或女儿，开门关门的抢先服务等等。他们的低声下气，我们中国男人哪里比得上？

说了那么多，总之，男人不分古今中外，相对于女人来说，全是十分蛊惑的动物。这群大小冤家，连上帝也没法把他们彻底改造，但缺了他们又不行，这叫弱质女流怎么办才好呢？

（选自《梁锡华散文》，浙江文艺出版社2000年版）

澳门新八景随想

（澳门）徐敏

一、双桥辉映耀濠江

如果把澳凼大桥譬喻为一个人，在我的感觉中，它不像粗豪魁梧的大汉，却似纤巧玲珑的姑娘，散发诱人的魅力，不管什么时候，我都喜欢欣赏她那潇洒秀美的丰姿。我曾经在雾中步过大桥，远近一片朦胧，仿如腾云驾雾，真的飘飘欲仙之感；当雾散了，又像立在虹上，俯瞰大海景色。晚上，桥灯吐亮，如珠连串，给濠江夜空增添璀璨光彩。

这座大桥连引桥长达三千四百公尺，横跨澳凼海面上，弧度很大，有如长虹卧波，美丽壮观，成为澳门的风景线，也是澳门新八景之一的“镜海长虹”。远远望去，桥柱一字排开，高低有序，中间高高隆起，给人陡峭的感觉。有说它像一副庞大的恐龙骨架，高耸挺立；也有说它像绷满的弯弓，随时发射……

大桥有秀丽的外貌，也蕴含雅典的内涵。它雄踞海上，看来陡峭，实际竟似平地，正如已故散文大师秦牧说：“以为汽车和人在上面爬坡一定困难，但亲临桥上，这才知只是错觉，汽车过桥，如履平地，显示大桥设计独特。”

在大桥落成（一九七四年）前，澳门和离岛的联系，主要是靠渡海小轮，交通不大方便；自有了大桥，把澳凼密切连结起来，汽车往来无阻，发展和促进了两地经济和社会繁荣。我想，在人际间，筑起一座桥，连结两颗心，沟通思想感情，可增进友谊；在东西方间，筑起一座桥，让中外人民交往、交流，互相了解，也可促进世界和平……这些桥，虽然都是无形的，材料也异于钢筋混凝土，结构特殊，可能工程浩大，但却具有特殊的作用和魅力。

随着澳门近十年来社会经济加速发展，新的澳凼大桥一九九四年四月已经落成启用，在濠江海面上，双桥并立，互相辉映，把澳门点缀得更加美丽！

二、松山抒怀

松山不是我常去之处，却是我喜欢的地方，并不是因为山巅建有古老的灯塔和小教堂，而是它矗立在市区中，林木遍布，清幽脱俗，别具野趣。

松山山腰辟有环山马路，浓荫夹道，清风徐来，松涛滚动，鸟语花香，人在其中，如处深山幽谷，尘虑顿消，绕行一周，更可环视全市景色。再说，四时风光不同，就是一日之间也有变化：旭日东升，金光万道，极目海际无垠，令人胸怀广阔；金乌西坠，晚霞映照，层林尽染，又使人萌发“夕阳无限好”的美感。

这座小山，古称琴山，以其横卧似瑶琴之故，形象典雅。它原是光秃的山岗，百年前遍植马尾松后，生长茂盛，增添秀色，改变了原来丑陋的面貌。它往昔已是澳门名胜点，一九九三年更被评为澳门新八景之一，名为“灯塔松涛”。

明清间的诗人画家张穆曾经登临松山，咏五言诗《澳门览海》，末句是“狂澜渺何穷，万里生浩叹！”他曾参加抗清行列，想在民族危亡间一展抱负，后见大势已去，才告隐居。因此，他在松山远眺时，结合自身的经历，自然思绪荡漾，感慨翻腾。其实，登高远眺，谁无感觉？只是随各人生活体验不同而想法各异而已。我喜欢松山，不仅在于它风景美丽，更在于青少年时代常到那里旅行、练跑和散步，日久产生感情。随着年龄增长，生活认识加深，而今偶登松山，不仅会勾起往事的回忆，也会展望不久的将来，澳门将要回归祖国怀抱，不再受外人管治，心情自然欢畅，我想古人张穆泉下有知，也会微笑。

当然，不管人事倥偬，世事常变，松山秀丽依旧；山巅的灯塔，始终恪守航标职责，给船舶导航。人们怀着的希望，像松山般秀美，也像灯塔似的，引导人们走向未来。

三、妈阁情意结

妈阁在半岛西端，妈阁庙坐落其中，背山面海，殿宇散布，曲径旁通，花木杂错，岩石纵横，景色清幽，令人徘徊，往昔已有不少名士登临揽胜，题词刻石，而今游客光临游赏，络绎不绝。妈阁是澳门名胜，“妈阁紫烟”被公认为新“八景”之一，确实名不虚传。

尽管如此，秀色并不可餐，为了生活日夕忙碌，我平时鲜有前往妈阁游览，只是近卅年来，每届农历除夕，作为春节一项活动，趁着善信参神热闹，或与同事结伴，或陪伴母亲，或偕同妻儿，才到妈阁庙一行，乐也融融。而今，母亲和有的同事早已仙游，当再踏足妈阁庙，前尘往事，历历在目，成为我个人情意结所在。

当然，登临妈阁，既可寻幽探胜，也可追溯历史。妈阁庙建于明代，迄今已逾五百年了。其所供奉的妈祖，是海上保护神，传说常搭救遇难船只，人们感其美德，乃尊她为“天后”。“妈祖”，闽语即母亲之意。如果消除迷信成分，这样一位吉祥化身的母亲，也实在值得尊敬。妈祖庙兴建，也充满神话色彩。传说当时有一位商人自福建乘船出海，将抵澳岸时，突遇风浪，几至覆灭，幸天后在妈阁显灵救助，才化险为夷，平安上岸，后与本地人合资兴建妈祖庙。妈祖庙平时香火不绝，尤其娘妈诞及农历除夕更为鼎盛，烟雾弥漫，仿如蒸腾祥和之气。

史载葡人初来澳门，是在庙前海滨登岸，并以“妈阁”音译葡语MACAU“马交”，遂成了澳门之别称。这虽是一则趣话，但却从此改写了澳门四百年历史，字里行间渗进了西方殖民主义色彩。然而，澳门与大陆紧靠相连，文化传统一脉相承，任谁也不能割裂，只看人们虔诚地膜拜天地，也就反映思想信仰依归。想不到一座小小庙宇，一个小小名胜点，却将人们的心联系一起，这又何止我个人的情意结呢？

四、一堵残存的门墙

“三巴圣迹”是澳门新八景之一，牌坊也是澳门的一个标志。它那巨大的建筑屹立在数十级石阶上，更显得巍峨壮观，吸引着游客慕名到来参观。他们的感受如何，是惊讶、赞叹，又抑或惋惜、唏嘘？我不知道，也没有那份闲情，因为生活奔波，每当途经牌坊，仿佛视而不见，匆匆而过。

牌坊，只是百年前教堂遭火焚剩的前壁。对它的外貌，我并不陌生，尤其是年轻读中学阶段，家居在它附近，每天往返学校，都必经它的身边，惯见它在四季晴雨中的姿影，那时，它的左侧还是荒芜的山坡，没有楼房，野草丛生，乱石纵横，环境僻静，只有一条由行人踏出来的羊肠小径，曲折迂回，通向高园街；牌坊是一堵被废弃的残存的门墙，无人理会，满沾尘埃，生长野草，灰沉黯淡。虽然门墙上的铜铸石雕是宗教艺术品，可我们青少年不懂欣赏，只对有关牌坊的传说感兴趣；如把牌坊顶上的铜鹰说成金鹰，曾经有人攀上去偷取，却不知怎的掉下来摔死；又牌坊底下埋有宝藏，多少年来都无人发现……诸如此类无稽之谈，都给牌坊增添神秘色彩。然而，在信徒们的眼中，牌坊是神圣的，历经百年风雨侵蚀而不倒，更惊赞为“奇迹”，这其实是与它建筑坚固有关。

在往后的日子里，我陆续接触到一些地方史料，了解到牌坊的诞生和发展，反映了西方宗教在数百年前已立足澳门，并向中国大陆作过传播。牌坊的存在，正是历史的见证。

如今，牌坊在我眼中，好像是一个迟暮的老人，已经走不动了，蹲在那里喘息，深沉地思索。是回忆过去光辉岁月，还是叹惜未来苦短？在黄昏中，在阴雨里，它更显得孤独、凄凉。近年，虽经有关当局耗资修葺一新，但那衰老的形象仍难恢复青春光彩。

五、卢园我所爱

在节奏紧张的生活中，在繁重恼人的俗务里，偷闲跑进幽雅恬静的卢园，一股古典园林美迎面扑来，顿时心境平静，困倦纾解，实在是精神生活的一种享受。

放眼园中，只见亭台楼阁，池塘桥榭，修篁飞瀑，曲径回廊，分布有致。园林美态，有如江南景色，充满诗情画意。卢园美景，早已驰名澳门，七十年前汪兆镛在《澳门杂诗》中有竹枝词咏赞：“竹石清幽曲径通，名园不数小玲珑。荷花风露梅花雪，浅醉时来一倚筇。”今人也多有赞赏卢园诗词作品，“卢园探胜”便是澳门新八景中对其的概括和称誉。

我到卢园，爱那群落假山，奇峰怪石，峥嵘百态，仿如一片石林；特别是那座数十米高的层叠假石山，小径回旋，盈盈流水，堆砌奇巧。这些石山，分布园中各处，在狭窄的空间，营造多变景观，别有洞天。

我到卢园，爱那阔宽池塘，池畔植柳，随风飘拂；水中游鱼，色彩缤纷；特别是每届夏日，池中荷叶田田，展绿叠翠，红荷高擎，摇曳生姿。漫步九曲桥，悠悠观赏，心旷神怡。

记得年前一群文化界朋友相约，在卢园进行赏荷、赏梅雅集活动，舞文弄墨，吟诗作画，雅意充盈。每次，我都获赠集体即兴合作画，虽非佳品，但情意绵绵，值得保存纪念。

卢园是澳门名园，往昔只因属私人花园，闲人免进，犹如“养在深闺人未识”的姑娘，难见园中美景；自一九七四年辟为公园后，市民才可自由进去游览，一睹丰姿。这座花园在悠久历史中，有一段令人注目的事迹，那就是孙中山先生为革命奔跑中，多次来澳，其中一九一二年间一次，曾获园主人款待，下榻春草堂，并在园中接见澳门中葡知名人士。这段史实，也丰富了卢园的内涵。

卢园，园中有园，美景处处。我来卢园探胜，恋恋不舍。

六、普济禅院探幽

“普济探幽”是澳门新八景之一，确是名副其实。普济禅院俗称观音堂，已有三百七十多年历史了，庙殿横连三座，每座三进，建筑宏伟。听说香客平日不多，如在神诞节日，香火突盛；尤其是“观音开库”那天，善信更为拥护，纷纷向观音“借钱”，祈望发达，是否如愿以偿，那就无从知道了。我来普济禅院，不是求神庇佑，只是“探幽”。

尽管庙内神像如十八罗汉塑造精美，神态各异；尽管烛台香案、钟鼓宝鼎，深具文物价值；尽管藏有不少经卷字画，均为文献艺术珍品，但是一般游客都是匆匆游览，急转到后院去参观。后院是个小山坡，遍植树木，浓荫覆地；牌坊亭台，分布山间；小径纵横，路路相通，景色幽雅怡人。不过，人们感兴趣的却是那株连理树，四干连枝，形状似鹿。传说从前望厦村有一对情侣，因家庭反对成婚而殉情自杀，死后合葬之处长出连理树，增添悲剧的浪漫色彩。白居易《长恨歌》中有句：“在天愿作比翼鸟，在地愿为连理枝”，比喻坚贞爱情。难怪热恋中的青年男女爱在它树下拍照留念，以示对爱情的向往；而一般人也以它生态奇特而驻足观赏，这株树近年可惜因病菌侵害而呈萎缩现象，空余枝干。

然而，更值得珍视的是连理树附近的一张圆石台和四张长石板凳，看似平凡普通，却隐含着中国近代一段屈辱史。花岗石无言，唯历史告诉人们：一八四四年间，腐败的清政府荏弱无能，屈膝求和，在此与美国签订不平等的《望厦条约》。抚摸那石台石凳，能不感慨！虽然后山高僧圆寂的普同塔有“幻寄”石刻题字，含有佛家思想，境界飘渺，化解心绪不安，但尘世现实，我们只能寄望国家奋发图强！

七、“龙环葡韵”相思

在我感觉中，凼仔海边马路深具南欧情调。澳门新八景之一的“龙环葡韵”景点就在这里，“龙环”指龙头环，即凼仔古称。

路旁一幢幢外形相似的两层高葡式楼房很别致，仿如别墅，据知建于一九二一年，原是当地市政厅葡籍官员私邸，现经修葺一新。这类洋房在十九世纪末至本世纪初，中国沿海一带也有类似的建筑物。这列楼房面对堤畔一列老榕，苍劲茂盛，浓荫覆地；树下设有上盖椅凳及典雅路灯，配合原始的碎石路面，互相映衬，组合和谐，环境古朴，呈现欧陆色彩，洋溢葡国韵味。

如果踏进其中作为凼仔博物馆的那幢小楼，这种韵味感更为强烈。室内按二十年代传统澳门葡人家庭典型式样布置，陈列了一些具有当时风格的中西式家具，置身其间，有如时光倒流，几疑自己生活在那个年代。

这些建筑物，这些家具用品，虽已有近百年历史，但经过有关方面刻意经营和精心保护，迄今保存完好。这种把往昔生活陈迹保留下来的做法，是寄托怀旧情思还是作为光彩标志宣扬，我不知道，正如时下流行的广告术语，是“曾经拥有”还是“天长地久”保存一样，都带有感情色彩的主观想法，而我只会想到这是历史的佐证。

物换星移，这是自然规律；事过境迁，也是客观事实。在这列洋房对开处，原是一个海滩，曾是游泳之处，也作过水上机场。当路凼连贯公路在附近建成后，这一带河床逐渐淤积，自然生长起一片红树林，鸥鸟在这里飞翔，风光优美。但曾几何时，经填海成陆，眼前美景消失。倘若景物变而情怀未变，这只会留下一串串相思。

八、黑沙踏浪

路环黑沙是迷人的。海滩半月形，宽阔缓斜。海浪涌上沙滩，有时轻缓，有时急激，不知疲倦地一浪接一浪，像热恋中的情侣，互相依偎，或柔情轻抚，或热烈拥抱。每到黑沙，我都喜欢坐在沙滩上或是湾畔松林边，静静地欣赏海浪，只觉大自然不断运动，生命不息。

然而，黑沙更迷人的是黝黑的沙，海滩和附近的古村因而得名。在黑乎乎的沙滩上，让海浪冲刷，激起泡沫，勾起白色的花边，色调鲜明，增加秀色。沙粒虽然墨黑，但颗粒晶莹，一点也不脏人。啊，黑色，深邃，带点神秘，黑沙有黑色的美。

这海滩的沙为什么是黑色？有说是海洋里带黑的次生矿“海绿石”产生，也有说是黑云母所致。不管科学怎么解释，那黑沙显得很特别，令初来乍到的游人觉得稀奇，抓起一把仔细端详，或是留下一小撮作为纪念。也有不少人爱赤着脚，踏浪而行，在松软的沙滩上，享受凉凉的海水浸润，浪漫抒情。

踏浪的时候，会在湿润的沙滩上留下深深的足印，可是海浪涌来了，都把足印抹去，恢复平滑。我从东边走到西边，沿途不留一点痕迹，似乎不知从哪里来，这也引起了我的思索，我想到了黑沙的历史。多年前，考古家曾在这里发掘出一批出土文物，近代的有百年前的清代铜钱，远古的有五千年前的彩陶片。原来早在石器时代，这里已有先民活动。近年在珠海也有发现类似的出土文物，这又可推测出两地本是一脉相连，关系密切。历史是不能割断的，是延续的。海滩上的脚印可以被海浪刷掉，但人类的活动过程却是客观存在。

黑沙是迷人的，夏季，当人们纷至沓来游泳嬉戏时，洋溢一片热闹，它像一个热情奔放的少女，雀跃欢欣；在其他季节，特别是冬季，寒风呼呼，海浪滔滔，呈现寂寥肃杀的景象，它又像冷艳严肃的少妇，沉思默想。

黑沙，不管任何时候，都表现它的美态。

（原载《华文文学》1999 年第 4 期）

第六章

学术论文的写作

学术论文是用来表述科学研究成果的一种文章体裁，是析理性文体的一种高级形态。它不同于一般的议论文，后者人人可写，遵循一般的摆事实、讲道理的议论逻辑即可；而论文则是针对一门学科或一定领域内亟待研究或解决的问题进行的带有创见性的论说，是经过专业学习和专门研究之后才能写出的文章，其写作必须遵循严格的概念、判断、推理、实证等科学逻辑，而且对文体格式和语体风格也有专门的要求。

第一节　学术论文的种类与特点

一、学术论文的文体归属

学写论文，首先应该明白论文是属于哪一类体裁的文章。

文章有广义与狭义之分。广义的文章指的是一切独立成篇的书面文字，如哲学、数学、生物学和文学等学科类别的文字形式；狭义的文章指的是那些非文艺性或文艺性弱的常用文体，如各类记叙性、议论性和说明性文章以及日常应用文等。写作学所探讨的是狭义的文章。

通行的写作书籍习惯上从文章功用的角度把文章分为三大类，即文学类文章、实用类文章、文学类与实用类交叉的交叉类文章。三类文章包含的文体分别有：

文学类文章：诗歌、散文、戏剧、小说；

实用类文章：公文、传志、新闻、地志、论文；

交叉类文章：报告文学、传记文学、游记文学、科学小品、杂文。

由上可知，论文属于实用类文章。论文的基本构成和一般的论说文基本相同，但是，它同一般的论说文又有着质和量的区别，是论说文的高级形态。论文是针对一门学科或一定领域内亟待研究或解决的问题进行的带有创见性的论说。论文的显著特征是独创性，正因为如此，论文往往又专指学术论文。

学术论文有两层含义：其一，学术论文的范围限制在科学研究领域，非此领域的文章，不能称作学术论文。例如新闻报道、报告文学、散文、杂文等都不是学术论文。其二，并非科学领域中的所有文章都是学术论文。科学研究的新成果是学术论文的灵魂和全部价值所在，不表达科学研究新成果的文章，虽在科学领域内，也不能称作学术论文。例如科幻作品、科普作品等都不是学术论文。学术论文实际上是对科学研究成果的一种描述与反映，它是对社会科学和自然科学领域中的某些现象和问题进行比较系统的研究，以探究其本质特征及发展规律的理论性文章，既是科研活动的重要一环，也是进行国际、国内学术交流的一种工具。大学生作为各类学科研究工作的后继者，应该努力培养和提高自己的学术论文写作能力，以适应未来事业发展的需要。

二、学术论文的种类

学术论文包括各学科领域中专业人员写的论文、学业论文和报告类论文。科学研究领域有不同的专业，也就决定了学术论文相应地可以划分为自然科学论文和社会科学论文两大类。

学术论文除了从不同学科出发划分为若干种类之外，还可以按论文的写作目的以及撰写人员的不同情况、不同要求分为投稿论文、命题论文、学业论文、学位论文等。

（一）投稿论文

投稿论文是研究人员写给学术期刊或学术出版社要求发表的文章。

（二）命题论文

命题论文或是上级领导部门根据社会的需要提交给科研人员的研究项

目的文章，或是由指导老师提交给研究生、大学生的研究课题的文章。

（三）学业论文

学业论文主要是指在高等院校学习的研究生、大学生所写的研究课题的论文，它包括以下三种：

1. 课程论文

课程论文是课程任课教师要求学生完成的一种论文式作业，主要考查学生对该门课程的知识及能力的掌握情况，论文内容一般要求学生就课程内容中的某一问题阐述自己的心得、见解或意见。课程论文的选题通常由任课教师指定，或由其划定范围。

2. 学年论文

学年论文是高等学校各个年级的学生独立完成的一种学术性、综合性作业，这是培养和提高学生运用专业知识进行科学研究的一种基础训练。学生撰写学年论文，从选题到撰稿都是在老师指导下进行的。

3. 毕业论文

毕业论文是高等学校本科或专科毕业生独立操作的总结性作业。经过几年的系统学习，学生已掌握了一定的专业基础知识，毕业论文就是考查学生运用专业基础知识解决专业方面的实际问题的能力。毕业论文的写作仍然是在老师指导下进行的，与学年论文不同的是，其综合性更强，学术水平的要求更高。

（四）学位论文

学位论文是申请学位者供鉴定学术水平用的论文。由于学位等级不同，因此，论文的要求也不同。《中华人民共和国学位条例》和《中华人民共和国学位条例暂行实施办法》把学位论文分为学士、硕士、博士三个等级。

1. 学士论文

学士论文是合格的本科毕业生所写的论文，只要求达到大学毕业应有的学术水平和研究能力即可。学士论文题目的范围不宜过宽，一般选择本学科某一重要问题的一个侧面或难点，可以重复或总结前人的工作，为毕业后进行科学研究和论文写作打下一个坚实的基础。

2. 硕士论文

硕士论文是攻读硕士学位的研究生所写的论文，要求有新的发现、新的见解。硕士学位论文应能反映出作者广泛而深入的专业基础知识和独立从事科学研究的能力，应具有科学价值，并且对本专业学术水平的提高有积极作用。

3. 博士论文

博士论文是攻读博士学位的博士生所写的论文。博士学位论文则要求在本学科领域内有创造性的成果，能反映出作者渊博的知识和熟练的科学研究能力。它要求作者能够自己选择潜在的研究方向，开辟新的研究领域，掌握渊博的相关领域的理论知识，具有熟练的科学研究能力，对本学科能够提出创造性的见解。

学年论文、毕业论文、学位论文三者之间具有由浅入深、由易到难、循序渐进的关系。大致来讲，无论是内容还是撰写论文的经验，前者均是后者的基础，后者则是前者的发展。

以上所讲四种论文的区别和划分不是绝对的，它们之间的界限具有相对性，一种学术论文在一定的条件下是可以转化为另一种学术论文的。例如：毕业论文达到了学士水平，就成为要求授予学位的学士学位论文；学位论文送交学术期刊要求发表，就成了投稿论文。另外，从学术论文的长短、文字数量上看，则又可分为单篇学术论文和学术专著两种。通常情况下，送交学术期刊发表的是单篇学术论文；个人成果由出版社出版的则是学术专著。

三、学术论文的特点

学术论文必须具有学术性。学术，是指较为专门的、有系统的学问。严格意义上的学术论文主要用于期刊公开发表或在学术会议上宣读。学术论文的显著特征是论文内容必须有新发现、新发明、新创造或新推进。总之，要有新的科学信息，否则，就不是严格意义上的学术论文。学术论文的特点由学术论文的性质来决定，这就必然导致学术论文与一般性文章或文学创作等作品有所不同，具体归纳为以下几点：

1. 有创造性的见解

论文，不是资料汇编，更不是宣传材料，而是科学研究成果的记录和描述。因此，它的第一个鲜明特点就是有创造性的见解。这在自然科学方面可称为“发明”，而在社会科学方面就叫“创见”。“创造性”一词有丰富的内涵：发现别人没有发现或没有提出的问题，创立新说，当然是具有独创性的；纠正前人某些错误的观点，补充前人某些观点的不足之处，也是创造性的表现；综述前人的研究成果，加以分析，提出问题，指出争论所在，提示争论方向，也是创造性的表现；立论一般，但披露新事实、新材料，也是具有创造性的。有创造，即使只是在前人的基础上向前迈出一小步，都是不容小觑的。论文写作应该有独特的见解，而这种独特的见解是以敏锐的发现、精心的研究为基础的。

2. 有科学性的内容

论文必须具备科学性。科学性，就是把在实践过程中积累起来的知识，经过系统化，然后加以探索、研究。马克思说："科学就是实验的科学，科学就在于用理性的方法去整理感性材料。归纳、分析、比较、观察和实验是理性方法的主要条件。"学术论文的科学性，一方面，要求作者在立论上要客观，不得带有随意性，不得带有任何个人偏见。这与一般的议论文可以任意表达作者的观点是截然不同的。另一方面，要求作者的论据要有说服力，不得凭空捏造，要通过作者周密的观察、调查、实验、研究尽可能多地占有材料，以最充分的事实、确凿的证据、可靠的数据作为立论的依据。

3. 有理论性的阐述

论文的要求是把感性认识上升为理性认识，在感性认识的基础上，把所获得的感性材料，经过思考、分析，加以去粗取精、去伪存真、由此及彼、由表及里的整理和改造，形成概念、判断、推理。理性认识是感性认识的飞跃，它反映事物的整体、本质和内部联系。因此，论文写作中必须对研究对象提出的一些见解进行基本原理方面的阐述，或者提出自己的见解的各种理论依据。论文写作必须要有一定的理论深度，这就是人们常说的学术价值。具体地说，首先，论据要真实、典型和充分。其次，论证要严谨，合乎逻辑，并遵守逻辑论证的规则，逐步抓住问题的实质。再次，论点要正确，要有现实意义，要切实地从客观实际出发，从材料中自然地引出恰当的结论。如果论点带有主观臆断，就不符合科学性的要求。

4. 有专业性的表述

科学研究总是需要分门别类的，随着人类社会的发展，学科的分类越来越多，而且越分越细。在论文写作中，尤其要充分体现它们的个性，即专业性。专业性有两层含义：一是内容专业性强；二是论证多用专业术语，并遵循专业术语规范化的原则，如哲学论文多用哲学术语。表达方式的专业化和通俗化的区别，正是科学论文和科普文章的差别，前者的写作目的是与同行交流学术见解，后者则是向一般读者介绍科学知识。

第二节　学术论文的选题和选材

一、学术论文的选题

选题，是指选择研究的课题，即选择文章所要论述的对象和范围。课题的形成和选择是研究工作中最复杂的一个阶段。一般来说，提出课题比解决课题更困难。确定好选题，是写好论文的关键。

选题，有时包含着一系列的论题，有时只有一个论题。然而，它不等于命题，命题是针对一篇论文的标题而言的。论文的标题由内容概括并确定下来，既可以产生在论文写作之前，也可以在论文完成以后，还可以根据论文内容随时更换，具有一定的随意性。然而，论文的选题就不能这么随意。论文的撰写者往往从个人的专业、生活经历、兴趣爱好、个性才能、资料条件等方面出发，采用由面到点、由浅到深、逐步缩小范围、逐步深入研究的方法来选定课题。具体说来，就是先把学科的某一个方面作为选题的大致范围，并列出若干研究重点，再从若干重点中选择研究课题。选题时在遵循以创新性为主的前提下，还应考虑社会的需要。学术研究的最终目的是服务于社会、服务于大众，推动社会的物质文明与精神文明建设。因此，在选择论题时，需要着重关注一些关系到国计民生的重大问题，以及该学科发展中的关键问题。

作者选题时应当量力而行，即考虑选题的可行性。选题的可行性具体表现在以下几方面：

1. *要有浓厚的兴趣*

兴趣是最好的老师，它在科学研究中是促使人积极追求、潜心探索的驱动力。有兴趣的课题，往往是自己已经相当了解的课题。如果对研究的课题十分陌生，毫无兴趣，就会味同嚼蜡，难有成效。

2. *要选择突破口小的题目*

在选题时，要尽量做到切口小、挖掘深。人们认识真理的正常秩序是由个别到一般、由局部到整体的。从事科学研究，一般应先作局部的分析研究，后进行总体的综合研究。相对而言，大学生的时间、经验和能力有限，故课题的突破口要小一点、具体一点。

3. 要具备占有资料的条件

人们所处的环境不同，占有资料的数量和质量就不同，这也要从实际出发，尽可能选择占有较多资料的题目。学术论文的写作离不开一定的书籍、资料、信息。选题，就是在掌握一定资料的基础上提出问题，确定学术论文的研究方向和目标。所以，选题必须考虑自己占有资料的多少，这样可以避免因盲目选题而徒劳无功，从而增加论文写作的实效。

二、学术论文的选材

选题一经确定，论文作者就必须着手搜集和整理材料。学术论文的选题是写作的第一个阶段。第二个阶段便是选材，即根据选题需要搜集材料和研究材料。

（一）搜集材料

论文的材料是指作者为了选题的需要，搜集到的或写入论文中的事实和理论根据。"事实"指来源于社会生活、社会实践的具体事实、实验数据和调查结果；"理论根据"指来源于前人总结出来的正确观点、公理和规律性的认识等。前者属于直接材料，后者属于间接材料。由于论文的选题范围不同，选材方法也不尽相同。有的侧重于实验数据，有的侧重于全面的统计；有的侧重于文字资料，有的侧重于实物观察。不管研究的对象如何，信息和原材料都是最重要的基础资源。平时养成勤读书、勤上网、作摘要、分类编辑的好习惯，是每位论文撰写者必备的基本功。科学研究的第一个步骤就是全面而丰富地占有材料，真正做到"涸泽而渔"。搜集、整理资料的过程，同时也是深入研究并逐步取得进展的过程。撰写论文的过程需要摆事实、讲道理。事实即材料，事实也是客观存在的事物，作者通过观察、分析、实验、综合，找出规律，升华成为理论观点。

（二）研究材料

搜集的资料丰富而浩繁，在撰写论文时不一定都用得上。研究材料，就是提炼那些与论题有密切关系的材料。所谓提炼，就是对材料的鉴别，对搜集到的材料进行认识和分辨，对材料进行去伪存真、去粗取精的过程。搜集到了材料并不等于完全占有了材料。因为，尽管我们在搜集材料时已初步有一个搜集的基础和标准，但是由于主客观方面的差异，很难做到对材料真正、准确地理解和认识。学术论文写作的目的，就是要表达某种思想、某种观点、某种认识，而正确的思想、观点和认识都是从生活实践中获得的，是从生活实践中搜集到的大量材料里加工、整理出来的。如果离开了生活实践，缺乏丰富的、合乎客观实际的材料，就不可能有正确观点的产生。所以，提炼材料是表达论文观点的基础工作。

搜集和研究材料，是互相联系的两个阶段。搜集到足够的材料之后，便应集中精力于分析、整理、鉴别材料的真伪和价值。可以从来源的可靠性、作者的情况、学术界对有关文献的评价，以及材料本身的科学性等几方面入手研究。有时候还要对材料中的疑点进行追根溯源，与原作者探讨商榷。搜集到材料以后，整理工作主要是把材料分门别类，合理编排，提高材料的有序度和使用率，并由此提炼出论文的论点或写作提纲，并确定写作的切入角度，这些工作便是研究材料的过程。

（三）选材的方法

选材的方法，一般可以分为以下几步：一是粗选，将各种图表、资料、数据分类整理，根据论题的需要进行初步筛选。粗选的目的在于进一步研究论文所阐述的观点的准确性和可靠性，可以说，既是材料准备，又是观点检验。二是精选，在论文有了大体构思之后，将各种材料作进一步的精挑细选，以备执笔所需。

第三节 学术论文的基本构成

一般来说，一篇学术论文应由以下几个部分组成：标题、作者署名、摘要、关键词（或主题词）、序言（或导论）、正文、结尾、注释、参考文献。供期刊发表的论文一般还要有标题、摘要、关键词的英文翻译。学位论文一般也要有摘要、关键词的英文翻译。此外，还要有目录和后记。后记主要用来交代论文的写作情况，向为论文写作提供过帮助的人士致以谢意，同时也交代论文的思想、资料来源。长篇的学位论文或学术专著一般还有“附录”部分，附录是正文主体的补充项目，下列内容可以作为附录：①可使整篇材料完整，但插入正文又有损编排的条理性和逻辑性的材料；②由于篇幅过大，或取材于复制件而不便编入正文的材料；③对一般读者而言并非必须阅读，但对本专业人员有参考价值的资料。下面具体介绍论文各部分的内容及写法。

一、标题

学术论文的标题要求简洁、明确、醒目，恰到好处地概括出论文的中心内容。有的学术论文只有一个标题，有的学术论文设有主标题和副标题，大部分学术论文的正文中还设有分标题。一般来说，标题要在20字以内，避免过长；全文标题应该包含论题，甚至论点的表述，应该出现论文的关键词。由于是实用文体，学术论文的标题应该平实、客观，减少文学色彩。

二、作者署名

作者署名一般居于标题之下，如果有多位作者，就按照作者对这项研究的贡献大小来排列。供期刊发表的论文还要求作者署名下面用括号注明作者的工作单位，以及单位所在的省份、城市、邮编等，还要有作者简介。作者简介主要交代作者的年龄、性别、籍贯、工作单位、学位、职称及其主要的学术研究方向。这是为了方便同行读者了解作者的学术背景，判断论文的来源，以及与作者直接联系、交流。

三、摘要

摘要又名提要。摘要要用简短、精练的文字概括性地写出全文的梗概，是论文的缩写。摘要文字需简短、精练，一般为两三百字的短文。摘要中应该概括介绍研究的基本对象、范围、目的、主要内容、主要观点、角度、方法及意义等。摘要的重点应当放在研究成果的结论上，特别要强调自己的论文与他人已发表成果的不同之处，自己的研究在前人基础上有哪些突破，即有何创新之处。摘要的主要用途是：第一，帮助读者在检索文献时作出判断，使读者迅速而准确地鉴别文献的基本内容，以便确定是否需要阅读全文；第二，摘要为编排二次出版物以及编制文献卡片等提供了方便；第三，摘要对报道及采用电子计算机作情报检索也有一定价值。

四、关键词

关键词是从文献的标题、摘要、正文中抽取出来的，对全文的中心内容来说，它是有实质性意义的一串词汇。关键词在检索文献的过程中起了关键性的作用，因此而得名。每篇学术论文应当选取 3 ~ 8 个词作为关键词。关键词应当以显著的字符排在摘要的左下方。

五、序言

序言又称引言、前言或绪论，是论文的开头部分。序言可以看作是对研究工作的附加按语，一般要提出写作论文的意图，说明选题的缘由、意义、背景和编写体例，概述全文的研究范围，以及工作中得到资助和协作的经过等，也可以评述和谈论对相关问题的一些见解，借此引出下文。

六、正文

正文亦称本论，是论点、论据和论证展开的核心部分，是论文的主体。正文要求作者对所论及的问题，从各个方面、各个角度层层深入地进行分析、阐述和论证，详细深入地阐明作者的研究发现。本论部分的写法大体上有两种：一种是按照研究工作的进程，即作者对研究对象的认识发展过程，依次安排论文的层次，这种顺序叫自然顺序，多用于自然科学的论文；另一种是按照事物或问题的内在联系，将中心论点分解为若干个分论点，中心论点居于统率地位，分论点从不同角度、不同方面、不同层次来支持中心论点，用这种方法展开论证，安排文章层次，称为逻辑顺序。正文的论证要充分，通常应有三个以上的论证章节（部分），各章节（部分）间要有逻辑联系。

具体而言，自然科学论文的正文部分包括以下内容：①理论的叙述和分析；②实验的仪器、设备和原材料，调查的对象和观测方法；③实验或调查获得的资料、数据和结果，经过整理的图表，得出的论点和导出的结论等；④充分地、准确地、客观地概括出新的理论、方法和成果。

社会科学论文的正文部分包括以下内容：①立论（或驳论）点及其依据；②理论阐述；③论证方法与步骤。

正文写作的成功与否，关键在于能否把论题的主旨或中心论点说深、说透。对于一个有意义的论题，作者应进行全面研究，对其背景、本质、因果、过程、得失有十足的把握。立论有根有据，论文的内容自然就比较充实，就会产生一定的学术价值。

为了清晰地体现正文的逻辑顺序，编写论文提纲是一种行之有效的方法。提纲的编写，首先，要求精心梳理分论点和总论点，以及各个分论点之间的种种逻辑关系，并根据它们之间的关系确定逻辑层次；其次，借助数字符号使这些复杂的层次明晰起来。一般来说，一级标题用“一、二、三、……”，二级标题用“（一）（二）（三）……”，三级标题用“1. 2. 3.”等；再次，为了一目了然、有条不紊，可以给各个大层次拟出一个小标题，小标题的运用可以起到眉目清楚、纲举目张的作用。

论文并不是观点、材料的简单罗列或机械化的排列组合，论文的观点必须通过论证，否则，无论观点多么新颖，材料多么有价值，它们之间都因缺乏内在的逻辑联系而彼此孤立，形同虚设。论证就是用论据证明论点的过程，它是联结论点和论据的桥梁，是解决用论据怎样证明论点这一问题的方法。正因为如此，论证这一环节才显得尤为重要，而且比较难以掌握。不少论文撰写者在写作过程中都有一个通病，就是根据论题的要求首先提出中心论点，接着罗列一大堆论据，最后用“综上所述”之类的话重复一遍文章开头提出的中心论点，以此作为结束语。这样的文章，虽然摆出了大量的事实，但没有进行严密的逻辑论证，没有充分揭示论点和论据之间的必然联系，使得观点和材料之间脱节，使得论文在结构上存在着重大缺陷，这就很难成为一篇好的论文。

七、结尾

论文的结尾部分一般以“结论”或“讨论”的形式结束。“结论”是在理论分析或实验的基础上，经过逻辑推理而得出的，是文章全面性的总结，论文所得出的结论要明确、精当、完整、准确，不能含糊其词、模棱两可。研究工作如果得不出应有的结论时，为求严谨，也可以不写“结论”，而写成“讨论”，还可以对下一步的工作提出建议、设想，以及提出亟待解决的问题等。

论文的结尾能够反映作者的文风与科学态度，要把论文的不足之处和悬而未决的问题如实地告诉读者。结论的行文应当严谨规范，逻辑严密，明确具体，切忌浮夸。论文的结尾可以是一条或一组结论，也可以是讨论、建议、说明或总结，有时也兼而有之。这主要取决于论文的内容与性质。

八、注释

注释，过去指引用资料时对其出处的标注，与现在学术期刊通用的“参考文献”所指相同。但现在的学术期刊将“注释”变成行文中对相关背景资料的说明和解释，如数据、图表的来源、统计方法等。注释是为了保持正文行文的流畅，将某些不太重要的信息放在注释中，以作深入的说明，帮助读者了解更多附加信息和相关问题的来龙去脉。

九、参考文献

参考文献指论文写作时参考、引用的所有文献。参考文献原本指长篇的学位论文或学术著作在正文的结尾之后列出的，写作过程中作者所参考过或使用过的重要文献，包括各类书籍、杂志、报纸及其他有关资料。它既是作者进行研究的科学依据，又是作者推荐给读者作为参考的文献题录，使读者可以追根溯源，查找相关的文献，借此判断论文的观点、方法的来源，并从中受到启发。后来，学术期刊将过去引用资料时的出处标注（旧称“注释”）改称为“参考文献”。参考文献的标注方法通常有四种：

（1）夹注：直接在正文中引用的内容后面用括号注明；

（2）脚注：将同一页中引用的文献依次在本页下方注明；

（3）尾注：将全文引用的文献统一编号，然后依次排列于篇尾；

（4）章节注：在一章或一节后面注明。

投稿论文多采用尾注，可以不列参考文献。毕业论文和学术专著必须列举参考文献，以便他人查阅，这是毕业论文的必备要件，其注释方式采用尾注或脚注均可。参考文献的标注方式因其载体（书籍、期刊、网络）不同而不同，具体可参见相关论文或论著。列举参考文献的要求如下：

（1）所列举的参考文献应是正式出版物，以便读者考证；

（2）所列举的参考文献要标明序号、作者姓名、著作或文章的名称、出版单位、出版年月，版次、章节与页码也要标明；

（3）所列举的参考文献应按论文参考或引证的文献资料的先后顺序依次列出，不应以文献重要与否或名人名家、非名人名家的顺序排列。

附重要资料简介

一、《中国期刊全文数据库》

简介：该库是目前世界上最大的连续动态更新的中国期刊全文数据库，收录1994年至今（部分刊物回溯至创刊）国内8 200多种重要期刊所发表的所有文章的全文。以学术、技术、政策指导、高等科普及教育类为主，同时收录部分基础教育、大众科普、大众文化和文艺作品类刊物，内容覆盖自然科学、工程技术、农业、哲学、医学、人文社会科学等各个领域，全文文献总量达2 200多万篇。这个数据库是高等学校和科研机构常备的电子资源，使用率极高。使用者可以按学科专业类别，用刊名、作者、单位、主题、篇名、摘要、关键词等多种方式进行检索和下载使用。

二、《国家哲学社会科学研究"十五"（2001—2005年）规划要点》（《社会科学管理与评价》2001年第3期）

简介：这个文件规划了中国"十五"期间哲学社会科学研究的重点选题，共分24类学科专业，列出了每类专业的重点选题或选题方向，24类专业是：马克思主义·科学社会主义、党史·党建、哲学、经济理论、政治学、社会学、法学、国际问题研究、中国历史、世界历史、考古学、民族问题研究、宗教学、中国文学、外国文学、语言学、新闻学与传播学、图书馆·情报与文献学、人口学、统计学、体育学、教育学、艺术学、军事学。通过这个文件我们可以大致了解各学科的研究现状与趋势，并对学术研究选题的现实性原则等有一个感性的了解。

三、《国家社科基金项目申报课题指南》（每年发布一次）

简介：这个文件列出了每一年度申报国家社科基金资助项目的重点选题方向或推荐选题。通过浏览这个课题指南，我们可以大致了解学术论文选题的当下性、实用性等基本原则。比如，2008年以来，美国发生了严重的金融危机并波及全世界，因此，2009年的课题指南就对此相当重视，分别在经济学、法学、国际问题研究等学科课题指南中列入有关这一问题的众多课题，如：美国金融危机的成因和教训研究、美国金融危机对世界金融和经济的影响研究、美国金融危机对中国的影响及应对措施研究、国际金融体系调整和我国的对策研究、国际国内新形势下财政政策和货币政策取向研究等。

附例文

说“木叶”

——《九歌》：袅袅兮秋风，洞庭波兮木叶下

林 庚

自从屈原歌唱出这动人的诗句，它的鲜明的形象，影响了此后历代的诗人们，许多为人传诵的诗篇正是从这里得到了启发。如谢庄《月赋》说：“若夫气雾物表，云敛天末；洞庭始波，木叶微脱。”陆厥的《临江王节士歌》又说：“木叶下，江波连，秋月照浦云歇山；秋思不可裁，复带秋风来；秋风来已寒，白露惊罗纨；节士慷慨发冲冠，弯弓挂若木，长剑竦云端。”至于王褒《渡河北》的名句：“秋风吹木叶，还似洞庭波”则其所受的影响更是显然了。在这里我们乃看见“木叶”是那么突出地成为诗人们笔下钟爱的形象。

“木叶”是什么呢？按照字面的解释，“木”就是“树”，“木叶”也就是“树叶”，这似乎是不需要多加说明的；可是问题却在于我们在古代的诗歌中为什么很少看见用“树叶”呢？其实“树”倒是常见的，例如屈原在《橘颂》里就说：“后皇嘉树橘来服兮。”而淮南小山的《招隐士》里又说：“桂树丛生兮山之幽。”无名氏古诗里也说：“庭中有奇树，绿叶发华滋。”可是为什么单单“树叶”就不常见了呢？一般的情况，大概遇见“树叶”的时候就都简称之为“叶”，例如说：“叶密鸟飞碍，风轻花落迟。”（萧纲《折杨柳》）“皎皎云间月，灼灼叶中华。”（陶渊明《拟古》）这当然还可以说是由于诗人们文字洗炼的缘故，可是这样的解释是并不解决问题的，因为一遇见“木叶”的时候，情况就显然不同起来；诗人们似乎都不再考虑文字洗炼的问题，而是尽量争取通过“木叶”来写出流传人口的名句，例如：“亭皋木叶下，陇首秋云飞。”（柳恽《捣衣诗》）“九月寒砧催木叶，十年征戍忆辽阳。”（沈佺期《古意》）可见洗炼并不

能作为“叶”字独用的理由，那么“树叶”为什么从来就无人过问呢？至少从来就没有产生过精彩的诗句。而事实又正是这样的，自从屈原以惊人的天才发现了“木叶”的奥妙，此后的诗人们也就再不肯轻易地把它放过；于是一用再用，熟能生巧；而在诗歌的语言中，乃又不仅限于“木叶”一辞而已。例如杜甫有名的《登高》诗中说：“无边落木萧萧下，不尽长江滚滚来。”这是大家都熟悉的名句，而这里的“落木”无疑地正是从屈原九歌中的“木叶”发展来的。按“落木萧萧下”的意思当然是说树叶萧萧而下，照我们平常的想法，那么“叶”字似乎就不应该省掉，例如我们无妨这么说：“无边落叶萧萧下”，岂不更为明白吗？然而天才的杜甫却宁愿省掉“木叶”之“叶”而不肯放弃“木叶”之“木”，这道理究竟是为什么呢？事实上，杜甫之前，庾信在《哀江南赋》里已经说过：“辞洞庭兮落木，去涔阳兮极浦。”这里与“九歌”的关系是脉络分明的。而杜甫之后，黄庭坚又继续了杜甫的发展，写出《登快阁》那首诗中的名句：“落木千山天远大，澄江一道月分明。”这里我们乃可以看到“落木”一辞确乎是并非偶然了。古代诗人们在前人的创造中学习，又在自己的学习中创造，使得中国诗歌语言如此丰富多彩，这不过是其中的小小一例而已。

从“木叶”发展到“落木”，其中心关键显然在“木”这一字，其与“树叶”或“落叶”的不同，也正在此。“树叶”可以不用多说，在古诗中很少见人用它；就是“落叶”，虽然常见，也只不过是一般的形象。原来诗歌语言的精妙不同于一般的概念，差一点就会差得很多；而诗歌语言之不能单凭借概念，也就由此可见。从概念上说，“木叶”就是“树叶”，原没有什么可以辩论之处；可是到了诗歌的形象思维之中，后者则无人过问，前者则不断发展；像“无边落木萧萧下”这样大胆的发挥创造性，难道不怕死心眼的人会误会为是木头自天而降吗？而我们的诗人杜甫，却宁可冒这危险，创造出那千古流传形象鲜明的诗句；这冒险，这形象，其实又都在这一个“木”字上，然则这一字的来历岂不大可思索吗？在这里我们就不得不先来分析一下“木”字。

首先我们似乎应该研究一下，古代的诗人们都在什么场合才用“木”字呢？也就是说都在什么场合“木”字才恰好能构成精妙的诗歌语言；事实上他们并不是随处都用的，要是那样，就成了“万应锭”了。而自屈原开始把它准确地用在一个秋风叶落的季节之中，此后的诗人们无论谢庄、陆厥、柳恽、王褒、沈佺期、杜甫、黄庭坚，都以此在秋天的情景中取得鲜明的形象，这就不是偶然的了。例如吴均的《答柳恽》说："秋月照层岭，寒风扫高木。"这里用"高树"是不是可以呢？当然也可以；曹植的《野田黄雀行》就说："高树多悲风，海水扬其波。"这也是千古名句，可是这里的"高树多悲风"却并没有落叶的形象，而"寒风扫高木"则显然是落叶的景况了。前者正要借满树叶子的吹动，表达出像海潮一般深厚的不平，这里叶子越多，感情才越饱满；而后者却是一个叶子越来越少的局面，所谓"扫高木"者岂不正是"落木千山"的空阔吗？然则"高树"则饱满，"高木"则空阔；这就是"木"与"树"相同而又不同的地方。"木"在这里要比"树"更显得单纯，所谓"枯桑知天风"这样的树，似乎才更近于"木"；它仿佛本身就含有一个落叶的因素，这正是"木"的第一个艺术特征。

要说明"木"字何以会有这个特征，就不能不触及诗歌语言中暗示性的问题，这暗示性仿佛是概念的影子，常常躲在概念的背后，我们不留心就不会察觉它的存在。敏感而有修养的诗人们正在于能认识语言形象中一切潜在的力量，把这些潜在的力量与概念中的意义交织组合起来，于是成为丰富多彩一言难尽的言说；它在不知不觉之中影响着我们；它之富于感染性启发性者在此，它之不落于言筌者也在此。而"木"作为"树"的概念的同时，却正是具有着一般"木头"、"木料"、"木板"等的影子，这潜在的形象常常影响着我们会更多地想起了树干，而很少会想到了叶子，因为叶子原不是属于木质的，"叶"因此常被排斥到"木"的疏朗的形象以外去，这排斥也就是为什么会暗示着落叶的缘故。而"树"呢？它是具有繁茂的枝叶的，它与"叶"都带有密密层层浓荫的联想。所谓："午阴嘉树清圆。"（周邦彦《满庭芳》）这里如果改用"木"字就缺少"午阴"更为真实的形象。然则"树"与"叶"的形象之间不但不相排斥，而且是十分一致的；也正因为它们之间太多的一致，"树叶"也就不会比一个单独的"叶"字多带来一些什么，在习于用单辞的古典诗歌中，因此也就从来很少见"树叶"这个词汇了。至于"木叶"呢？则全然不同。这里又还需要说到"木"在形象上的第二个艺术特征。

"木"不但让我们容易想起了树干，而且还会带来了"木"所暗示的颜色性。树的颜色，即就树干而论，一般乃是褐绿色，这与叶也还是比较相近的；至于"木"呢？那就说不定，它可能是透着黄色，而且在触觉上它可能是干燥的而不是湿润的；我们所习见的门栓、棍子、桅杆等，就都是这个样子；这里带着"木"字的更为普遍的性格。尽管在这里"木"是作为“树”这样一个特殊概念而出现的，而“木”的更为普遍的潜在的暗示，却依然左右着这个形象，于是“木叶”就自然而然地有了落叶的微黄与干燥之感，它带来了整个疏朗的清秋的气息。“袅袅兮秋风，洞庭波兮木叶下。”这落下的绝不是碧绿柔软的叶子，而是悉索飘零透些微黄的叶子，我们仿佛听见了离人的叹息，想起了游子的漂泊；这就是“木叶”的形象所以如此生动的缘故。它不同于：“美女妖且闲，采桑歧路间；柔条纷冉冉，落叶何翩翩”（曹植《美女篇》）中的落叶，因为那是春夏之交饱含着水分的繁密的叶子。也不同于：“静夜无四邻，荒居旧业贫；雨中黄叶树，灯下白头人”（司空曙《喜外弟卢纶访宿》）中的黄叶，因为那黄叶还是静静地长满在一树上，在那蒙蒙的雨中，它虽然具有“木叶”微黄的颜色，却没有“木叶”的干燥之感，因此也就缺少那飘零之意；而且它的黄色由于雨的湿润，也显然是变得太黄了。“木叶”所以是属于风的而不是属于雨的，属于爽朗的晴空而不属于沉沉的阴天；一个典型的清秋的性格。至于“落木”呢？则比“木叶”还更要显得空阔，它连“叶”这一字所保留下的一点绵密之意也洗净了：“落木千山天远大”充分说明了这个空阔；这是到了要斩断柔情的时候了。而“木叶”呢？它出现在那“袅袅秋风”之中，也仍然带着那袅袅不断的余情，所谓：“日暮风吹，叶落依枝”（《青溪小姑歌》）恰足以说明这“叶”的缠绵的一面。然则“木叶”与“落木”又还有着一定的距离，它乃是“木”与“叶”的统一，疏朗与绵密的交织，一个迢远而情深的美丽的形象。这却又正是那《九歌》中湘夫人的性格形象。

“木叶”之与“树叶”，不过是一字之差，“木”与“树”在概念上原是相去无几的，然而到了艺术形象的领域，这里的差别就几乎是一字千金。

（选自《唐诗综论》，商务印书馆 2011 年版）

永远的《唐诗三百首》

王水照

【摘　要】《唐诗三百首》是流传最广泛的诗歌选本，其成功之处体现在编选体例和选取标准上。孙洙对已有的同类选本和当时诗坛三大流派，均作过研究分析，才能做到编排合理、体裁完备、篇幅适中、抉择精当。他对沈德潜《唐诗别裁集》采取“精中选精”的方针，构成选目的基础；但又兼取“神韵”、“性灵”之说，形成多姿多彩的自家面目。

【关键词】《唐诗三百首》；孙洙；编选；《唐诗别裁集》

清孙洙（1711—1778）编选的《唐诗三百首》，就其传播之广泛和持久而言，超过了其他任何一种唐诗选本，甚至位居中国古今诗词选本之首。一位著名作家说过，“最能表达汉语汉字的特色的，我以为是中国的旧诗。一个懂中文的华人，只要认真读一下《唐诗三百首》，他或她的心就不可能不中国化了。”（王蒙《非常中国》）为什么这部普普通通的童蒙书在编选上能取得如此巨大的成功，而其文化功能又如此深远？这是值得我们深长思之的。

《唐诗三百首》编成于清乾隆二十八年（1763 年），署名“蘅塘退士”。长期以来人们不知其真实姓名，经过上世纪五十年代一些学者的考证，确知他为孙洙。他是无锡人，字临西，蘅塘退士乃其别号。乾隆十六年（1751 年）进士，历官直隶大城、卢龙、山东邹平知县。二十七年，任山东乡试同考官，后改江宁教授。其传记资料可参看顾光旭编《梁溪诗钞》卷 42、窦镇《名儒言行录》卷下、《锡金游庠同人自述汇刊》之《孙撰鸿自述》（孙撰鸿乃孙洙五世孙）。1929 年刊行的《孙氏宗谱图咏》卷 3 为“杜庐校谱图题咏集”，孙诰鸿题诗有句云：“画图一幅垂不朽，应证吟咏愧蘅塘”，自注云：“先五世祖临西公讳洙，晚号蘅塘退士。……编《唐诗三百首》，通行海内”。撰鸿、诰鸿当为同辈裔孙。

尽管是部普及性读物，孙洙却在编选体例和选取标准上先行作过一番斟酌，尤对已有的同类选本的得失优劣，进行分析和研究。他在卷头题辞中说："世俗儿童就学，即授《千家诗》，取其易于成诵，故流传不废。但其诗随手掇拾，工拙莫辨，且止五七律、绝二体，而唐宋人又杂出其间，殊乖体制。"《千家诗》相传是宋谢枋得所编选的一部启蒙选本，长期"流传不废"。但孙洙认为它有三项缺点：一、选取标准不严，羼入一些并非上乘之作品；二、诗歌体裁不全，仅止近体诗的五七律、绝二体；三、作者年代不够整齐统一，唐宋两代诗人混而编之，先宋后唐，忽宋忽唐，颇显零乱。这都是他编选《唐诗三百首》时所应避免的缺点。其次，在孙洙生活的时期，诗坛正流行三大流派，即王士禛的神韵说，编有《唐贤三昧集》；沈德潜的格调说，编有《唐诗别裁集》；袁枚的性灵说，有《随园诗话》等诗论著作。孙洙的本意是"专就唐诗中脍炙人口之作，择其尤要者"而编撰此书，而且要达到"俾童而习之，白首亦莫能废"的目的，就是说，他必须选出脍炙人口的唐诗精品，不仅供儿童启蒙之用，老年人也可诵读，以收长幼咸宜、雅俗共赏的效果。这是一个优秀选本的最低要求，但同时也是最高标准。因此孙洙对上述三大诗歌流派进行过认真的抉择，虽然他从《唐诗别裁集》中汲取甚多，但也从王、袁两家中有所吸取，颇具包容性和多元性，这是这部选本取得成功的一个前提条件。取名"唐诗三百首"，系从他《题辞》所引俗谚："熟读唐诗三百首，不会吟诗也会吟"中化出。有人说是从"诗三百"而来，恐怕不确，《诗经》是儒家经典，想来他不敢如此"僭越"。此书是他与继室徐兰英共同编选的，后来为此书作"补注"的陈婉俊（伯英）也是女性，这反映出清代士人家族的一种文化现象，也说明唐诗接受的普遍性和全民性。

一

《唐诗三百首》在编例和选目上有些什么优长呢？

编排合理，体裁完备，是此书编例上的突出优点。此书按不同诗体编排，计五古33首、乐府7首；七古28首、乐府14首；五律80首；七律50首，乐府1首；五绝29首，乐府8首；七绝51首，乐府9首，共310首。（此书原本可能是302首，因屡次刻印，每有增补，故有321、317、313首等不同）这一编例，与沈德潜《唐诗别裁集》相同，均能做到眉目清楚，条理井然。唐人完成了从古体诗到近体诗的转变，因而诗体大备，孙洙采纳沈书体例，实际上也为初学者展示了中国古代诗歌的全部体裁。但比之沈书仍有两点不同：一是不选排律，这当然与童蒙书的要求明白易解、便于记诵有关；二是把乐府诗单列，置于各体之末。沈德潜说：“唐人达乐者已少，其乐府题，不过借古人体制，写自己胸臆耳，未必尽可被之管弦也。故杂录于各体中，不另标乐府名目。”（《凡列》）但孙洙采纳郭茂倩《乐府诗集》的意见，予以单列，以示此诗体的别有系统。有人认为《唐诗三百首》另立乐府类，为“极不恰当”，因“乐府”与“古诗”在诗歌形式上“并无分别”。我以为从律诗发生学而言，大都由乐府诗演变而来，至唐代仍留有遗迹。如沈佺期的《独不见》，既为乐府体，又是典型的七律，《唐诗三百首》编入卷六“乐府”类，以表明乐府诗并不完全是古体诗，是有一定道理的。

再从选诗的数目来看，总数控制在300首左右，固然为那句“熟读唐诗三百首”的俗谚所规定，但篇幅适中，适合于儿童的接受能力和水平。《全唐诗》总数有49 000首，300首仅占0.6%。尝脔一鼎，窥斑一豹，这个比例是颇为恰当的，这也成为以后普及选本规模的一种范式（今上海古籍出版社即推出“三百首”系列，形成一个“品牌”）。

原书除选诗作品正文外，还有注、评、点。注只注事，不释义；评在诗行之侧，指点作法、作意；点有句圈和连圈，表示重要句或佳句。这些项目设计也是为了初学者能增进和提高对诗意的了解和欣赏，如杜甫《望岳》旁批：“字字是望”、“结明望字”；王维《青溪》“声喧”句批“闻”，“色静”句批“见”；“漾漾”句批“溪中”，“澄澄”句批“溪上”等，颇有提挈点醒的作用。子墨客卿为章燮《唐诗三百首注疏》作序（光绪十年，1884年）说孙洙“以‘闻’‘见’‘山’‘水’等字指点初学，颇具苦心。其选诗大意具见旁注，亦复要言不烦；间有笺释，足资考证。”所言颇是。但比较简略，因而后世作《补注》、《注疏》、《新注》者络绎不绝。

二

一部优秀选本，除了具备合理妥善的编选体例外，更重要的是选诗标准的正确，这就取决于选家的眼力和艺术修养。所谓“体制备而抉择精”（张萼荪《新体评注唐诗三百首》），《唐诗三百首》基本上达到了这个要求。

一是艺术取向兼容并包，而又突出雄浑壮阔的唐音基调。不可否认，此书受沈德潜《唐诗别裁集》影响甚巨。沈书初版于康熙56年（1717），40多年后，更作增订，收诗1 928首，诗人270人，于乾隆28年（1763）编成，与《唐诗三百首》的编成都在同一年。今《唐诗三百首》所选诗与增订本同者达2/3左右，孙书从沈书中取资甚多，有的学者甚至认为已当作“蓝本”之用，乃是不争的事实。这是因为沈书标榜“去淫滥以归于雅正”（《原序》），以李、杜为宗，突出唐诗雄浑壮阔的基调，正与孙洙的审美旨趣相吻合，也适合于童蒙普及的需要。然而，仔细寻绎，两书的差异之处甚堪玩索：一是升王（维）退李（白）。沈氏自云，他此选为“使人知唐诗中有‘鲸鱼碧海’、‘巨刃摩天’之观”（《重订唐诗别裁集序》），实针对王士禛《唐贤三昧集》之排斥雄奇之作，因而“是集以李杜为宗”（《凡例》）；孙氏却推崇王维，选诗29首，比李白（27首）为多，除选取《老将行》、《洛阳女儿行》等雄健、清丽之作外，大量地入选《山居秋暝》、《过香积寺》、《积雨辋川庄作》、《鹿柴》、《竹里馆》等符合“神韵”标准的佳作。二是推崇李商隐等抒写男女之情的作品，尤其入选多篇《无题》诗，这又与袁枚“性灵说”潜通暗合，也表现出孙洙的颇为宽容的艺术态度。三是不选李贺“荒陊古奥、怨怼悲愁”的奇丽之作，这应是普及选本的性质所使然。四是少选五言试帖诗。此类诗在沈书中颇为刺目。沈氏明确地说：“今为制科所需，检择佳篇，垂示准则，为入春秋闱者导夫先路”（《重订唐诗别裁集序》）。五是选七绝诗，李商隐、杜牧之作多于盛唐，对“诗必盛唐”的成见有一定的突破。要之，孙洙对沈氏《唐诗别裁集》采取“精中选精”的方针，并构成《唐诗三百首》的选目基础；但又不废“神韵”、“性灵”之说，多元组合，形成多姿多彩的自家面目。

二是精品意识，所选大都是思想艺术俱佳的名篇。此书已流传二百四十年，用现在的眼光对这三百多首诗逐一检查，大都仍是经得起历史考验的佳作。我们今天信口吟咏的“慈母手中线，游子身上衣”（孟郊《游子吟》）、“长安一片月，万户捣衣声”（李白《子夜吴歌》）、“海内存知己，天涯若比邻”（王勃《杜少府之任蜀州》）、“烽火连三月，家书抵万金”（杜甫《春望》）、“野火烧不尽，春风吹又生”（白居易《草》）、“无边落木萧萧下，不尽长江滚滚来”（杜甫《登高》）全都见于这部选本，不少还是现今幼儿启蒙的第一批唐诗。鲁迅曾不满于《三百首》所选唐玄宗李隆基的《经鲁祭孔子而叹之》，他认为“和我们不相干”（《徐懋庸作〈打杂集〉序》，见《且介亭杂文二集》）。其实，孔子一生，经历曲折，又尊为圣贤，真不知“从何处赞叹？”（沈德潜语）李隆基在祭孔时，着眼于他的栖惶不遇：“夫子何为者？栖栖一代中”，用典自然贴切（见《论语·宪问》）；“叹凤嗟身否，伤麟怨道穷”，对仗亦称工整。纪昀说此诗“祗以唱叹取神为妙"，平心而论，还是一首不失水平的诗作。(作者也可能有把他作为帝王之诗予以选录的因素在内) 自然，没有被选进去的诗中，肯定有胜过已选者，这就无可厚非了。

三是作家的涵盖面和代表性。此书共收诗人70家，以杜甫（38首）为第一，次为王维（29首）、李白（27首）、李商隐（22首），以此四人作为唐代最有代表性的四大家，可谓别辟蹊径，令人耳目一新。从作者的社会身份而言，从皇帝、名臣、布衣、和尚、歌女乃至无名氏等均一视同仁。如西鄙人的《哥舒歌》（北斗七星高）、无名氏的《杂诗》（近寒食雨草萋萋）等，都是《唐诗别裁集》未收的。尤把杜秋娘的《金缕衣》（劝君莫惜金缕衣）置于卷末，颇有"压卷"意味。

《唐诗三百首》中有一个前人未发现的错误，即混入宋诗[①]。张旭名下的《桃花溪》："隐隐飞桥隔野烟，石矶西畔问渔船。桃花尽日随流水，洞在清溪何处边?"孙洙批云："四句抵得一篇《桃花源记》"。此诗实是宋人蔡襄所作的《度南涧》。但这个错误从宋代洪迈《万首唐人绝句》起已存在（大概是洪迈贪多务得吧），一直错到王士禛《唐贤三昧集》，康熙的《御选唐诗》，也就难怪孙洙了。这个错失是由莫砺锋先生发现的，见他的《〈唐诗三百首〉中有宋诗吗?》一文（《文学遗产》2001年第5期）。

参考文献：

①莫砺锋：《〈唐诗三百首〉中有宋诗吗?》，《文学遗产》2001年第5期。

（原载《中国韵文学刊》2005年第19卷第1期）

第七章

新闻通稿

第一节　新闻通稿的含义

所谓“新闻通稿”，最初是指新闻机构的通用稿件，是一些新闻通讯社的“专利”。通讯社工作人员在采访到一些重要新闻以后，会以一种统一的方式发给全国需要稿件的各大媒体，这类稿件就叫作“新闻通稿”。比如，我国媒体在播发国内外重大新闻时，全国媒体一般都会采用新华通讯社的通稿。

后来，随着各类公私社团、机构出于宣传推广、信息发布等公关方面的需求而自觉利用新闻媒体来达到其目的，新闻通稿便产生了新的含义：专门用来指各类非媒体机构、组织撰写并发布的通用新闻稿件。在港澳，这种新闻通稿又被称为“新闻发布稿”。

新闻通稿发布模式起源于美国。1954 年，美国有企业开通了企业新闻专线，通过传真机为客户代发新闻稿，由此拉开了新闻专线服务的序幕。经过半个多世纪的发展，如今，新闻通稿发布模式已被广泛接受，为全球 4 万余客户提供信息发布、目标媒体定位、发布效果评估、媒体监测与情报服务。其发布主体既包括企业，也包括政府机构、协会和非营利组织。他们将自己的最新信息全文发送给新闻媒体、投资界、政府决策者和大众，在最大程度上实现了信息的有效传播。此后，这种方式被引入我国，成为各类公私机构利用媒体发布信息进而造成舆论影响的一种常用手段。

第二节　新闻通稿的特点

新闻通稿名为新闻，自然具有新闻文体的某些特点，如及时性、公开性、真实性等。但因为其特别的用途，它又具有与一般新闻不同的文体特点。这种特点体现在以下几个方面：

一、发布主体的业余性

新闻通稿与一般新闻报道最大的不同点在于，其撰写、发布者一般都不是专业的媒体机构及其工作人员，如报社、电台、电视台、网站的记者，而是不具备新闻媒体专业资格的各类公私机构的宣传部门或公关部门的工作人员。

二、撰写立场的倾向性

与一般新闻报道主要是站在舆论监督的立场，用客观、公正、不偏不倚的态度来撰写、发布有明显的不同，新闻通稿撰写、发布的目的主要在于传播、宣传与本机构相关的信息。因此，这种文章所体现的通常是撰写、发布机构的立场和态度，具有明显的倾向性。

三、传播目的的功利性

与一般新闻报道主要是履行舆论监督职能、没有直接的功利性目的不同，新闻通稿可以说是利用各类媒体为本机构进行免费宣传，以扩大影响。因此，新闻通稿通常都有比较明显的功利性目的，比如社团机构发布活动信息，通常是希望有更多人员、机构来参与活动；生产企业发布产品信息，当然是希望有更多客户使用；政府机关发布政策信息，自然是希望其政策被公众周知、理解、接受。

四、公布方式的间接性

因为撰写者不具备新闻媒体资格，因此新闻通稿通常是以传真、邮件、电邮等方式提供给各类媒体机构的，由这些媒体机构根据其立场决定是全文采用、部分采用还是不采用该新闻通稿。所以，新闻通稿是间接通过媒体公布的，而非撰写机构直接公布的。

第三节　新闻通稿的用途及作用

一、新闻通稿的用途

新闻通稿主要用于发布机构信息，但从两岸四地新闻通稿所发布信息的内容看，由于内地与台港澳地区不同的社会体制，内地与台港澳地区对这种文体在使用上的差异还是比较明显的。新闻通稿的用途有以下几个方面：

（1）发布机构重要信息。如政府的政策、计划，机构的重大活动、重要人事变动、业务拓展等。这类用途，内地与台港澳地区是一致的。

（2）发布重大灾难、灾害的官方信息，或对本机构不利的传言或信息进行正式回应。这类用途，尤其是灾害信息的发布，主要是内地在使用。

（3）公布公众关注的事件的调查结果或研究结果。如消费者委员会发布的各类产品评估报告、社团机构的社会问题调查报告、大学或研究机构的新科技研究报告、政法机构对重大案件的案情通报等。这类用途，内地与台港澳地区大致相同。

（4）宣传新产品、推介新服务。如企业推介某型号新产品或新设备、银行推行网上银行服务等新业务等。这类用途，台港澳地区较为常用。不过，近年来，随着外资企业在内地的业务的开展，这类用途的新闻通稿在内地也开始有所应用。

二、新闻通稿的作用

（一）宣传作用

从写作意旨及发布目的看，既然新闻通稿的主要用途是发布信息，那么，其对发布机构的相关信息的宣传作用也是显而易见的。使发布机构的意图让公众周知，进而产生回应，这正是新闻通稿的主要作用。

（二）导向作用

某些新闻通稿，如关于重大灾难或事故的、关于公众关注的重大事件的调查的，从某种程度上说可以引导舆论、统一宣传口径、控制不良信息或谣言的传播，用积极主动公开信息的举措来避免或改善因新闻中包含不利因素而造成的对发布机构不利的局面。

（三）广告作用

某些新闻通稿，如关于重大活动、产品信息的，可以吸引媒体的宣传兴趣，进而引起受众参与活动或使用新产品、新设备的意向。由于这是利用新闻的形式发布的信息，受众一般会觉得其更具可信度，因此这类通稿一经采用，其作用有时候比广告宣传的效力更高，效果更好。

第四节　新闻通稿的写作

一、新闻通稿的类型

新闻通稿可以按照不同标准进行分类。

（1）从文体角度看，最早使用新闻通稿的美国业界主张，发布机构准备的新闻通稿最好有两篇：一篇是消息，一篇是通讯（如人物或活动特写）。前者侧重于全面情况的扼要介绍，后者则侧重于具体情况的详细说明。

（2）从发布时机看，新闻通稿有事前发布的，如有关重大活动、重要举措、产品发布的新闻通稿；也有事后发布的，如关于重大事故、灾难的新闻通稿。

（3）从发布目的看，有的以刊登为目的，这类通稿一般都会按照新闻报道的要求撰写，尽可能多地提供相关信息；有的则以吸引媒体注意并使之前来采访为目的，这类通稿主要提供新闻界可能感兴趣的线索，但更多的具体材料则会在媒体采访时或新闻发布会上才予以披露。

二、新闻通稿的构成

新闻通稿的构成要素与一般的新闻文章并无太大区别，下面我们以最常用的消息报道为例说明其基本构成。

新闻通稿中的消息，其结构一般由标题、消息头、导语、主体、结尾和背景组成，涵盖了时间、地点、人物、事件、原因和结果新闻六要素。

（一）标题

新闻通稿的标题可以分为单行标题和多行标题。

1. 单行标题

单行标题要求一语见的，用简洁明了的叙事性语言点明消息的精髓，提炼出全篇的主要内容。单行标题的形式在如今的网络新闻中更为盛行：一方面是因为网络的特殊性，要求消息的标题更一目了然；另一方面是因为网络消息的标题更适合单行的形式。

2. 多行标题

多行标题的内容更为丰富，包含更多的信息，多用于重大事件和重要因素较多的消息。多行标题一般包括引题、正题和副题。引题又被称作眉题或肩题，是正题的引子，一般位于正题的上方。它的作用主要是揭示新闻事实的思想、提出问题、说明原因、交代背景、烘托气氛。副题也被称为子题或辅题，是正题的辅助题，一般位于正题之后。它的作用主要是补充事实，揭示所报道新闻事实的结果，用来辅助说明情况，对新闻事实作出评价、强调新闻特征、交代事实详情。

除此之外，多行的标题还讲究虚实之分。实题是要把新闻事实中最主要的内容或基本内容用一句话交代清楚，虚题则是要把消息所要传达的主要意图简洁明了地表达出来。虚实结合，才能体现多行标题的精彩和作用。

（二）消息头

所谓的消息头就是在标题之下、正文之前出现的“本报讯”或“××社××地××月××日电”的字样。其形式分为“讯”和“电”两大类。讯，主要是通过邮寄或者书面递交的形式向报社传递的新闻消息。电，则是指通过电报、电传或电话等形式向报社传递的新闻消息，亦称为“电头”，如“新华社长沙1月12日电”，各个新闻通讯社向媒体传递新闻时，大多采用这种形式。新闻通稿的撰写者一般不需要撰写这个消息头，而是由媒体在采用时自行加上。

（三）导语

在标题和消息头之后紧接着的一段话就是导语。导语通常是较为详细地介绍新闻事实中最为重要和新鲜的部分，有时还会用一两句以新闻事实为基础的精辟观点作为导语。俗话说“虎头、猪肚、凤尾”，导语作为消息的开头，是消息最为重要的一部分。历史上有不少著名的一句话导语。例如：

【《纽约先驱论坛报》（1939年）9月20日讯】欧洲大战于昨天拂晓爆发！

【美联社（1945年）8月14日电】日本已经投降。

【路透社达拉斯1963年11月22日电】急电：肯尼迪总统今天在这里遭到刺客枪击身亡。

以上三条导语并无太多细节，但新闻中最重要的要素完全齐备了。

（四）主体

主体承接导语，是新闻的中心部分，也是对导语中所涉及的新闻事实的关键和精华的解释和补充。主体作为新闻的主干，实际上是被具体化、完整化了的新闻事实，是对新闻事件的过程、氛围、结果、细节，以及原因和影响的详细交代。主体部分不但要将导语中提到的新闻事实交代清楚，同时还要补充新的事实，甚至要交代相关的背景材料，使消息的内容清晰、完整，使受众对新闻的事实真相有更深入的了解和把握。

（五）结尾

消息写作的结尾可有可无，根据不同的行文特点，对消息的结尾不作特殊要求。一般来说，消息的导语部分已经将新闻中最重要、最精华的部分呈现出来，消息的主体部分将新闻事实完整、清晰地交代清楚，故消息的结尾就显得不太重要。需要结尾的消息，也不必另起一段，刻意加一个结尾。常见的结尾方式主要有启发式、小结式、展望式、号召式等。

（六）背景

背景又称为背景材料或新闻背景，通常是指与新闻事实中的人物或事件相关的历史情况或环境。新闻事件的发生并不是毫无原因、空穴来风的，必然有它形成的原因、条件和环境因素，脱离了背景的新闻事件，只会使受众一头雾水，形成只见树木不见森林的困惑，新闻的价值和意义也会降低。有时候，新闻背景材料的合理运用与否也能够决定新闻价值的高低，例如，同样是报道1994年珠海机场通航的一则新闻，新华社和美联社因为使用的背景材料不同，就使得这两篇稿件在“用事实说话”方面的力度与深度上拉开了距离。

消息的背景材料分为对比性材料、说明性材料和注释性材料，主要是用于对新闻事实的补充说明，使整个新闻事实更加完整，所以这些背景材料都是和主要新闻事实紧密相关的。它可以出现在主体中，也可以穿插在导语和结尾中，形式和位置比较灵活。

三、写作要点

（一）善于发掘新闻价值

新闻通稿之所以能够吸引新闻媒体，最大的原因首先在于其新闻价值。如果没有新闻价值，新闻媒体是不会愿意让其利用自身作为宣传工具和公关手段的。但是，这种新闻价值如何衡量，则历来众说不一。

在西方的新闻史中，关于“新闻”的说法和定义向来是众说纷纭的，比如，曾有人提出过“凶杀、灾难、桃色事件就是新闻”、“三个W（即Women 女人、Wampum 金钱、Wrongdoing 坏事）就是新闻”、“银行家加美人就是新闻”等一些经典而不失幽默的观点。甚至19世纪《纽约太阳报》

的编辑约翰·博加特曾经说“狗咬人不是新闻，人咬狗才是新闻”，西方新闻研究中把这句名言称为“戴纳式定义”（戴纳为当时《纽约太阳报》的主编，因其与约翰·博加特观点相同，故有此说）。

我国对于新闻的含义的认识，也有一个变化发展的过程。从1942年陆定一在《我们对于新闻学的基本观点》一文中提出的“新闻是新近发生的事实的报道”这一定义，到著名新闻工作者范长江提出的“新闻就是广大群众欲知应知而未知的重要事实”，再到文化大革命期间视新闻为政治工具。近些年则有王中教授在《新闻学原理大纲》中提出的“新闻是新近变动的事实的传布”，以及提出“新闻三角理论”的我国著名新闻教育家甘惜分教授提出的“新闻是报道或评述最新的重要事实以影响舆论的特殊手段”的观点。

从上述例证可以看出，西方新闻界提出的，也是被大部分西方新闻工作者所认可的新闻理念，即反常的、刺激的，能引起人们的好奇心的消息才是新闻；而我国对新闻的认识，则更多地强调新闻的事实性及其对舆论的影响力。我们以为，纯粹以猎奇效果来衡量新闻价值，可能有一定的偏颇；但仅强调事实性及舆论影响力，不考虑新闻的新奇性和吸引力，则难免会使读者失去对新闻的兴趣。因此，在新闻通稿的构思及撰写阶段，要注意从其及时性、新奇性、事实性、吸引力等角度对所要发布的信息中的新闻价值加以发掘和强调，使文章首先能引起新闻媒体的注意和兴趣，进而通过媒体影响到受众。

发掘新闻价值，可以适当地注意以下方面：

（1）看信息中是否有较大影响力的因素可供发掘。如大众所关注的、牵涉到大众利益的、对社会有重大影响的信息。

（2）看信息中是否有一定新鲜度的因素可供发掘。如新产品的新功能、调查中的新发现、科技上的新发明等。

（3）看信息中是否有一定吸引力的特殊性因素可供发掘。如活动类通稿中突出国内外知名人物的参与，演出类通稿中突出著名演员的表演、所表演的节目的原创性，等等。

（二）客观地表达主观意图

尽管新闻通稿主要体现的是发布机构的意志，是为发布机构服务的，但毕竟其必须由新闻媒体来公布，因此，既要表现发布单位的主观意图，又要注意尽量用媒体的语言（口吻）、用媒体报道的客观角度来写作，即使用第三人称而避免使用第一人称（如称呼发布机构本身要注意避免用“本公司……”、“我们……”这样的表述方式，而改用“该公司……”、“活动组织者……”的表述方式）。这样做不但可以方便新闻媒体采用，而且可以增加内容的客观性和可信度。总之，在撰写过程中要尽量减少、淡化发布机构的色彩，尽量以发布的信息、公布的事项为中心来进行写作。

（三）尊重新闻写作的基本规律

新闻通稿毕竟是用来发布新闻信息的，因此，写作上除了要注意其本身的某些特点之外，也应该遵守新闻写作的基本规律。这些基本规律包括：

1. 交代清楚新闻的所有基本元素

新闻的基本元素，通常以五个“W”来概括，即时间（When）、地点（Where）、人物（Who）、事件（What）和原因（Why）这五个要素。新闻通稿当然也要交代清楚这几个要素。有些新闻通稿，如活动类的，有时还得增加一个要素，即“How”。对于有意采访的媒体或活动参与者，要提供联系方式，如联络人及其职位、电话、传真、电邮地址、活动地址、索取资料途径等。

2. 按照新闻写作的模式构思全文

新闻，尤其是要闻报道，通常采用倒金字塔式的写作结构，这既是新闻写作的重要规律，也是对读者阅读习惯的一种尊重。它的得名是因为这种结构很像一座倒置的金字塔，把最重要的新闻事实放在导语里，然后将一系列新闻事实按其重要程度依次排列，最不重要的排列在最后。整篇新闻的写作不需要一个特别的结尾，写完最后一段便结束了。如以下例子：

肯尼迪遇刺丧命

【路透社达拉斯1963年11月22日电】急电：肯尼迪总统今天在这里遭到刺客枪击身亡。

总统与夫人同乘一辆车中，刺客发三弹，命中总统头部。

总统被紧急送入医院，并经输血，但不久身亡。

官方消息说，总统下午1时逝世。

副总统约翰逊将继任总统。

倒金字塔结构是新闻报道的经典结构，其一般写作规范是：导语概括最重要的新闻要素或者交代最核心、最重要的新闻要素，消息的主体部分从第二段开始按照新闻要素的重要程度逐渐递减的顺序提供新闻事实或对导语中的新闻事实进行详细说明。也就是说，新闻报道按照重要程度递减的顺序以倒金字塔式的结构展开。这种结构方式，可以保证读者总是先了解到新闻中最重要的信息。因此，新闻通稿的写作，尤其是重大新闻通稿的写作，也应尽可能地借鉴新闻报道的模式来构思全文。

3. 撰写醒目的标题和导语以吸引媒体及受众

要使新闻具有吸引力，让受众产生仔细阅读的兴趣，标题及导语可以说是最重要的因素之一。

（1）标题。消息的标题是消息的“门面”和“窗口”，在生活节奏日益加快的现代，“浏览”成为最常见也是最常用的阅读方式。用一两句简洁、形象的语言概括出新闻事件的主要内容，并引起人们对此条消息的关注，是一个好的标题的价值所在。如汤姆森基金会编著的《新闻写作基础知识》中所讲：“你可以把马牵到河边，但你无法强迫它饮水。当你把你的报纸送到读者面前的时候，你会遇到类似的问题：无法强迫他阅读。不过你有一个办法可以诱使他阅读你的报道，那就是，运用精彩的标题。”在这个信息铺天盖地的时代，一个好的标题可能就使得一条重要的消息进入人们的视野；反之，一个平淡无奇的标题则可能使得一条有价值的消息就此被埋没。因此，如果可能的话，为所撰写的新闻通稿构思一个富有吸引力的标题，其意义是十分重大的。

（2）导语。新闻导语写作的基本要领是：以尽可能简练的文字传达出尽可能多的、详细的信息。但是要注意：这个“详细”是相对的，并不是要把所有的新闻细节全部加以呈现。

西方的新闻工作者曾归纳出第一代导语的六要素，即五个“W”加一个“H”，即 Who（何人）、When（何时）、Where（何地）、What（何事）、Why（为何）、How（如何），这被称为导语六要素，在早期被相当一部分新闻工作者奉为圭臬。随着时代的发展和生活节奏的加快，新闻导语也被要求越来越简洁，为此，新闻工作者对新闻导语进行了适时的改革，出现了所谓的第二代导语，也被称为“部分要素式”导语。第二代导语要求新闻记者不必强行遵守六要素原则，可以根据新闻事实的不同特点，选择一两个最能激发受众兴趣的点，即提炼部分要素，使导语凝练、简洁而新颖。

如今，随着时代的进步和网络的流行，导语的写作也在发生着与时俱进的变化，它并不拘泥于某一特定的表述和定义，而是变得多种多样。导语的形式主要有以下几种：

①叙述式导语。叙述式导语是指把最主要的新闻事实简洁地呈现在开头，客观地叙述和记录新闻事实的某些要素，何时何地、何人何事，一目了然。例如，获第三届“中国新闻奖”（1992 年）一等奖的消息《上海证券交易与国际市场接轨》，其导语是：

上海证券交易首次与国际证券市场接轨。昨天上午 9 点 30 分，“当！”随着一声洪亮的铜锣声，我国唯一的拥有全世界 24 个国家和地区 230 名“股东老板”的电真空 B 种股票，在上海证券交易所开始首场交易。

（《解放日报》，1992 年 2 月 22 日）

②描述式导语。描述式导语是指通过写意或白描的手法，对新闻事实中的人、事、物，以及环境、气氛等进行简单的描述，将事物生动、鲜明的形象或者个性化的特征进行展示的写作形式。下面就是一则使用白描式的手法形象地表达的导语：

深受青年喜爱的著名作曲家施光南，正弹着钢琴创作大型歌剧《屈原》，突发大面积脑溢血，倒在了钢琴上。路漫漫其修远兮，他却再也不能“走在希望的田野上”。5 月 2 日，这位正值盛年的作曲家的心脏停止了跳动，终年 49 岁。

（《中国青年报》，1990 年 5 月 5 日）

③议论式导语。议论式导语是指借助一些新闻事实的要素，巧妙地表明自己的态度。虽然新闻以客观事实为基础，但是在尊重新闻真实和客观事实的基础上发表中肯而有见地的见解，有时反能锦上添花，吸引眼球。例如，获首届“中国新闻奖”（1990 年）一等奖的消息《百家“三资”企业调查表明：在华投资大有可为》，其导语就是先叙述后得出结论：

记者最近在华东沿海对百家“三资”企业进行的一次调查表明，尽管大多数外商对大陆“单调”、“枯燥”的业余生活有所抱怨，但 90% 以上的外方伙伴对在华投资的前景表示乐观。

（北京新华社，1990 年 9 月 14 日电）

4. 注意保持内容的真实性

新闻报道的一个重要特点就是内容的真实性。新闻通稿虽然体现的是发布机构的意图，甚至有时具有一些广告作用，但也必须遵守新闻报道的真实性原则，避免过分宣传、言过其实，以免影响受众的信任度，从而使得宣传效果适得其反。比如，在以往的一些活动类通稿中，对于所报道的活动情况使用了“万人空巷”、“盛况空前”之类夸大其词的宣传语言，这类现象应该尽量避免。

还有一点值得注意：保持真实性并不是说一定要有令人信服的新闻细节。一般而言，消息式的新闻通稿以概括主要信息为主，细节并不重要。当然，若是通讯式的通稿，则可适当地运用具体材料，包括细节。

此外，由于发布目的的不同，用于刊登的新闻通稿一般会把所有的新闻要素都写进正文中，以期吸引媒体；而用于吸引媒体派人前来采访或参加新闻发布会的新闻通稿，则主要突出容易吸引媒体的新闻线索，但具体材料并不全部写明，保持某种神秘感以吸引媒体，详细资料则留待记者来临后再提供。

附例文

第三届中国·临沂诸葛亮文化旅游节将在诸葛亮故里——沂南县隆重举办

本报讯 4月7日，第三届中国·临沂诸葛亮文化旅游节新闻发布会在山东新闻大厦隆重召开。由中共山东省委宣传部、山东省文化厅、山东省旅游局、中共临沂市委、临沂市人民政府主办；由中共临沂市委宣传部、临沂市文化局、临沂市旅游局、临沂市广播电视局、临沂日报报业集团、中共沂南县委、沂南县人民政府承办的第三届中国·临沂诸葛亮文化旅游节将于5月7日—9日在诸葛亮故里——沂南县举办。这是临沂市打造历史文化名城，推进经济文化强市建设的又一大手笔。

诸葛亮（公元181—234年），字孔明，琅琊阳都（今临沂市沂南县）人，中国历史上杰出的政治家、军事家，乾隆皇帝拜谒琅琊五贤时曾评说："端推诸葛是全人"，被后世又尊称为"贤相"、"智圣"。在齐鲁文化的熏陶中，他在阳都度过童年时代，14岁时随叔父客居异乡，27岁走上政治舞台，三分天下，鞠躬尽瘁。他死而后已的献身精神，勤奋爱民的道德操守，机敏巧思的高度智慧，激励、启迪了历代仁人志士，成为中华民族的一笔宝贵文化财富。为弘扬优秀民族文化，进一步整合临沂历史文化资源，打造历史文化名城，推进经济文化强市建设，在成功举办两届诸葛亮文化旅游节的基础上，定于今年5月7日—9日，举办第三届中国·临沂诸葛亮文化旅游节。第三届中国·临沂诸葛亮文化旅游节的主题是"智圣故里·魅力沂南"。本届节会将以文化活动为平台，充分展现沂南县丰富的资源，腾飞的比较优势，进一步提升文化品位，扩大对外影响，打响"诸葛亮故里"这一品牌，拉动招商引资、旅游开发和城市建设，实现由文化资源大县向经济文化强县的跨越。

沂南县有着悠久的历史文化和光荣的革命传统，是一代智圣诸葛亮的故里。革命战争年代，这里被称为山东的"小延安"，"沂蒙红嫂"明德英、“沂蒙母亲”王换于的事迹感天动地。

近年来，沂南县委、县政府在市委、市政府的正确领导下，团结带领全县人民，坚持以党的十七大、十七届三中全会精神为指导，深入落实科学发展观，紧紧围绕经济赶超这个中心，突出“又好又快发展”这一主题，以“主攻招商、重抓工业、强化民营、突出旅游、提升城建”为重点，大力弘扬沂蒙精神、传承阳都文化，不断加快新型工业化、农业现代化、新型城镇化、生态文明化和市区一体化进程，全县经济社会呈现出良好的发展态势。2008 年，全县完成地区生产总值 118 亿元，同比增长 20%；实现财政总收入 9.7 亿元，其中地方财政收入 2.95 亿元，同比增长 22%；城镇居民人均可支配收入 11 200 元，同比增长 19%；农民人均纯收入 526 元，同比增长 14%；国、地税实现双过两亿的新突破；地方财政收入、两税和固定资产投资等主要经济指标增幅均位居临沂市前列。2009 年以来，全县地区生产总值、地方财政收入等主要经济指标逆势而上，继续保持了 20% 以上的高增幅快增长，别具特色的县域经济发展进入了又一个新的加速期，全县呈现出经济赶超、民生改善、社会和谐、人心向上的良好局面。通过大力实施“工业强县”战略，别具特色的县域经济综合实力不断提升，电动车辆城、机械电子制造业基地、建材业基地、食品加工基地、轻工制造业基地的“一城四基地”工业发展新格局已然形成；其中，电动车产业集群由“山东省 10 大影响力产业集群”成功入选“全国县域经济产业集群 100 强”；“文明城市创建活动”取得圆满成功，充满活力的城镇一体化建设进程稳步推进；新农村建设步伐加快，品牌农业、优势产业建设卓有成效；“五个第一乡”的文化旅游格局初步形成，文化旅游产业活力彰显。沂南经济社会实现了又好又快发展，呈现出三大突出特征：文化旅游名县、生态宜居大县、特色经济强县。

本届诸葛亮文化旅游节，把继承诸葛亮文化和弘扬沂蒙精神结合起来，将本着政府主导、群众参与、市场运作、规范管理的办节方针，创新思路，注重实效，扩大影响，打响品牌，进一步打造“活力沂南、实力沂南、魅力沂南”，塑造良好的区域经济形象。据悉，本届诸葛亮文化旅游节将举办十大活动：开幕式将于 5 月 7 日晚在临沂市沂河湖心岛举行大型水上实景演出、诸葛亮文化广场落成典礼、CCTV 大型电视活动“寻宝”——走进沂南、“玉树祥石”展览馆开馆仪式、山东省“逍遥游”（竹泉旅游景区）试点挂牌暨诸葛亮故里旅游推介会、2009 中国·沂南电动车产业集群发展论坛暨电动车展示会、文化产品展销暨奇石根雕古玩交易大会、纪念诸葛亮诞辰1 828周年楹联大赛、“诸葛亮诞辰1 828周年”焰火晚会等主题活动。

通讯员：李顺利　王举峰　杜广玉

中共沂南县委宣传部

（选自 http：//wuxizazhi. cnki. net/search/MZYF200909034. shtml）

绿坝水库填土滑坡事故新闻通稿

7月29日晚，吴工县绿坝水库除险加固工程发生新填坝前坡黏土斜墙大面积滑坡事故。事故发生后，吴工县迅速与总承包单位——××水利电力设计勘测设计研究院一起，共同采取有效措施进行处置。目前，事故基本稳定，未造成人员伤亡，当地群众生产生活秩序正常。

吴工县绿坝水库位于吴工县麻山河上游新利镇绿坝村，距吴工县城29km。该水库兴建于1956年，1962年12月建成投入运行。

据了解，绿坝水库除险加固工程经省发改委、省水利厅的批准立项，工程总投资6 678万元，于去年9月24日动工，设计总工期为16个月。该工程为我省水利工程总承包试点项目，总承包单位为××水利电力设计勘测设计研究院，设计单位为省水利电力设计勘测设计研究院，监理单位为××工程监理咨询公司，施工单位为省水电二局股份有限公司。此次除险加固工程中大坝加固工程主要是坝前坡建黏土斜墙。在完成围堰导流及清基后，黏土斜墙于今年1月10日起从高程315.0m开始填筑，至3月20日填筑高程达到436.6m。7月29日23时48分，大坝黏土斜墙填筑左坝段发生大面积滑坡。滑坡长度约280m，宽约25m，下滑高度接近3m，填土仓面出现一条较大的纵向裂缝，已完成的混凝土护坡整体下滑，局部开裂，混凝土护坡底部及基坑槽内填土明显隆起。

事故发生后，吴工县委、县政府高度重视，迅速组织相关技术人员赶赴现场勘察，并召集专题会议，成立了现场处置组、综合协调组、事故跟踪调查协调组和应急抢险预备队等工作组，全力做好滑坡事故应急处置工作，防止次生事故的发生。目前，该县已撤离事故现场内的所有人员和机械设备，在事故现场设立了警示标志，封锁进入现场的施工道路，同时与承包单位、监理单位、设计单位等一起沟通联系，争取上级技术部门对事故进行调查分析，制订工程处理方案，尽快上报有关单位审定后实施。县水务、县三防等相关职能部门及相关镇、施工单位、监理单位、设计单位也正严格执行工程建设应急预案，落实措施，加强监督检查，确保安全度汛。

境外提款服务的信息透明度须提高

消费者委员会在四月进行的一项调查发现，在境外提款，不同的自动柜员机网络及银行收取的费用差别大，并建议银行提高境外提款服务的资讯透明度。

在缺乏详细资料的情况下，消费者难以选择是否采用自动柜员机服务作境外提款，因为对服务所涉及的实际收费所知甚少。

随着愈来愈多人到内地或海外公干或旅游，对外币现钞的需求亦随之而增加。

是次调查消委会共收集了17间银行就提款卡境外提款的服务收费情况及相关资料。调查发现，使用服务的消费者可能会被银行征收两类主要的费用：每次境外提款手续费，以及外币兑换手续费。

在境外提款的消费者必须以提款卡进行交易，而大多数银行（13间）征收每张卡介乎港币30元至55元或人民币50元的年费，其中1间豁免首年年费，3间的指定客户可豁免有关年费。余下4间豁免征收提款卡年费。

（原载《选择》2014年总第451期）

新里程健康计划
病患者的新希望

一位患有鼻敏感的女士，在参加了药石医院的“新里程健康计划”后，敏感症状不再出现，甚至把平常需按时服用的抗敏药物，都抛诸脑后，困扰她多年的敏感症已在不知不觉中消失。

另一位患有高血压的男病人，在参加“新里程健康计划”的十天里，完全不需要药物，血压竟能受到控制。以药物控制血压，通常需要半年的时间，但他在十天内便做到了。

“新里程健康计划”并非只是实践十天健康生活，参加者也须学习如何在平常的日子里，继续遵行“新里程”所提倡的健康原则。

本星期×（××月××日），是“新里程健康计划”参加者的重聚日，届时参加过这个计划的成员和本院的医生，将分享他们对计划的感受、体验和参加成果。本院诚意邀请贵报到来采访，亲身求证“新里程健康计划”的成果。本院相信这项消息是香港市民所需要的，对一群无助的病患者来说，它更是一个新希望。

新闻发布会详情：

地点：九龙塘药石医院（九龙塘××路××号）

日期：二零××年××月××日（星期×）

时间：×午×时到×时

如有任何查询，欢迎致电2987××××与外事处主任王××小姐联络。

第八章 公文写作

第一节 公文概述

一、公文的含义

公文即公务文书，其含义有广义与狭义之分。广义的公文，指各类机构、社团在处理涉及各类公私事务、业务，或发布各类涉及一定范围的公众的信息时使用的各类带有特定形式特征的文章。狭义的公文，特指“法定行政公文”，指由国家（或地区）官方机构通过法规规定的公务文书。例如，在大陆，狭义的公文指的是由中共中央办公厅、国务院办公厅2012年4月16日发布的《党政机关公文处理工作条例》所规定的“决议”、“决定”等15类公文；在台湾，指的是台湾《公文程式条例》（2004年5月修正版）所规定的“令”、“呈”等6大类21种文种的公文。

公文的使用者，并不限于官方机构，实际上，广义的公文几乎应用于所有机构、社团，即使是狭义的公文，其中一些文种，如通知、报告等，非官方机构、社团也经常运用。因此，无论是专业工作者，还是行政事务者，甚至是商务工作者、企业经营管理者，都要学会通过公文来传达政令政策、处理业务和事务，以协调各种关系，使各项工作得以正确、高效地进行。

二、公文的分类

公文写作在我国可谓源远流长，最早的一批公文，可以上溯到殷商时代。甲骨文、金文及《尚书》中的部分明显带有公文性质的文献，年代最早的迄今已有3 000年的历史。如《尚书》中就已经有了典、谟、训、诰、誓、命等不同的公文文种分类。此后，在几千年的社会发展过程中，公文文种也随着社会的发展而不断地演变。有些文种被淘汰了，如前述的典、谟、训、诰、誓；有些文种则被其他相似文种代替了，如诏令被命令、令代替，奏议被报告、请示、呈等代替。但从变化趋势上看，随着社会的发展，各类公私机构需要处理的工作事务日益增多，公文的文种总体上也呈现出增多的趋势。很多文种是近几十年乃至近些年才出现的，如外交文书中的国书、照会、联合声明等，使用的历史最多只有百余年，电子邮件、传真则是近些年才出现的。

对公文的分类，可以有不同的分类标准。例如，依据公文的行文对象，可以划分为上行文、下行文、平行文，亦可划分为对外公文、对内公文等。当然，现在使用的最主要的划分标准，还是按功能、用途划分。如各地官方规定的公文文种的分类，主要就是依据功能、用途这一标准来划分的。由于公文文种很多且各地还不尽相同，所以我们把各类公文大致地归并为两大类：一是法定公文（即狭义的公文），二是非法定公文。

（一）法定公文

法定公文指官方法规规定的处理公务使用的各类文书。法定行政公文的文种，大陆及台港澳地区互有差异，参见表1。

表1　大陆及台港澳地区法定行政公文文种一览表

地区	文体名称	数量
大陆	决议、决定、命令（令）、公报、公告、通告、意见、通知、通报、报告、请示、批复、议案、函、纪要	15
台湾	令、呈、咨、函、公告、其他公文（含书函、开会通知、公务电话记录、手令或手谕、笺、报告、笺函或便笺、聘书、证明书、证书或执照、契约书、提案、记录、节略、说帖、定型化表单共16个文种）	21

（续上表）

地区	文体名称	数量
香港	行政法令、人事令、呈文、咨文、签注、公函、通告类、法律文书、其他公文（含备忘录、研究报告、工作报告、会议文件、申请书、单据、短柬共7个文种）	15
澳门	公函、报告、请示、建议书、请示/建议书、传阅通知、传阅函、公告、通告、通知、布告、内部通告、内部通知、工作令、备忘录、召集书、会议记录、请柬	18

（二）非法定公文

非法定公文即除法定公文外的其他常用公务文书。如规章制度、会议文书、简报、调查报告、研究报告、企划书（计划）、总结、备忘录、演讲稿、致辞、演说词、题词、聘书、述职报告等。

除了上述较为常见的文种外，还有诸如外交、军事等领域使用的较为罕见的专用公务文书。

三、公文的特点

（一）作者与读者的特定性

公文中，有很多是只能由某些特定作者撰写或签署发布的，或针对某些特定读者、对象发布的。比方说，有些文种只有部分人有资格撰写或发布，如大陆地区下行行政公文中的“命令”、“决定”，一般是上级部门使用的，而“请示”、“报告”则是下级部门使用的；还有些文种，是特别针对某一类对象撰写、发送的，如台湾地区行政公文中的“呈”，仅限于对领导者“有所呈请或报告时用之”，大陆地区有的行政公文会注明“传达至县处级”，即规定其读者（知情者）只能是县处级以上官员；有些公文则直接写明发送给某一具体对象，如台港澳地区很常见的发给个人的公函、电子邮件等；有些公文即使没有直接的、明确的读者对象，也有相对确定的读者范围或受众群，如公告、通告等希望众所周知的文章，其实也是针对特定范围的读者发布的，比如某城市发布的通告，针对的是该市市民（也可能包括外来者）。而相比较而言，小说、影视、诗歌之类的文学作品，作者、读者的身份可以说几乎是不受限制的，只要具备创作能力，任何人皆可写作；只要具备鉴赏能力，任何人皆可阅读。

（二）写作目的的功利性

公文写作目的的功利性体现在：各类公文基本上是为了一个比较明确的实际目的而撰写的，其行文也都是为实现这一目的服务的。请示希望上级答复或批准，申请书希望相关部门批准，请柬希望对方出席仪式或会议，布告、通告等希望读者周知乃至遵照执行。有些公文表面上似乎不期望得到读者的反应，实际上也有其功利性的写作目的。如电话记录、会议记录等，基本上都是以提供、保存证据以备未来取证为目的的；而通报、简报、新闻通稿（新闻发布稿）等，则以信息发布或宣传、沟通交流为目的。文学作品则不然，很难想象创作者在写作（创作）时就设定了诸如获得文学大奖、赚取巨额利润或成为经典流芳千古这类功利性目的。

（三）文章内容的限制性

公文文章内容方面的特点是所写主题或题材具有限制性。这体现在：很多文种对写什么内容、有什么用途，是有限制的。如台湾地区行政公文中的“令”，规定其内容仅用于“公布法律，任免、奖惩官员”；澳门地区行政公文中的“召集书”，用于“通知有关人士出席会议”。即使一些表面上看似乎没有内容限制的公文，实际上还是有一定的内在要求的。如新闻通稿，必须要有新闻价值或新闻“卖点”以吸引媒体的关注。除此之外，公文的限制性还体现在：公文的内容大多是一文一事，以便于所涉及事务的办理。这与文学作品可以容纳上下数千年、纵横几万里的内容也是有明显差异的。

（四）文章效力的证据性与约束性

从文章效力的角度看，不少公文具有证据性，这体现在文章本身具有作为书面证据“立此存照”的效果。无论是大陆还是台湾、香港、澳门，其行政公文大都有发文编号或存档编号之类的项目（台湾行政公文还有保存期限），档号当然是为了文件归档及查阅、使用方便而编制的；有些公文实际上就是为了作为法律依据而撰写的，如公证书之类，其证据性的特点就更为鲜明了。

此外，有不少公文带有法规性质，对其受文者具有规范、约束作用，要求受文者遵守或遵照执行。如大陆行政公文中的“指示”、“决定”，两岸四地一般公文中的规章、契约类文章，其令行禁止的功效是非常明显的。

（五）结构形式的模式化

大多数公文在形式方面具有模式性，即其文章结构呈现出模式化的特点。有的公文甚至可以事先印制好主要内容，使用时再根据具体行文对象、当事人、涉及事务等填写文字，再填入日期、加盖发文机构印章即可制作完成。如大陆地区一度流行的介绍信，两岸四地的部分请柬、契约，有些部门、机构使用的电话记录单等。当然，大多数公文无法事先印制，但文章结构仍呈现模式化的特点，如台湾公函的构成要素通常有：受文者、提称语、正文、结尾用语、应酬语、署名、日期等；大陆地区的行政公文，按规定由份号、密级和保密期限、紧急程度、发文机关标志、发文字号、签发人（上行文使用）、标题、主送机关、正文、附件说明、发文机关署名、成文日期、印章、附注、附件、抄送机关、印发机关和印发日期17个项目组成。所有这些模式化的特点，文学作品是非常忌讳的，也是不可能出现的。

（六）表达语言的质朴性

大部分公文的表达语言并不以文采华丽、语言形象生动、推陈出新为美学要求。反之，往往追求语言风格的庄重、精确、简练、朴素。因此，公文一般不对语言作过分的修饰，较少使用旨在使语言更为形象生动的各种修辞技巧；不追求语言方面的标新立异，反而往往使用某些相对固定的专门用语。如大陆行政公文“请示”的结尾往往使用“以上请示当否，请批复”、“以上请示如无不当，请予批准”等套版化的语句。这种情况，在台港澳公文中表现得更加明显，他们甚至规定了某些文种相对固定的行文用语。如澳门《中文公文写作手册》列明的“公函”撰写的参考惯用语为：

开端用语：根据、为（为了）、按照（依照、遵照）、兹因（兹有、兹定于）、欣值、顷接、现将、鉴于等。

称谓用语：第一人称用本、我，第二人称用贵、你，第三人称用该、他等。

引叙用语：顷接（现接、近接）、近悉（欣悉、敬悉、惊悉）等。

经办用语：经、兹经、业经、现经、拟定等。

承启用语：为此、据此、对此、有鉴于此、提出如下、答复如下等。

期请用语：请（恳请、拟请、即请）、希（恳希、务希、尚希）、望、盼（切盼）等。

表态用语：应该、同意、可行、不可、照办、迅即办理、现予转发等。

结尾用语：此（复、令、布）、特此（通知、通告、公告、函复、函达）、为（要、盼、感、荷）、希（研究执行、贯彻执行、遵照办理、参照执行）、“以上报告，请审查”、“以上意见当否，请批复”、“敬请函复”等。

祝愿语：敬祝、顺颂、并颂、即颂、钧安、台祺、公祺、钧祺、台安等。

（七）发布、实施的时效性

公文发布、实施方面的时效性首先表现为对文中所述事务的实施有日期、时间限制，即必须在规定日期、时间节点之前办理或处理。如会议通知，当然必须在会议开始前就提前发布给与会者；会议议程通常必须按照文中规定的日期或者具体时间逐项实施，尽量避免延误。此外，公文的时效性还表现为文中规定的期限一过即很快失效，该文除了存档备查的作用以外，行文的实际效果已经丧失。如宣布临时阶段性停电的通告，一经发布使用，过后通常就不再具有实效。文学作品则不然，往往历久弥珍，经历时间考验而不被淘汰的作品才能成为文学名著。

四、公文的作用

公文的作用，总体上说是具有凭证、依据的作用。具体而言，则因文种不同而有所区别。

（1）领导或指导作用：如下行文对下级机关、个人有领导的作用，商品说明书对用户使用产品则有指导作用。

（2）约束和规范作用：如法规类、契约类公文，对社团成员或签约者具有约束和规范作用。

（3）沟通与联系作用：如新闻类、报告类公文，往往具有发布信息、沟通情况的作用；信函类、公关类公文则具有使相关对象密切联系的作用。

（4）宣传与教育作用：如嘉奖令、表扬性或批评性通报等多具有教育作用。

第二节 常用公文写作概述

一、学习公文写作的意义

公文的价值，首先体现在它是实施管理的重要工具。上到国家、地区的最高行政机关，下到机构、社团，其对未来发展的规划部署，对现实工作的布置实施，对内部成员、财产、机构运作的管理，很大一部分管理工作是通过撰写、发布公务文书来实现的。其次，公文也是机构或团体之间、个人与团体之间、个人与个人之间沟通信息、处理事务乃至联络感情的重要交际工具。再次，公文还是日常工作、学习、生活不可或缺的辅助工具。此外，无论学什么专业的大学生，都必须学习并熟练掌握公文写作能力，正如语文教育家叶圣陶先生所言：“大学毕业生不一定要能写小说诗歌，但是一定要能写工作和生活中实用的文章，而且非写得既通顺又扎实不可。”（叶圣陶《作文要道》）确实，能够撰写出格式规范、结构严谨、文句通顺、内容充实的合格公文，是大学生必备的基本素质和必需的基本技能。具备这种素质与技能，无论是对个人适应在校期间的学习生活，还是对未来走向社会就业发展，都具有重大意义。

从适应现实的角度看，大学生在校期间，一般除文学类专业的学生会有少量文学作品习作的写作要求外，其他院系、专业的学生，并无这方面的写作要求（业余爱好则另当别论）。此外，大学生在学习及生活中需要撰写的文章，基本上属于法定公文，如通知、通告之类，其中又有不少属于非法定公文，如会议议程、总结、计划之类。因此，掌握公文写作能力，并不断提升公文写作水平，对大学生完成大学学业乃至升学深造，具有明显的现实意义。

从有利于未来的角度看，现在有很多公私机构在招聘时是很注重应聘者的写作能力的，有的甚至在招聘时就加入公文写作能力测试。如果大学生能在大学期间就掌握好必备的公文写作知识与技能，并且能尽快适应未来就业所在地区、机构、社团的环境，进而根据任职机构、社团的需求撰写出较高质量的公文，无疑能使自身在未来竞争激烈的职场环境中处于相对有利的位置，故掌握公文写作技能可以使人终身受用的深远意义是显而易见的。

二、公文写作的基本要求

公文文种繁多，每种公文的撰写要求不一。但从总体上看，其基本规则还是有的。因此，要写好公文，首先必须明了其写作的基本要求。

（一）熟悉机构情况，掌握行文规则

写好公文的基本前提，除了掌握写作基本知识和写作技能并能熟练运用之外，还有很重要的一点，那就是写作者在撰写之前，必须熟悉两个方面的情况：一是本机构或社团的基本情况，二是本国家（地区）、社会、行业及机构（社团）的行文规则。

1. 了解基本情况

一般来说，涉及公务、商务、行业业务或事务的公文，都有一个基本的要求：写作者必须熟悉本机构或社团的职责权限、工作或业务范围、上级或下属机构、运作程序及规则、主要产品或业绩等基本情况。这些基本情况，实际上也就是公文的写作材料。如写作者对此了解不够，就算勉强动笔，即使写作者是个专门研究应用写作的博士，所写的文章也很可能比不过一个在本单位干了十年八年、熟悉本机构运作的高中毕业生。道理很简单，巧妇难为无米之炊。比方说，写作者不了解本机构的职责权限、工作或业务范围，怎么撰写本机构的发展规划？写作者不熟悉本企业的产品性能，怎么撰写广告宣传策划案或营销计划？写作者不了解本机构业绩，如何撰写总结？写作者对本单位的构成不熟悉、不了解上下级机构，怎么知道通知或请示发给谁？因此，对文章涉及的各方面的基本情况的掌握详细与否，对于文章质量的高低，影响是巨大的。所以，任何人要想写好公文，一定要花大力气尽可能详细地去了解，全面地掌握本单位各个方面的基本情况。

2. 掌握写作及行文规则

出于历史的原因，长期以来，中国大陆与台湾、香港、澳门地区及海

外使用中文写作的国家、地区，在公文写作方面存在着诸多差异；此外，这些国家或地区之间的中文公文，也存在着一定的文种、形式的差异。需要写文章解决问题、处理事务时，写什么文体的文章、怎么写（包括格式、行文用语等），在不同的国家、地区往往会有所不同。下面我们试以"公函"为例，看看这种差异对写作者会有何影响。

大陆："函：适用于不相隶属机关之间商洽工作、询问和答复问题、请求批准和答复审批事项。"

台湾："函：各机关公文往复，或民众与机关之间申请与答复时用之。"其具体使用范围的规定为：①上级机关对所属下级机关有所指示、交办、批复时；②下级机关对上级机关有所请求或报告时；③同级机关或不相隶属机关间行文时；④民众与机关之间申请或答复时。

香港："政府公函用途广泛，不论是公务人员与市民或私营机构联络，或是政府机关之间沟通，都可采用公函。此外，部门如要把一些较为个人的消息告知员工，例如通知晋升、批准调职申请等，也多采用公函。"

澳门："某部门向其他部门或私人实体发出的信件或正式文件。"

对上述的不同行文规定稍加分析就可发现不少差异。首先，适用对象有差异。大陆仅限于机关之间行文；而台港澳地区既可向机关行文，也可向私人行文。其次，适用范围有差异。大陆仅限于三个方面：商洽工作、询问和答复问题、请求批准和答复审批；台湾则还可用于"上级机关对所属下级机关有所指示、交办"（在大陆这类内容通常用"通知"、"决定"、"批复"等文种而非"公函"）、"对上级机关有所请求或报告"（在大陆这类内容通常用"请示"、"报告"等文种而非"公函"）；在香港，公函的适用范围则更广，其用途主要有四个方面：一是各类公关应酬，二是致个别市民，处理政府与私人或机构之间的各项事务，三是致内部员工，通知个人关于升职之类的相关事项，四是致大陆政府单位处理各项事务等。其内容及使用范围较大陆更广，其中，除了第四个用途之外，其余用途在大陆很少用公文来办理。

除此之外，公函的格式，大陆与台港地区的差异也很大。

例①：大陆公函

××大学

××校字〔2014〕××号

关于同意协助解决办公室工作人员外语进修问题的复函

××公司：

贵公司〔2014〕××号函收悉。经与本校外语学院英语系研究，现答复如下：同意接受贵公司10名办公室工作人员到我校英语口语及听力强化班进修。所涉及的经费、时间及日程安排等具体事宜，请贵公司速派人到我校外语学院办公室商议。

此复。

××大学

二〇一四年四月一日

例②：台湾公函

国防部中山科学研究院　函

地址：××市××路××号

承办人：院办公室×××

电话：(××)　×××××××××

传真：(××)　×××××××××

电子信箱：××××@××.com

104（注：受文者邮政编码）

台北市××路××段××号（注：受文者地址）

受文者：台北市政府公务人员培训中心

发文日期：中华民国×××年××月××日

发文字号：××字第×××××××号

速别：速件

密等及解密条件或保密期限：

附件：

主旨：贵中心“行政管理研习班”学院31人，定于××月××日×午×时莅临本院参观，至表欢迎，敬候光临。

正本：台北市政府公务人员培训中心
副本：本院教育处、总务处、警卫室

院长　刘××（签字章）

例③：香港公函

本署档号：(22) in EMB/LI/01H
来函档号：

香港××道××号××楼
香港青年总协会主席
×××先生

×××主席：

九月十日来函敬悉。承蒙邀请为贵会举办的“青年演讲慈善晚会”主礼，深感荣幸。是次活动饶具意义，既可鼓励青少年发挥潜能，也能有助于宣扬为善济众的美德，本人自当乐意效劳，届时定当依时出席。专函奉复，并申谢忱。

教育统筹局局长　×××

二零零一年九月二十九日

从上述几篇例文看，虽同为公函，但其书写格式、行文用语可谓相距颇大。从格式角度看，大陆、台湾于“文头”部分写明发文机构，而香港则用“落款”的形式表明发文机关；大陆、台湾都写明文种为“函”，而香港不必；台湾、香港均写明受文机构（或个人）地址，而大陆不必；台湾公函写明具体办理人及其联系方式（包括电话、传真、电子信箱三项），而大陆、香港没有。发文日期的书写位置：大陆写于一般书信落款处（发文者署名之下方），台湾于受文者之下、正文之上顶格书写，而香港则在发文者署名之左下方顶格书写。公文编号（存档号）的形式大陆与台港也是各行其是。此外，台湾公函在正文之下还需写明机构负责人职务、姓名，香港则在落款时写明负责人职务、姓名；这种情况在大陆公文中除公告、通告等少数文种之外，其他甚少使用。在行文用语方面，台港公函中文言文色彩明显较大陆公函强烈。

因此，写作者要写好中文公文，首先要了解自己身处的国家、地区的中文公文写作的基本要求及行文规则，否则，就很有可能连该写什么文种的文章、受文者应该是谁都不清楚，在这样的情况下贸然动笔，结果很有可能是劳而无功。比如说，中国大陆地区规定，“请示”是写给本单位的上级机关表示有所陈请的公文。不了解这一点，给同级或下级机关发“请示”，会成为一个笑话。而在台湾，则根本没有“请示”这一文种，上述事务按规定是用“公函”来办理的。再者，就算文种、受文者都是对的，写出来的文章也可能因表达的差异而难以合格。可以想象得到，让一位不熟悉台港澳公文写作规则的内地公文写作高手来写台港澳公文，或让一位不熟悉内地情况的台港澳公文写作高手来写内地公文，写出的文章将会破绽百出，难以合格。

（二）目的明确，主题鲜明，力求文意清晰

要写好公文，在落笔之初，首先必须对公文的写作目的理解、把握得非常准确，因为这甚至关系到选择什么文种。比方说，在大陆，请示与报告都是上行文，但又有差异。这种差异从办理的角度看就是：请示需要上级批复或批准，报告不用批复或批准。如果写作者（或其所在单位）要申请一笔经费，需要上级批准，就必须使用“请示”；而如果只是向上级汇报情况，不需批准或批复，则只能用“报告”。

在明确了写作目的后，应按照写作意图确立写作主题。公文的主题通常必须是鲜明且单一的，即所谓“一事一文”、“一文一主题”。避免一文多事，以致出现办理困难或因多方相互推诿而造成办事效率下降。

在确立了公文的基本主题后，公文全文均应围绕这一主题展开。表达上通常直切主题，不枝不蔓。除了广告、私人信函等少数文体外，大多数公文的主题表达一般都是明确而不隐晦、清晰而不含蓄、直接而不间接的。这一点，与文学作品主题表达的一般规律对比鲜明。

（三）形式规范，遵守规则，避免刻意求新

如前所述，绝大部分的公文都有一定之规，其格式、表达用语甚至是模式化的。因此，公文写作者如无特别的原因，一般应该遵从这些约定俗成的基本格式和表达形式，没必要在格式、表达形式方面作出较大的变更。这是因为，公文写作的目的多是处理事务或业务，当然希望行文意图能够让受文者尽快理解。从这一点出发，当然是用发文、受文双方按照一定规则形成的驾轻就熟的形式来操作更为方便、简捷。若是像文学作品那样力求出新，甚至像某些现代派文学作品那样高深莫测、艰涩难懂，效果如何不说，至少办事效率受到影响是必然的。

当然，避免过多变动只是一个基本原则，不等于墨守成规。比方说，台湾、香港目前还保留着竖行书写式公文，但两地公文处理条例也都明确说明提倡使用横行书写式公文，只有柬帖之类比较特殊的文种才使用竖行书写式公私信函。因此，在可能的情况下，当然宜使用横行书写形式。在格式方面，旧式书信有不少从效果上看接近于废话的用语。如“提称语”、“告启语”、“寒暄语”、“恭维语”之类，如无必要，也大可略去。

（四）表达简练，态度客观理性，语言平实朴素

公文的写作目的在于应用，即实实在在地解决问题、处理事务，因此，一般而言不用像文学作品那样讲求艺术性，而是力求表达上的简单凝练，写作态度上的客观理性和语言上的平实朴素。除了广告、个人信函、演讲稿、贺词等少数文种允许出现写作态度方面的感性色彩外，大多数公文在表达文义时以理性、客观为基本原则，通常不流露出写作者的情感。在表现手法上，公文通常以叙述、议论、说明为主，较少使用描写，极少使用抒情。在语言上，一般也以平实的现代白话为主。即使需要使用某些文言语句，也应以浅近易懂为原则。一方面，一些过于陈旧的称谓大可换用较易理解的，如不少过时的谦称，像鄙人、愚、仆、职、敝署之类的，实在没必要再保留。另一方面，有些过于陈旧的表达语句也大可换用较为浅近的，如明明是收信语，为什么不用“昨奉大函”（文言）或“昨天收到来信”（白话），而要矫情地写成“正怀旧雨，忽奉朵云，喜何如之”之类的语句呢？

（五）注重礼貌，卑亢有度，精确把握分寸

公文写作的受文者为他人或其他机关，从接受的角度看，只有让受文者阅读之后在情感、理智上更易于理解、接受，效果方可称善。现行的公文中，有很多的问题都涉及礼仪、礼貌。上行文、公关文书须谦卑有礼而又不失尊严；下行文须端庄而不显傲慢，其间分寸的准确拿捏，是很考究写作者的语言运用能力的。因此，写作者在这方面也应特别注意，在学习公文写作时应通过多读参考例文，揣摩、掌握语言的尺度，培养表达上的分寸感；在实际写作中应反复斟酌，既恰如其分地表达意图又不失礼貌。

第三节　大陆地区常用公文写作

作为内地大学生，或留学生中毕业后有意在中国内地就业发展者、毕业后将就业于与中国内地联系较为密切的行业者，从现实的学业需要和未来适应就业环境的需要考虑，在学习公文写作方面的一项重要任务，就是尽可能熟练地掌握内地常用的公文文种撰写、发布的基本知识和技能。不过，《党政机关公文处理工作条例》中规定的15种公文文种中，有的并不常用，如决议、公报、公告等。但有不少文种，不但党政机关在使用，一般的公私机构乃至社团组织也经常使用。为此，我们选择了几种在内地较为常用的、应用范围较广的公文文种（不局限于党政机关“法定行政公文”类型），通过对其文体特点、使用范围、形式特征、撰写要点等方面知识的介绍，希望学生能从中掌握这些常用公文的写作知识和技能。

一、通知

（一）含义及用途

通知可以说是使用频率最高的公文文种之一。2012年版《党政机关公文处理工作条例》规定，通知适用于下列几种情况：①发布、传达要求下级机关执行和有关单位周知或者执行的事项；②批转、转发公文。其他非党政机关的公司机构和社团，除了较少用于转发公文外，对通知这种文种的使用与党政机关大致相同。

（二）分类及例文

按照用途，通知大致可分为发布事项型、批转公文型、会议或活动型三大类。

例①：发布事项型通知

暨南大学关于开展2014年“本科教学日”主题活动的通知

各本科教学单位：

根据《暨南大学关于设立“本科教学日”的通知》（暨教〔2013〕25号），今年5月8日（星期四）是我校第2个“本科教学日”。为了进一步营造良好的本科教学氛围，继续深化教学改革，促进教风、学风的稳步提升，学校将在当天开展“本科教学日”主题活动，具体如下：

一、2013年暨南大学教学工作会议总结大会。

二、“品位教学”（第3期）。

三、“赢在创新”——暨南大学本科生创新大赛（第3季第3期）。

四、学院组织师生开展的本单位本科教学主题活动。

五、学生自发组织的相关活动。

学校将通过“本科教学日”主题活动，为本科教学提供多角度交流展示平台，进一步巩固本科教学基础地位，激发教师的教学热情和学生学习的积极性，促进我校本科教学的不断发展。

暨南大学

2014年4月11日

例②：批转公文型通知

××市人民政府办公室文件

市府发〔2010〕××号

关于批转《××市中小学校配备兼职校医实施方案》的通知

各县政府各部门、各中小学：

《××市中小学校配备兼职校医实施方案》已经市人民政府2010年第三十次常务会议研究同意，现批转给你们，请结合实际，认真贯彻执行。执行中的情况和问题，请及时与市卫生局、市教育局联系。

附件：《××市中小学校配备兼职校医实施方案》

××市人民政府（印）

二〇一〇年四月二十四日

例③：会议或活动型通知

通　知

为庆祝“五一”国际劳动节，校工会拟于五月二日晚七点三十分在学校大操场放映国产彩色故事影片《××××》，欢迎师生及家属前往观看。

××大学工会

二〇一四年四月二十八日

（三）文章构成及写法

上面三篇例文，例①、例③是非政府机构发布的，例②则为政府行政公文，用“红头文件”的形式发布。综合上述例文的特点，通知的主要构成要素及其写作要点如下：

1. 标题

通知的标题，常见的形式有三种：

（1）三要素齐全式：发文机关、事由、文种三要素齐备，如例①。

（2）两要素式：省略发文机关，由事由、文种构成，如例②。

（3）省略式：只保留文种名称即“通知”，如例③。

撰写通知标题时，要注意转发（批转）公文型通知的标题的特殊写法。

（1）批转或转发文件型的通知，标题较为复杂。一般情况下，可以用上述前两类标题的写法（即写明发文机关或省略之），“事由”部分写成“转发（批转）+被转发（批转）文件标题”的形式，如“××市政府转发××省政府关于……的决定的通知”，省略发文机关的则为“关于转发××省政府关于……的决定的通知”。

（2）被转发（批转）的公文如属政策法规，可加书名号；否则不得加书名号。如“关于印发《中华人民共和国大气污染防治法》的通知”。

（3）还有两种比较特殊的情况：当文件是多层转发时，要避免出现“××县政府转发××市政府转发的××省政府关于……的决定的通知”的烦琐写法，可直接写明转发的原始文件（即省政府文件），略去中间层次的市政府文件的表述，写成“关于转发××省政府关于……的决定的通知”；此外，若被转发（批转）的公文就是一份通知，则标题也会出现“关于转发……通知的通知”的表述，则可将前一个“通知”用意见、指示之类的词语代替，如“××市政府转发省政府关于……问题的意见的通知”。

2. 主送机关

主送机关即公文的受理、办理机关或所谓的受文者，如例①、例②均写明主送机关：“各本科教学单位”、“各县政府各部门、各中小学”。但是有些单位内部的一般事务性通知，也可省略主送机关，如例③。

3. 正文

正文写明通知事项，一般可分为开头、主体、结尾三部分。

（1）开头部分写明事由，如发布通知的依据（如例①）、目的（如例③）、原因等。

（2）主体部分写明通知的事项、措施、态度、要求、希望等具体内容。当通知的事项较多时，可采用分条列举式的写法，使内容表述更有条理。

（3）结尾部分通常以“特此通知”结束，亦可省略。

4. 附件

批转或转发公文型的通知，其批转的下级文件，转发的上级或不相隶属机关的文件，通常以附件的形式附于正文之后。因此，如有这类附件，应在正文之下、落款和日期之上逐一列举附件的名称。其他非批转或转发公文型的通知如有附件，也以此方式处理。

5. 发文机关署名、成文日期及公章

通知的最后部分是发文机关署名、成文日期及公章。形式为发文机关在上、成文日期在下，书写位置皆居于页面右侧。公章一般覆压于发文机关署名、成文日期的正中位置。法定公文式通知如有正式文件的文头，且已写明发文机关，则落款处可略去发文机关，如例②。

6. 其他构成要素

法定公文式通知还有其他法定公文规定的构成要素，如标题之前有份号、密级和保密期限、紧急程度、发文机关标志、发文字号、签发人这六个要素，成文日期之后则有附注、附件、抄送机关、印发机关和印发日期等要素。由于这些法定公文形式方面规定的项目，通常由负责办文的秘书部门确定，一般不需要写作者负责处理，故本教材对此类内容不复赘述。

二、请示

（一）含义及用途

《党政机关公文处理工作条例》规定：请示“适用于向上级机关请求指示、批准”，属于上行文。请示的主要特点有二：其一，发文机关与主送机关之间为上下级关系；其二，请示的主要特点在于需要上级批准或批复。而另一种常用上行文“报告”，上级则是不需要答复或批复的。这也是请示与报告最主要的区别。

请示通常在需要上级机关答复疑难、作出裁决、指示办法等情况下使用。非党政机关使用这一文种，其用途相同。

（二）分类及例文

按照用途，请示可分为请求指示型、请求批准型两大类。

例①：请求指示型请示

关于如何处理农村五保对象遗产问题的请示

最高人民法院：

我院在执行××××年××月××日国务院颁布的《农村五保供养工作条例》过程中，发现该条例与××××年××月××日最高人民法院颁布的法（民）发〔××××〕××号《关于贯彻执行〈中华人民共和国继承法〉若干问题的意见》第55条的规定不一致。特请示：农村五保对象遗产处理应遵照哪条规定执行？

以上问题，请复示。

××省高级人民法院

××××年××月××日

例②：请求批准型请示

××大学图书馆关于执行《教职工借阅图书规则》的请示

校长办公室：

长期以来，我馆在教职工借阅图书方面情况混乱，很多教师借书不还。不办续借手续及无故延迟归还等情况，造成图书资料流通利用率下降。为形成秩序井然、有条不紊的借阅环境，我馆制定了《教职工借阅图书规则》（见附件）。现将该文件呈报，请学校领导予以审查。

如无不妥，建议向全校公布并批转各院系遵照执行。

附件：《教职工借阅图书规则》

××大学图书馆

××××年××月××日

（三）文章构成及写法

请示的主要构成要素及其写作要点如下：

1. 标题

请示的标题，通常有两种形式：

（1）三要素齐全式：发文机关、事由、文种三要素齐备，如例②。

（2）两要素式：省略发文机关，只保留事由、文种，如例①。

撰写标题时要注意："事由"部分的表述，要尽量简洁。撰写时要注意两点：①避免出现多个动词。如"关于申请批准购买实验设备的请示"，事由部分的"申请"、"批准"两个动词皆可省略。②避免使用与文种名称相同的动词。如"关于请示批准院系对青年教工帮扶基金使用裁决权的请示"，事由部分使用了动词"请示"，多余累赘，不如连同"批准"一起删除，更显简洁。

2. 主送机关

请示的主送机关即发文机关的上级机关。主送机关的拟定要注意以下三点：

（1）请示只能有一个主送机关。多头请示，这是公文写作之大忌。受双重领导的单位，应根据具体情况确定一个主送机关，另一个上级机关可以作为抄送机关上报。如果确实需要两个（或两个以上）上级机关的指示或批复，可分别行文。

（2）请示的主送机关一般应为本机关的直接上级及其主管部门，通常不应越级请示。如确有特殊情况需要越级请示，则需抄送被越过的上级机关。

（3）不得向领导（上级机关负责人）个人请示。

3. 正文

请示的正文由开头、主体、结尾三部分组成。

（1）开头部分写明请示的原因、背景。这一部分是请示的主要理据，应尽可能写得事实清楚，理由充分，有说服力。

（2）主体部分是请示的主要内容，即请求上级答复什么问题、作哪一方面的指示、批准什么事项、给予什么帮助等，一定要表述得具体、清楚。

（3）结尾需明确提出请示，通常以"以上请示，请予批复"、"妥否，请批复"、"当否，请批示"、"请予审批"、"请予核批"等模式化结语作结。一般是另起一行书写。

正文写作一般须注意以下问题：①一文一事，内容单一，避免一文多事，造成办理困难。如果确有多项事务需要请示，可以分别撰文。②请示应于事前，切忌事后请示，先斩后奏。③尊重上级，谦恭有礼。如果事项紧急，也只能说明紧急情况，请求上级尽快处理，避免使用要挟、催促、命令式语气。

4. 附件

请示如有附件，处理方式与前述其他法定公文相同。

5. 发文机关署名、成文日期及公章

请示的发文机关署名、成文日期及公章的处理方式与前述其他法定公文相同。

三、报告

（一）含义及用途

报告是一种上行文。其主要特点是具有陈述性，主要用于向上级汇报需要上级了解的有关情况，以便为上级的决策提供参考、依据。因此，报告的内容通常由具体或概括的事实、具体情况介绍、统计数据等构成。与同为上行文的请示相比，报告不需要上级作出批复或批准。另外，请示适用于事前，报告则适用于事中或事后。

《党政机关公文处理工作条例》规定：报告“适用于向上级机关汇报工作、反映情况，回复上级机关的询问”。除了法定公文规定的用途之外，在各类公私机构中，报告还可用于日常工作中的其他方面，如个人述职、考察研究、项目验收、环境评测、可行性论证等。这些报告的形式不一，但其基本结构都是围绕陈述事实、得出结论展开，与作为公文的报告相比，大同小异。由于形式较多，本教材对其他报告不作专门介绍。

（二）分类及例文

按照用途，报告可分为汇报工作型、反映情况型、回复询问型三大类。

例①：汇报工作型报告

××区残疾人联合会××××年度工作报告

区政府：

××××年以来，全区残疾人工作在区委、区政府的正确领导下，在市残联的指导和有关部门的关心支持下，坚持以残疾人为本，落实科学发展观，以建立健全“两个体系”为工作重点，全面落实残疾人事业各项年度目标，努力使我区的残疾人事业与全区经济社会发展的格局相适应，与构建社会主义和谐社会的要求相适应，与实现全面小康社会奋斗目标的新要求相适应，较好地完成了各项工作任务。现就××××年度残联工作的基本情况报告如下：

一、助残工程全面完成

1. 社会保障情况：……

2. 就业、培训情况：……

3. 争取社会捐赠情况：……

4. 残疾人康复情况：……

二、残疾人“两个体系”得到全面发展

1. 残疾人服务体系方面：……

2. 残疾人社会保障体系方面：

三、创建“国家级白内障无障碍区”工程通过国家专家组验收

……

四、存在的主要问题

……

特此报告。

××区残疾人联合会

××××年××月××日

例②：反映情况型报告

××市人民政府关于我市遭受洪水灾害情况的报告

省人民政府：

6月25—28日，我市连降暴雨。山洪暴发，河水暴涨，造成大面积房屋、防洪设施损毁，农田淹没，水利工程遭受很大程度的破坏，损失惨重。

一、洪灾造成损失具体情况统计

……

二、目前采取的救灾措施

……

三、目前存在的问题和困难

……

特此报告。

××市人民政府

××××年××月××日

例③：回复询问型报告

关于我校学生收费情况的报告

市教育局：

前接××〔××××〕××号文件，询问我校学生收费情况，现报告如下：

一方面，我校对学生收费的标准是按照省人民政府〔××××〕××号文件的规定，根据我校所设专业的不同情况而制定，并报市物价局核准后执行的。到目前为止，并未发生多收费、乱收费现象。另一方面，我校对部分特困生采取了全部或部分减免学费和不定期补助的措施，尽量保证特困生得以顺利完成学业。今后，我校仍将在收费方面继续严格按照目前的收费标准执行，坚决杜绝违规收费现象。

特此报告，请审查。

附件：1. ××学校收费标准

2.《××市物价局关于××学校收费标准的批复》

××学校

××××年××月××日

（三）文章构成及写法

从例文可见，报告的基本构成要素与其他法定公文基本相同。其写作要点如下：

1. 标题

报告的标题的写法仍可分为三要素式、省略发文机关的两要素式两类。前者如例①、例②，后者如例③。如果报告的情况紧急，可在文种前增加“紧急”之类的词语，如“紧急报告”。

2. 主送机关

一般而言，报告通常只写一个主送机关，但由于报告不需要上级机关批复，所以也有意见认为，既然报告适用于汇报工作或情况，那么，受多重领导的机关向自己的几个上级单位发送报告反映情况，亦无问题。因此，也可以有两个以上的主送机关。此外，主送机关一般应该是单位，但是也有意见认为，如属上级领导个人发来的询问或批示交办的工作，则主送机关亦可以由领导人个人的姓名或职位代替。但这种情况毕竟罕见，因此还是以使用主送机关名称为佳。

3. 正文

报告的正文也是开头、主体、结尾的“三段式”结构。

(1) 开头。报告的开头照例是“事由”部分，写明报告写作的主要缘由。通常有四种写法：①背景式：交代文章写作的背景，如例③。②依据式：说明文章写作的依据。如：“根据……的部署，我们在近期开展了……工作，现将这项工作的进展情况报告如下。”③叙事式：概述文章反映的情况。如例①、例②。④目的式：交代文章写作的目的，如：“为开展……，促进……，我们在近期对……进行了检查评比，现将检查评比情况报告如下。”

（2）主体。报告的主体内容是陈述需要向上级报告的事实。这一部分内容在写作时要注意以下三个问题：①以概述事实为主，一般应不用或少用过分具体的事例。②注意掌握报告的特点，避免将“报告”与“请示”混淆。具体地说，就是要严格避免夹带请求事项。如果确有需要上级批准或帮助的事项，则应改用“请示”而非“报告”来行文。③有些报告需要在正文最后对所述情况作出判断，阐明观点、认识或结论。在此种情况下，应注意保持报告这一文种以“陈述性”为主的基本特点，不要写成议论文。

（3）结尾。报告的结尾可以用模式化的结束语，如“特此报告”、“特此报告，请审阅”等，亦可不用结束语，径直略去结尾。

4. *其他构成要素*

报告的其他构成要素，如附件、发文机关署名、成文日期、公章等，与其他公文相同，在此不再赘述。

四、通告

（一）含义及用途

通告是一种用于发布信息的常用公文。《党政机关公文处理工作条例》规定：通告“适用于在一定范围内公布应当遵守或者周知的事项”。通告除了用作行政公文外，在日常工作、生活中，在各类公私机构中都有广泛的应用。其特点：一是发布机构的级别可高可低，上到国家机关，下到住宅楼业主委员会，皆可发布通告（只是后者不属于行政公文而已）；二是内容大多不涉及重大事项而更多地关涉到具体工作或事务；三是发布范围通常没有具体对象但又有一定的范围限制，如有的通告受众只限于本单位内部；四是发布方式除了公文式的纸本发布形式外，更常用的发布形式是登报或张贴；五是内容具有晓谕性，即行文的目的是希望受文者普遍了解；六是大多具有时效性，即通告事项是在某一时间节点生效，或仅在某一时段有效。

（二）分类及例文

按照用途，通告可分为发布强制性事项型、发布知照性事项型两大类。

例①：发布强制性事项型通告

××市人民政府关于禁止销售和使用含磷洗涤剂的通告

××府发〔××××〕××号

为了保护和改善三峡库区的水环境质量，保障人民身体健康，防止含磷洗涤剂对水体的污染，根据《××市长江三峡库区流域水污染防治条例》及相关的法律法规，市政府决定在全市范围内禁止销售和使用含磷洗涤剂。现将有关事项通告如下：

一、自××××年××月××日起，禁止在本市行政区内销售含磷洗涤剂，改售无磷洗涤剂；本市企业和经营性单位禁止使用含磷洗涤剂，改用无磷洗涤剂。

二、本通告所称无磷洗涤剂，是指……

三、在本市销售的无磷洗涤剂，必须在其产品包装的显著位置标注“无磷”字样；未按规定标注的，视为含磷洗涤剂。

四、禁止本市广告经营者在本市辖区内发布含磷洗涤剂的广告，新闻媒体不得承接发布含磷洗涤剂的广告。

五、各级工商、质量技术监督行政管理部门根据职责对洗涤剂市场实施监督管理。

六、对违反本通告规定的行为，由环境保护、工商、质量技术监督行政管理部门根据职责，依据《××市长江三峡库区流域水污染防治条例》或有关法律法规规定分别予以处罚。

××市人民政府（印）

二〇××年××月××日

例②：发布知照性事项型通告

通　告

接市供电公司通知，因供电线路检修需要，本小区在5月3日上午9：00—12：00期间全面停电。请各位业主作好应对准备。

特此通告。

××物业管理公司

二〇一四年四月三十日

（三）文章构成及写法

上述两篇例文，例①属于法定公文，使用张贴或登报的形式发布，从内容上看属于发布需要遵守的事项，带有一定的强制性；例②属于非法定公文，使用张贴的形式发布，从内容上看属于公布需要周知的事项，没有强制性。从基本结构上看，除去公文的一些形式因素（如发文字号），通告的基本构成及写作要点如下：

1. 标题

通告标题的写法有三种：

（1）三要素齐全式，即发文机关、事由、文种三要素齐全，如例①。

（2）省略发文事由的两要素式，如“中国人民银行通告”。这种写法与一般公文有所不同。一般公文的两要素式标题是省略发文机关而非省略发文事由，这是需要我们特别注意的。

（3）省略式，即只保留文种名称“通告”，如例②。

2. 正文

通告正文通常也可分为开头、主体、结尾三部分。

（1）开头。通告开头可独立成段，亦可与主体合并为一段，视通告内容多少而定。其内容主要是表明发布通告的背景、根据、目的、意义。如例①的第一段，例②的第一、二句。

（2）主体。主体部分主要是写明需要遵守或周知的事项。这一部分内容如较多，可用分条列举的形式来写，亦可与开头部分合并为一段（如例②）。写作时应注意掌握通告与其他公布性文种的差异。公布事项用“通告”，公布奖惩措施则应用“通报”，举行活动用“通知”或“启事”，不应混淆。

（3）结尾。通告的结尾部分写法比较简单，可以采用“本通告自发布之日起生效”、“特此通告”等模式化结语，亦可不用结束语。

3. 其他构成要素

通告的其他构成要素，如发文机关署名、成文日期、公章等，与其他公文相同。稍有不同的是，一些用登报、张贴形式发布的通告，不一定用印。

五、通报

（一）含义及用途

《党政机关公文处理工作条例》规定：通报是一种“适用于表彰先进、批评错误、传达重要精神和告知重要情况”的公文文种。通报的特点：一是内容的晓谕性，即通报的内容是希望受文者知晓的；二是对象的相对广泛性，即受文者一般较多，通常是下属的所有单位；三是时效的及时性，即内容所涉及的奖惩措施是在先进事迹被发现、过失发生之后不久就采取的，或通报告知下属的情况或上级的指示、精神，都是在涉及的事件发生不久就要尽快传达的；四是其作用方面的警示性、教育性或信息性；五是就行文方向及范围而言，通报属于下行文，通常使用于机关、机构（系统、集团）内部而不对外发布，只有一些内容涉及公众利益的重大成就或过失的通报才会向社会公开发布。

（二）分类及例文

按照用途，通报可分为表彰奖励型、批评惩罚型、情况介绍型三大类。

例①：表彰奖励型通报

××省财政厅
关于表彰2011年度全省财会工作先进集体和先进会计工作者的通报
××财会发〔2011〕34号

各市、州、直管市、××林区财政局，省直和中央在××各单位：

近年来，我省广大会计工作者在各级党委、政府的正确领导下，深入贯彻落实科学发展观，认真执行会计法律法规和落实财政部的有关工作部署，锐意改革，开拓进取，在加强会计基础规范、发挥会计职能作用、提高经济效益、服务经济发展中作出了重要贡献，涌现出一批成绩显著、贡献突出的先进集体和个人。为展示我省会计行业良好形象，彰显会计人员精神风貌，根据《中华人民共和国会计法》有关规定，按照《省财政厅关于印发〈××省财会工作先进集体和先进会计工作者评选表彰办法〉的通知》(××财会发〔2008〕24号) 和《省财政厅关于开展2011年度全省财会工作先进集体和先进会计工作者评选表彰活动的通知》(××财会发〔2011〕13号) 要求，通过全省各级各单位层层推荐、社会公示、专家评议，经省“财会双先”评选表彰领导小组和省财政厅研究，决定授予××省人民检察院计财处等100个财会工作先进集体和×××等100名同志“先进会计工作者”称号。

希望全省各级、各单位财会部门和会计工作者，以先进典型为榜样，学习他们爱岗敬业、无私奉献的良好品德，学习他们诚信为本、依法理财的职业风尚，学习他们严谨细致、争创一流的工作作风，学习他们钻研业务、勇于创新的进取精神，在全省范围内掀起学先进、讲诚信、比贡献、创新业的热潮。希望受到表彰的财会工作先进集体和先进会计工作者珍惜荣誉、谦虚谨慎，戒骄戒躁、再接再厉，在我省构建中部崛起战略支点，实现科学发展、跨越式发展的新征程中作出新的贡献。

附件：1. ××省2011年度财会工作先进集体名单

2. ××省2011年度先进会计工作者名单

××省财政厅

二〇一一年十一月二十五日

例②：批评惩罚型通报

关于陈××与韩××二人在交接班期间打架斗殴的处理通报

车间所属各班组：

2010年7月15日，本车间职工陈××与韩××在交接班期间，因交接意见不统一，发生打架斗殴事件。此事已严重违反了公司和车间的相关规定，并在公司和车间内造成恶劣影响。为防止此类事件的再次发生，经车间会议研究决定，对当事人和所在班组作如下处理：

1. 责令陈××、韩××就此事件作出书面检查。鉴于陈××动手打人在先，故责令陈××当面向韩××道歉，并在当月考核中每人扣罚考核分5分。

2. 当事人所在班组发生的不良事件给车间造成恶劣影响，故在当月考核中对××班、××班各扣罚考核分3分。

3. 对陈××、韩××在车间范围内通报批评，以观后效。

希望车间全体职工，相互团结，相互帮助，自觉遵守公司和车间的各项规章制度，自觉维护公司、车间以及个人形象，严禁此类事件的再次发生。如还有人不以工作为重，在工作期间搬弄是非，制造矛盾，一经发现，车间将从严从重处罚！

特此通报。

××车间

二〇一〇年七月十九日

例③：情况介绍型通报

20××—20××学年度第一学期教学检查情况通报

各院系、中心、部等教学单位：

为了加强教学过程的监控与管理，了解全校教学工作实施情况，推进教风、学风建设，促进教学工作再上新台阶，学校于第10—12周（××月××日—××月××日）进行了期中教学检查。各教学单位按照期中教学检查的通知要求，进行了认真的自查与总结，教务处进行了抽查。现将此次期中教学检查情况通报如下：

一、期中教学检查的组织

……

二、20××—20××学年度第一学期教学检查的总体评价

……

三、存在的问题与不足

……

四、本次检查的成效与下一步拟采取的措施

……

××大学教务处

二〇××年××月××日

（三）文章构成及写法

通报的主要构成要素及其写作要点如下：

1. 标题

通报的标题，常见的是“事由＋文种”的写法，如例②、例③。但也有加上发文机关的，如“国务院办公厅关于××省××市××县擅自停课组织中小学生参加迎送活动的通报”。

2. 主送机关

由于通报属于下行文，故通报的主送机关一般都是本机关、机构、社团的所有下属单位。

3. 正文

通报正文分开头、主体、结尾三部分，因用途差异而有不同的写法。

（1）开头。表彰奖励型或批评惩罚型通报，开头部分通常有两项主要内容：一是简述主要事实，即被表彰者的先进事迹或被批评者的主要过失、不良现象、错误倾向。有的通报还在简述事实之后作出简要分析及评判，如在表彰奖励型通报中指出此先进事迹的意义、给人的经验及值得学习和发扬的精神；在批评惩罚型通报中指出被批评者错误的性质、危害、恶劣影响、应该吸取的教训等，如例②。二是写明发文事由，即发文的背景、依据、目的等，如例①中“为展示……形象，彰显……风貌，根据……规定，按照……要求，通过……”等内容。

情况介绍型通报的开头，通常写明发文的事由，如发文的背景、依据、目的，如例③中正文第一段“为了……，了解……，推进……”等内容。

（2）主体。表彰奖励型或批评惩罚型通报的主体应写明发文机关的处理决定。即对先进者的表彰、奖励的具体措施；对犯有过失、错误者的批评、处罚的具体措施。在例①中，这一部分是与开头部分合并为一段处理的，例②则采用分条列举式的处理方法。

情况介绍型通报的主体则较为详细地介绍要通报的情况。通常写明主要情况、特点、效果、存在的问题等，最后也可有针对性地提出相应的措施、要求、安排，以指导、推动下属单位开展相关工作，如例③。

（3）结尾。通报的结尾，无论哪种类型，都要写明发文机关的态度，提出希望、要求、号召（如希望向被表彰者学习或吸取被批评者的教训），如例①、例②。批评惩罚型通报还可以提出有针对性的防范措施、整改意见或规定，如例②。最后，还可以用“特此通报”之类的模式化语句作结，也有省略不写的，如例③。

4. 附件及其他构成要素

通报的附件及其他构成要素，如发文机关署名、成文日期、公章等，与其他公文相同。

六、函

（一）含义及用途

函是一种使用范围较广、使用频率较高的公文文种，既可作为法定公文使用，也可作为非法定公文使用。《党政机关公文处理工作条例》规定：函“适用于不相隶属机关之间商洽工作、询问和答复问题、请求批准和答复审批事项”。除此之外，机关、机构、社团在处理其他一般性事务时，也经常使用便函。函的基本特点：首先是发文机关方面的高度适用性，即不受发文机关级别高低、职权范围大小等限制，作为上行文、下行文、平行文均无不可；其次是内容的单一性，一函一事，以便办理；再次是作用方面以晓谕性为主要特点，也有凭证作用，但一般不具有领导、指导或法规性作用。

（二）分类及例文

函可以按照不同标准进行分类。从行文方向看，可分为来函和复函；从适用领域看，有公务信函和商务信函之分；从发文形式看，有公函和便函之别。而根据用途的不同，则可分为商洽函、询问函、答复函、请批函、联系函等。

例①：商洽函

东风电机厂：

我厂技术员杨斌，男，现年41岁，中共党员。1986年毕业于××大学××专业，目前为我厂技术骨干。该同志工作一贯认真负责，有较高的专业技术水平。由于其家庭在贵厂附近，家中有老母及卧病的妻子需要照顾。该同志最近提出书面报告，请求调动到贵厂工作，以便照顾家庭。经研究，我厂拟同意其请求，特去函与贵厂联系。不知贵厂意见如何，请研究后来函告知。

此致

敬礼

前锋电机厂（章）

××××年××月××日

例②：答复函

国家统计局关于对国有公司企业认定意见的函

国统函〔20××〕××号

公安部：

你部《关于征求对国有公司企业认定问题意见的函》（公经〔2003〕368号）收悉。经研究，现提出如下意见：

我们认为，国有企业有广义、狭义之分。广义的国有企业是指具有国家资本金的企业，可分为三个层次：

一、纯国有企业。包括国有独资企业、国有独资公司和国有联营企业三种形式，企业的资本金全部为国家所有。

二、国有控股企业。根据国家统计局《关于统计上国有经济控股情况的分类办法》的规定，国有控股包括国有绝对控股和国有相对控股两种形式。

国有绝对控股企业是指在企业的全部资本中，国家资本（股本）所占比例大于50%的企业。

国有相对控股企业（含协议控制）是指在企业的全部资本中，国家资本（股本）所占的比例虽未大于50%，但相对大于企业中的其他经济成分所占比例的企业（相对控股）；或者虽不大于其他经济成分，但根据协议规定，由国家拥有实际控制权的企业（协议控制）。

三、国有参股企业。是指具有部分国家资本金，但国家不控股的企业。国有与其他所有制的联营企业，按照上述原则分别划归第2、3层次中。

狭义的国有企业，仅指纯国有企业。

国家统计局

二〇××年××月××日

（三）文章构成及写法

以上例文中，例①是用便函形式发文的，例②则是用公函形式发文的。从例文中可见，函的主要构成要素及写作要点如下：

1. 标题

公函的标题有两种不同的处理方式：一是使用“发文机关 + 事由 + 文种”三要素齐全式标题，如例②；二是使用省略发文机关的“事由 + 文种”两要素式标题，如“关于同意协助解决办公室工作人员外语进修问题的复函”。便函则可以连标题都不用，直接用一般信函的形式发文，如例①。

2. 主送机关

函的用途，决定了不论是公函还是便函，通常仅有一个主送机关。

3. 正文

函的正文，通常仍可分为开头、主体、结尾三部分。其写法因内容不同而略有差异。

（1）开头。开头一般写明事由，如例①写明发文依据，例②写明发文原因（收到对方来函需要答复）。需要注意的是，复函的开头部分，一般在说明收到对方来函时需引用对方来函的标题或发文字号（也有两项皆引用的）。

（2）主体。正文的主体部分，应写明发文的主要内容。商洽函写明与对方商洽的主要事项；询问函提出需要对方解答、答复的主要问题；答复函针对来函提出的问题或提出的申请加以解答；请批函提出请求批准的事项。

需要注意的是，答复函若不同意对方来函提出的商洽事项或询问、请求时，一般要说明理由，让对方理解本方并非故意不合作或有意刁难。

（3）结尾。正文的结尾部分，通常由结束语和问候语组成，用与不用这类结束语、问候语，则视情况而定。

①结束语。如果发函目的仅仅是告知对方某些事项，一般多用“特此函告”；希望对方答复的，可用“请研究答复”、“以上意见，请予函复”、“盼复”、“请复”等；如果是复函，可用“特此函复”、“此复”等。

②问候语。因为是机关对机关（机构、团体）的行文，函的问候语以“此致　敬礼”为常见，一般不用其他书信中私人间的各种问候语。

4. 其他构成要素

函的其他构成要素，如发文机关署名、成文日期、公章等，与其他公文相同。

七、会议方案

（一）含义及用途

会议方案是对筹备、召开会议的一系列相关工作的规划，一般用于筹备、召开大型或中型会议，会议方案是非法定公文，属于计划类文章。因为应用得较多，故单独列为一类。会议方案的特点：一是实务性强，需要写作者有较丰富的实践经验；二是计划性强，需要写作者有缜密的计划部署，事情的方方面面都要统筹考虑；三是事务性强，内容所涉及的大都是事务性工作。

（二）分类及例文

会议方案因会议性质、准备工作的繁杂与否而决定其内容及形式的繁简。按其规模，一般可分为大型会议方案、中型会议方案、小型会议方案。

例①：大型会议方案

××洽谈会会议方案

一、会议设置

1. 会议名称：××洽谈会

2. 会议时间：20××年××月××—××日

3. 会议地点：××饭店××大厅

4. 会议主题：确定20××年合作内容

二、与会人员名单

1. 组委会名单

……

2. 客户名单

……

3. 嘉宾名单

……

三、会议日程安排

……

四、具体工作安排

1. 秘书活动组

……

2. 简报材料组

……

3. 资金运筹组

……

4. 会刊票证组

……

五、前期工作及进度安排

1 月份：……

2 月份：……

3 月份：……

4 月份：……

5 月份：……

××洽谈会会各组

二〇××年××月××日

例②：中型会议方案

××高端学术论坛方案

一、会议基本情况

1. 会议名称：××高端学术论坛

2. 会议时间：20××年 7 月 10—12 日

3. 会议地点：××大学文学院报告厅

二、与会人员名单

1. 出席者名单：……

2. 开幕式嘉宾名单：……

三、具体日程安排

日期	时间	地点	活动内容	备注
7月10日	7：30—8：30	校招待所餐厅	早餐	与会者凭餐票自由进餐
	9：00—10：00	文学院报告厅	开幕式 主持：文学院院长×××教授 致辞： 1. 校长×××致开幕词 2. 嘉宾、××学会会长×××致贺词 3. 举办方代表×××教授报告会议筹备等相关情况	
	10：00—10：30	文学院大楼大门	与会者及嘉宾合影留念	
	10：30—12：00	文学院报告厅	主题发言 1. 主办方×××教授 2. ×××研究员 3. ×××教授	
	12：00—13：00	招待所餐厅	午餐	
	13：00—15：00		午休	
	15：00—17：30	文学院报告厅	分组讨论	
	18：00—19：00	招待所餐厅	晚餐	
	20：00—23：00		珠江夜游	发车地点：招待所大门口
7月11日	7：00—8：00	招待所餐厅	早餐	与会者凭餐票自由进餐
	8：00—21：00		参观考察：联合国非物质文化遗产——开平碉楼	发车地点：招待所大门口

（续上表）

日期	时间	地点	活动内容	备注
7月12日	7：30—8：30	招待所餐厅	早餐	与会者凭餐票自由进餐
	9：00—11：00	文学院报告厅	小组代表汇报讨论意见	
	11：00	会议闭幕		

四、工作安排

1. 会务组人员名单

组长：×××

组员：×××（负责财务）

×××（负责后勤）

×××（负责会务）

×××（负责票务）

2. 筹备工作安排

5月份：制定预算并预借所需款项

6月份：

（1）发送请柬，联系与会专家。

（2）接收回执，统计与会人数。

7月1—9日：

（1）最后统计出席人数，并预定住宿房间、预定用餐等。

（2）联系旅游公司落实珠江夜游、赴外地考察事宜。

（3）布置会场、准备会议所需资料、购置饮用水等所需物资。

（4）预订出席者回程车票或机票。

（5）安排接车、接机车辆及人员，安排出席者入住招待所。

3. 会务工作安排

……

××高端学术论坛会务组

二〇××年五月一日

（三）文章构成及写法

从例文看，会议方案的主要构成要素及其写作要点如下：

1. 标题

标题通常直接用××会议方案即可。

2. 正文

会议方案正文一般须写明以下几项内容：

（1）会议基本情况设定，如会议名称、地点、时间等。

（2）会议出席者（包括嘉宾）。

（3）会议日程安排。

（4）筹备、实施方案（或要点）及具体工作安排。

正文部分不但考验写作者的写作能力和水平，更考验其组织、办事的能力和水平。因此，需要缜密思考，细致筹划，周密准备。

3. 其他构成要素

如果文章中的名单、日程等项目过多，可以作为附件处理。落款及日期与其他公文相同。

八、计划

（一）含义及用途

计划是单位或个人从管理角度对未来某一特定时段的工作或某项具体工作的安排。单位、社团撰写发布的计划，属于非法定公文。

计划的用途主要有以下几种：一是为远景（通常是三年或更长）设置目标，设想、部署达到目标的基本步骤和措施；二是为近期工作作出相对宏观的、基本的规划、安排；三是为某项具体工作提出具体详细的措施乃至实施方案；四是为可能出现的紧急情况、事故、意外制定防范和应变措施。

计划的特点：一是预想性，即计划都是对未来工作的预先设想；二是全局性，即通常用以指导整个机构甚至整个国家各方面的工作（或某一工作的所有环节）；三是决策性，即计划是对未来工作作出的基本决策，通常必须遵照执行；四是指导性，即对下属单位、个人的工作有指导作用。

（二）分类及例文

按不同的标准，计划可以分为很多不同的类别。如按时间长短分，有长期规划、年度计划、季度计划、月度计划等；按制定机构分，有国家计划、地区计划、单位计划、部门计划等；按计划的工作涉及面分，有综合计划、专题计划等；按具体内容分，有工作计划、生产或科研计划、学习计划等。

计划的名称也不一而足，如规划、目标、设想、意见等。不同的名称实际上又包含着细微的差别。其差异如表2所示：

表2　不同名称的计划类公文差异表

名称	涉及时间	主要内容	发文范围
规划	时间跨度较大，通常是三年到五年	涉及面较广，内容概括，一般写远景目标，是较长阶段的全面性战略部署	本单位或部门，也可报送上级
设想	长远或近期皆可	对工作任务作初步的、非正式的安排	本单位或部门，也可报送上级
打算	近期	提出目标，但指标、措施较为粗略，通常欠缺具体实施方案	本单位或部门，也可报送上级
安排	短期内	任务明确，内容单一，措施具体	本单位或部门
意见/要点	一定时期内	布置任务，交代政策，提出原则性要求	上级对下级，也可用于本单位或部门
方案	近期或短期内	就某项工作、事务的具体实施，从目的、方法、措施、步骤等方面作出全面、具体、细致的安排	本单位或部门，也可报送上级
预案	近期或未确定的未来某一时间	根据预测，对未来潜在的或可能发生的紧急情况、事故、意外等制订出的防范措施及应变处置方案	本单位或部门

例：

××小学20××—20××学年度第一学期教学工作计划

为了更好地落实20××年全国教育工作会议精神，遵照市教育局《关于落实全国教育工作会议精神的指示》，我校将坚定不移地实施以培养学生健全个性、创新意识和实践能力为目的的素质教育。为此，我校全体教师，务必要转变教学观念，改进教学方法，优化课堂教学，加强教学研究，不断提高教学水平和质量，从而在切实减轻学生负担的前提下，能全面提高全体学生的素质，使我校教学水平和质量在新的学期中能跨上一个新的台阶。

一、关于德育工作

（一）……

（二）……

（三）……

二、关于教学工作

（一）……

（二）……

（三）……

1. 语文教学：……

2. 数学教学：……

3. 音乐、体育、美术、自然等学科教学：……

三、关于特色教学

（一）……

（二）……

（三）……

（四）……

各位老师，让我们继续发扬"团结、奉献、拼搏、争光"的精神，勇于探索，敢于实践，不断提高自身的教学能力和水平，为提高学生的全面素质贡献自己的智慧和力量。

××市××小学

二〇××年××月××日

（三）文章构成及写法

一般而言，计划的主要构成要素及其写作要点如下：

1. 标题

计划的标题有几种常见的形式：

(1) “发文机关＋时限＋内容＋文种”四要素式，如“××小学20××—20××学年度第一学期教学工作计划”。

(2)“发文机关＋内容＋文种”三要素式，如“××学院校园事故防范措施及应急处理预案”。

(3)“时限＋内容＋文种”三要素式，如“20××年科研工作计划”。

(4)“内容＋文种”两要素式，如“国庆期间防火防盗工作安排”。

标题写作时还要注意一个问题：如果制订的计划尚未成熟，则应在标题后面加括号标明该文章是初稿（二稿、三稿……）、草案、讨论稿还是征求意见稿。

2. 正文

计划的正文，可分为前言、主体、结尾三部分。这一部分必须具备计划内容的“四要素”，即“为何做”、“做什么”、“如何做”、“何时做”。

(1) 前言。前言一般用以解决“为何做”的问题。通常可写的内容有：①制订计划的背景。如当前形势，本单位情况、特点，前一阶段工作的成绩与不足等；②制订计划的原因、依据。如党和国家新的方针政策、上级的指示精神及部署安排等；③制订计划的目的。如预期达到的总体目标、必须完成的总任务等。前言与主体之间，有时可用“为此，特制订本计划”或“为此，需做好以下几项工作”等作为过渡语。

(2) 主体。主体部分用以解决“如何做”的问题。其结构，可以用段落式，也可用条文式、表格式等，或综合使用几种形式。通常可写的内容有：①任务与指标。写明计划期限内需要完成的工作任务，要达到的指标、目的，解决“做什么”的问题。②措施与办法。写明完成任务、指标的具体措施、手段、办法，如有必要，还需落实具体经办人员。这一部分主要解决“如何做”以及“由谁做”的问题。③步骤和程序。写明实施计划可分为哪几个阶段、步骤，列明进度、阶段性目标等，解决“何时做”的问题。

(3) 结尾。计划的结尾，可以用期望、号召式的语句，表示对下属、同事做好相关工作的期盼。但也有很多计划不写这一部分。

正文写作要注意的要点包括：要有全局观，要量力而行，要留有余地，要尽量具体。

3. 其他构成要素

计划的附件、发文机关署名、成文日期等与其他公文相同，但也要注意以下三个方面：①如果有些内容在正文中不方便表达，可作为附件、附录、附表等处理，附于正文之后；②标题中已有发文机关名称的，可省略落款；③不一定要用印。

九、总结

（一）含义及用途

总结是机构、社团或个人在某一阶段工作或某项具体工作任务完成或告一段落之后，通过对该阶段或任务完成全过程的回顾，挖掘并总结经验教训，同时对该阶段工作或该项工作的完成情况进行总体评价，得出规律性认识，并对未来的相关工作提出意见、建议，以便指导此后工作的一种应用性文体。由单位、社团撰写、发布的总结，属于非法定公文。

总结的特点：一是内容方面的经验性，即主要是对过去工作、学习经验的理性归纳；二是作用方面的指导性，即总结中得出的规律性的认识对未来的工作、学习有指导作用。

（二）分类及例文

总结也可根据不同标准作不同分类。如根据内容可分为工作总结、学习总结、活动总结等；根据时间长短可分为年度总结、季度总结、月度总结等；根据性质可分为综合总结、专题总结等。

综合总结是对本机关、团体、部门某一阶段各方面工作或某一方面工作的所有相关情况的全面回顾、分析；专题总结则是针对某项具体的工作或学习任务的完成情况进行的回顾、分析。

例①：综合总结

××市两湖一库管理局20××年工作总结

20××年，我局在市委、市政府的正确领导下，以践行科学发展观、建设生态文明城市的目标为指导，深入贯彻市委八届四次、六次会议精神，按照保目标、攻科研、重宣传的工作思路，扎实推行两湖一库保护治理工作。现将有关情况总结如下：

一、业务工作开展情况

……

二、其他工作开展情况

……

三、存在的问题

……

20××年以来，我局始终坚持按照“依法保护两湖一库，确保市民饮水安全”的年度工作目标，扎实推进各项工作的开展。今后，我局将继续以科学发展观为指导，以建设生态文明为统领，强力开展两湖一库保护治理工作，确保完成目标任务。

××市两湖一库管理局

二〇××年××月××日

例②：专题总结

我们是怎样把企业推向市场的

××电线厂厂长　×××

××电线厂是一个具有30多年历史的中型全民所有制企业，主要生产布电线、电力电缆、控制电缆、射频电缆四个品种，千余种规格，固定资产总值2 500万元，现有职工2 200人，是××市五十个经济大户之一。

一、请“市场”登殿挂帅

……

二、置之险地而后生

……

三、引入“物竞天择”的法则

……

（三）文章构成及写法

总结的主要构成要素及其写作要点如下：

1. 标题

总结的标题有两种基本类型：一种是公文式的，可以是四要素齐全的“发文机关＋时限＋内容＋文种”；也可以是省略发文机关的三要素式，如“20××年财务工作总结”；甚至可以是省略发文机关、时限的两要素式，即“内容＋文种”，如“本次扶贫活动经验总结”。另一种是新闻式的，如例②。有的总结把两种类型结合起来形成正副标题，正标题为新闻式的，副标题为公文式的，如“薄利多销，保质保量——××市服装公司经验总结”。

2. 正文

总结的正文，可分为前言、主体、结尾三部分。

（1）前言。前言的主要内容是概述基本情况。这一部分可写的内容通常是：①基本情况及问题，如例②。②工作业绩及经验，如例①。③指导思想及思路。

（2）主体。总结的主体一般要写明三方面的内容：①获得业绩的做法、措施、经验。②存在的问题及教训。③未来的目标或改进措施。

三方面内容中，“获得业绩的做法、措施、经验”是总结的主要内容，其余两项有的总结可以忽略不写。如某项工作的总结，如果工作中没有差错、问题及教训，此部分自然可以省略；如果该项工作任务已经全部完成，总结中写未来的目标及改进措施就不一定有用了。

正文主体的撰写，思路组织得清晰严密是最重要的。可以用不同的方式组织思路。例如“情况—成绩—经验—问题—建议”的思路，“主旨—做法—效果—体会”的思路，企业的“管理—生产—销售—售后服务”的思路，学校的“教学—科研—学生管理—后勤服务”的思路，“总结经验—体会要点”的思路（如例②），等等。总之，在写作之初就应该先根据材料情况、写作目的、主要内容设计好基本思路，这对于总结的写作是非常重要和必要的。

（3）结尾。总结的结尾，或概括内容，或作出结论，或表示决心（如例①），或展望未来。一般须写得简短有力。很多总结甚至不写这一部分。

总结正文写作要注意的问题有：掌握充足材料，坚持实事求是，善于归纳概括，精于发掘亮点，注意点面结合。

3. 其他构成要素

总结的落款及日期处理，与其他公文相同。稍有不同的是，有些总结会把发文机关（或发文者）写在标题之下、正文之上而非文末，如例②。

第四节　台港澳地区常用公文写作

台港澳地区常见的公文种类也有很多，有的与大陆地区相似，有的则相距甚远。鉴于大部分留学生毕业后会回到原居住地就业和生活，其日后进行中文写作时需要使用的文体也主要是公文，因此我们选择了几种台港澳地区常见的公文，对其写作知识作扼要的介绍，以期帮助留学生适应现实及未来学习、工作及生活的需要。

一、台港澳地区公文的标准格式

与大陆公文有一定的标准化格式相似，台港澳地区公文也有其一定之规。其标准格式如下：

（一）台湾公文

档号：
保存年限：

××（发文机关名称）　××（文种名称）

地址：××市××路××号（发文机关地址）
承办人：×××××××××（承办人单位、姓名）
电话：（××）×××××××××（承办人联系电话）

传真：（××） ×××××××××（承办人传真号码）
电子邮箱：××××@××.com（承办人电子邮箱）
×××（受文者邮政编码）
××市××区××路××号（受文者地址）
受文者：×××××××××××××（受文机关名称）
发文日期：中华民国××××年××月××日
发文字号：××字第×××××××号
速别：（如属急件在此注明，如非急件，不写任何文字，下同）
密等及解密条件或保密期限：（密等在此注明，并列明解密条件或保密期限）
附件：（如有附件在此列明，若有较多附件须分项列举）

主旨：……
说明：（如有“说明”或“理由”等在此写明；如无，可全部省略）
一、……
二、……
办法：（如有“办法”、“建议”、“拟办”等，在此写明；如无，可省略）
一、……
二、……

正本：×××××、×××××（可有多个受文机关）
副本：×××××、×××××（可有多个受文机关）

××（发文机关首长职衔，如院长、校长） ×××（签字章）

【说明】机关首长签字之下的位置还可以有办文的各类记录，因不属于写作者处理的部分，故予以省略。

（二）香港公文

香港公文的文头部分采用部门专用信笺。其基本格式为：

（部门信笺）
本署档号（或本机关档号）：××××××
来函档号：（如属处理来函者须注明）

香港××道××号××楼（受文者地址）
×××××××××（受文机构名称及受文者职务）
×××先生（或女士及其他）

×××（姓氏及职务，如×××校长、×××主任）：

<u>标　题</u>

（正文）

×××（发文机关首长名称）
×××代行（代首长签署者）

附件：……一式×份（如有附件在此列明，如无，可省略）
……×份
副本送：×××××（不连附件）（如有抄送在此列明，如无，可省略）

二零××年××月××日

【说明】“（部门信笺）”部分标有发文单位中英文名称、地址、徽号(logo)。其正上方可标明密级（如非密件可缺省）；下方左侧分别标明本署档号、来函档号或编号（处理对方来函者须标明，非处理来函者可缺省）；右侧标明紧急程度（如非急件可缺省）。如：

机密（如有密级在此写明）

法定語文事務署
Official Languages Agency

香港金鐘道六十六號
金鐘道政府合署二十二樓
QUEENSWAY GOVERNMENT OFFTCES 22/F
66 QUEENSWAY,HONG KONG

本署檔號 OUR REF:（12）in OLA/4/15
來函檔號 YOUR REF:（5）in L/M 4/08

专递急件（如有紧急程度在此写明）

（三）澳门公文

澳门公文与香港公文的类似之处是都要采用印有徽号、本部门中葡文名称的信笺，但其与香港公函又略有差异。其基本格式为：

（部门信笺）

急件（如有需要，在此标明紧急程度）

（收文人地址）
（收文人的任职机构和职衔）台启
或
（收文人姓名+先生/女士）台启

来函编号 Sua referencia	来函日期 Sua comunicacao de	发函编号 Nossa reforencia	澳门邮政信箱463号 C.Postal 463-Macau
		××××/×××	××××年 ××月××日

××（文种名称）

事由：
Assunto ××××

（收文人的任职机构和职衔）：
或
（收文人姓名+先生或女士）：

（正文）

（结尾用语）

（发文者职衔）

（签名）

（发文者姓名）

【说明】澳门使用公文标准化信笺，其中的“（部门信笺）”部分标有澳门特别行政区徽号（logo）、中文和葡文的发文机关名称；页面底端还有中文和葡文的发文机关联系方式，从左至右分别为：地址、电话、传真、电子邮箱。此类文字通常为事先印制，不需公文拟制者写作。如：

★页面天头：

澳 門 特 別 行 政 區 政 府

Governo da Região Administrativa Especial de Macau

行 政 公 職 局

Direcção dos Serviços de Administração e Função Pública

★页面地脚：

地址：……	電話：(853)……	傳真：(853) ……	電子郵箱：……
Endereço：	TEL.	FAX.	E-Mail：

二、台港澳地区信函类公文

（一）含义及用途

信函是机构或社团之间、个人之间、社会团体与个人之间平等地商洽工作，询问和答复问题，相互交流思想、信息和情况时使用的一种书面文体。

信函具有以下特征：一是信函都包括写信方和收信方，没有写信方或没有收信方的都不是信函。匿名信也有写信方，只是写信方故意隐藏了自己的姓名而已。二是写信方和收信方是平等的。当双方的态度不平等时，其使用的文体就不是信函了，例如古代的臣子写给皇帝的文章称为奏折、奏疏、上书等，现代的下级写给上级的通常是请示、报告，而上级写给下级的则是命令、通告、通报、通知、批复、批示等。三是信函一般都是以书面形式存在的，只有特殊情况下才会以录音、口信等口语形式存在。现代的电子通信工具出现以后，信函出现了一些新的形式，如传真、电子邮件等。但从阅读角度讲，传真、电子邮件依然以依赖视觉阅读为特征，其保存仍然是以书面打印为主要途径。因此，这类新形式的“信函”仍可视为书面信函的变体。四是信函有固定的写作格式。

函作为公务文书，在台港澳地区使用频率甚高，范围甚广。值得注意的是，台港澳地区公文中，除了最常见的公函外，还有其他信函类公务文书，其种类及主要用途见表3：

表3　台港澳地区信函类公务文书的种类及用途一览表

地区	文种	用途
台湾	函	各机关之间沟通，或民众与机关之间申请与答复时用之，具体情况如下：①上级机关对所属下级机关有所指示、交办、批复时；②下级机关对上级机关有所请求或报告时；③同级机关或不相隶属机关间行文时；④民众与机关之间申请或答复时
	书函	于公务未决阶段需要磋商、征询意见或通报时使用；代替过去之便函、备忘录、简便行文表，其适用范围较函更为广泛，举凡答复简单案情、寄送普通文件、书刊或一般联系、查询等事项行文时均可使用，其性质不如函正式
	笺函或便笺	以个人或单位名义于商洽或回复公务时使用
香港	公函	政府公函用途广泛，不论是公务人员与市民或私营机构联络，或是政府机关之间沟通，都可采用公函。此外，部门如要把一些较为个人的消息告知员工，例如通知晋升、批准调职申请等，也多采用公函
澳门	公函	某部门向其他部门或私人实体发出的信件或正式文件
	传阅函	同时向多个部门或实体发出，通传某个决定、义务或事件的正式文件

从表3可知，台港澳地区信函类公文的用途各有不同。因此，其形式、格式、写法也各有差异。所以，写作这类公务信函时一定要认真加以研究，并根据所在地区的不同而“入乡随俗”，随机应变。

（二）分类及基本格式

1. 分类

信函可以根据不同的分类标准分为多种类别。

根据信函发文者的不同，可分为公函和私函两类。公函用于互不隶属的社会团体之间的交往，私函用于个人之间的交往。互不隶属的社会团体与个人之间的交往可以用公函，也可以用私函，具体视信函的内容和性质而定。

依据信函使用领域的不同，可分为公务信函、商务信函和个人信函。公务信函适用于公共事务领域，商务信函适用于商业贸易领域，个人信函适用于社会成员个体事务领域。

依据信函内容的不同，可分为求职信、介绍信、推荐信、慰问信、感谢信、表扬信、批评信、投诉信、致歉信、邀请信、贺信（贺电）、唁函（唁电）等。

2. 基本格式及例文

一篇完整的信函通常由以下几个要素构成：收信人姓名、收信人职务、收信人地址、信函标题、称谓语、正文、结束语、附言（函内附件）、写信人名字（写信人签名）、写信人职务、写信日期和写信人通信地址。信函的基本格式不会改变，基本要素不能遗漏，这是所有使用中文写作的地区或群体在写作信函时都会遵守的基本规则。

当然，由于各地信函格式的差异及现代通信手段的普及，有些构成要素在实际使用时也会有所省略，有些要素也会有所变化，如收信人地址可能由收信人的电子邮箱地址代替。因此，在台港澳地区乃至海外使用中文写作的国家和地区，公务信函的格式也有一定的差异。

例①：台湾公函

档号：
保存年限：

行政院　函

地址：××市××路××号
承办人：×××××××××
电话：（××）×××××××××

传真：(××) ×××××××××
电子信箱：××××@××.com

100
××市××区××路××段××号
受文者：××市政府
发文日期：中华民国××××年××月××日
发文字号：××字第×××××××号
速别：最速件
密等及解密条件或保密期限：
附件：

主旨：为杜流弊，节省公帑，各项营缮工程应依法公开招标，并不得变更设计及追加预算，请转知所属机关学校照办。

说明：

一、依本院××××年××月××日第×次会议决议办理。

二、据查，目前各级机关对营缮工程仍有未按规定公开招标之情事，或施工期间变更原设计，以及一再请求追加预算，致弊端丛生，浪费公帑。

办法：

一、各机关学校对营缮工程应依法公开招标，并按“政府采购法”及相关法令办理。

二、各单位之工程应将施工图、设计图、契约书、结构图、会议记录等工程资料，报请上级单位审核，非经批准，不得变更原设计及追加预算。

正本：台湾省政府、福建省政府、台北市政府、高雄市政府
副本：行政院主计处、行政院秘书处

院长　×××

例②：香港公函

（部门信笺）

本署档号：（222）in　ED/333/11/33III
来函档号：E/E/07767（334）

九龙大角咀弥敦道83号17楼
关注学童健康委员会主席
×××女士

×××主席：

建议全面推行学校设置贮物柜计划

七月十九日来信提出学童书包过重问题，本署一直非常关注。

本署十分赞同贵会的看法，同意在学校设置贮物柜是一个可行办法，并已于七月初为超过三百所官立小学和津贴小学，合共订购约三百万格的贮物柜，预计供应商可于本年十月开始分批送货，最后一批会在明年二月前送抵有关学校。本署并打算继续增拨资源，为其他有需要的学校购置同类贮物柜。

贵会的意见甚有参考价值，日后如有其他建议，欢迎随时向我们提出。本署定当认真参考研究。

教育署署长　×××
（×××代行）

二零××年七月二十九日

例③：澳门传阅公函

（部门信笺）

来函编号	来函日期	发函编号	澳门邮政信箱463号
Sua referencia	Sua comunicacao de	Nossa referencia	C. Postal 463 – Macau

传阅公函

Ofício – Circular

No. 1311080004/DIR　08/11/2013

事由：第23/2011号行政法规第十一条第三款“亲送”一词的释义

Assunto……（葡文文本略，下同）

关于题述事宜，廉政公署已对23/2011号行政法规第十一条第三款中“亲送”一词的释义作出建议，基此，本局谨遵照并说明如下：

a）投考报名表及有关文件可由任何人递交，即使非投考人本人，亦无须出示授权书；

b）然而，报考文件不得由非投考人签署，即使持有为此目的获授权的文件亦然。

上述解释已载于行政公职局网页“指引性传阅公函”栏。

耑此　顺颂

台祺

局长　×××

（三）文章构成及写法

台港澳各地的信函类公文，按其基本构成，可分为文头、受文者、称谓语、标题、正文、附件、落款等部分。

1. 文头

文头部分的内容，各地信函类公文略有差异。

首先是发文机关名称，港澳地区公函文头多用事先拟制甚至印制好的“部门信笺”，无须写作者撰写。台湾公函则需写明发文机关名称及文种。澳门公文也有写明文种名称的，如例③。

其次是与办文、存档、保密等相关的内容，可写项目参见表4：

表4　台港澳地区信函类公文文头项目一览表

文头相关内容	地区			备注
	台湾	香港	澳门	
档号	√	√	—	
保存期限	√	—	—	
发文单位地址	√	√	√	已事先印制好
联系方式	√	—	√	澳门已事先印制好
承办者	√	—	—	
发文字号	√	—	√	
速别（紧急程度）	√	√	√	非必备
密等及解密条件或保密期限	√	—	—	非必备
来函档号	—	√	√	非必备
来函日期	—	—	√	非必备

2. 受文者

受文者可以是机关单位，也可以是私人，且可以用邮寄的方式发送，这是台港澳地区信函类公文与大陆公函最明显的区别。受文者部分的写作，不管是大陆，还是台港澳地区，通常都必须写明受文者的名称（如受文者为私人，除写明姓名外，还可在其姓名前写明其服务的机构及职位、职务或职称，如例②）、地址（机构内部行文例外）。台湾公函甚至须写明邮政编码。当然，普发性公文——澳门的传阅公函则可略去受文者这一项目，如例③。

3. 称谓语

称谓语，即对受文者的称呼用语，通常用于受文者为私人时。常用的形式为×××先生（女士、小姐），亦可用姓氏+职务（职位、职称），如×董事长、×教授之类。

4. 标题

标题一般位于称谓语之后，左右居中并加下划线，内容写明本信函办理的主要事项，如例②。港澳地区的公务信函多采用这种形式，但也可省略。台湾地区公务信函则不加标题。

5. 正文

(1) 台湾公务信函。台湾公务信函正文的结构有一定之规，不管是正式的“公函”还是属于其他公文类的“书函”，通常由“主旨+说明（经过、原因）+办法（请求、建议、拟办）”三大部分组成，除主旨部分外，其余两部分可以视情况决定是否拟写，如例①为三部分齐全式。也有“主旨+说明”或“主旨+办法”的两部分式，或仅有“主旨”的一部分式。各部分主要内容及撰写要点如下：

①主旨部分，一般是以直接、简练的语言说明本信函的行文目的与期望，其主要作用是解答“做什么”的问题。这一部分的写作要注意：一是不分条写，一段写完；二是如果有办理或回复期限的要求，必须写明。

②说明（经过、原因）部分，主要写明发文依据的事实、来源或理由等。如根据什么文件或会议决议办理，答复对方的哪一来函、文稿，形成过程如何等，其主要作用是解答“为什么做”的问题。这一部分如内容较多，可采用分条列举式。

③办法（请求、建议、拟办）部分，主要写明实施办法、具体请求、主要建议、办理意见等，其主要作用是解答“怎么做”的问题。如内容较多，也可使用分条列举式。

值得注意的是：对机关单位的行文，台湾公函不使用一般信函使用的结尾问候语之类的语句。但正文规定了各类不同用途的撰写用语，详见表5：

表5　公文用语表

语别	用语	用法	备注
起首语（指公文起首所用之发语词）	谨查	对上级机关用	具有动词属性之起首语，叙述时一律置于句子前，如：“特任××为总统府秘书长”、“兹聘×××为本校校务发展委员会委员”
	查、关于、有关、兹	通用	
	特任、特派、任命、兹聘、兹敦聘、派、兹派、雇	聘用、任用人员时用	

（续上表）

<table>
<tr><th>语别</th><th>用语</th><th>用法</th><th>备注</th></tr>
<tr><td rowspan="5">称谓语</td><td>钧</td><td>有隶属关系的下级机关对上级机关用，如“钧部”、“钧院”、“钧府”</td><td rowspan="3">①直接称谓时用
②书写本类别之称谓语时，凡用“钧”、“大”、“贵”时，均应挪抬（在此字前空一格），以示尊敬
③“钧”：原指天，引申为顶头上司、直属上级机关；“大”：尊大；“贵”：尊贵，均属对机关、对人的敬称</td></tr>
<tr><td>大</td><td>无隶属关系之下级机关对较高级机关用，例如：本校对五院行文称“大院”，对“教育部”以外之其他部、会、局、处称“大部”、“大局”、“大处”</td></tr>
<tr><td>贵</td><td>对平行机关、上级机关对下级机关（或首长）、机关对人民团体用，如“贵府”、“贵会”、“贵校”、“贵公司”、“贵单位”</td></tr>
<tr><td>钧长、钧座</td><td>属员对长官、有隶属关系的下级机关首长对上级机关首长用</td><td>“钧”字前应挪抬表示敬意</td></tr>
<tr><td>台端</td><td>机关（或首长）对属员、机关对人民用</td><td>①“台”字前应挪抬表示敬意
②“台”原指眼前之三台星，引申用为对平辈或对属员、人民之敬称
③“台”字已成应用文中约定俗成之用字，不必改用正体之“臺”字</td></tr>
</table>

（续上表）

语别	用语	用法	备注
称谓语	先生、女士、君	机关对人民用	①已知性别时，用“先生”、“女士” ②不知性别或对象众多无法一一区别时用“君” ③“君”字在古代即作称谓用语，如皇上称“国君”、皇后称“小君”、自己的太太称“细君”
	本	机关、学校自称，如“本部”、“本校”	①凡机关自称时，用“本”字即可，且不必侧写 ②有些公司行号，甚至学校、社团为表客气，喜欢用“敝”字自称，此时“敝”字就得侧写，如“敝校”、“敝公司”
	职	属员对长官、有隶属关系的下级机关首长对上级机关首长自称时用	①民主时代，对机关自称本人时，不必侧写；但以“职”或自己的名字自称时，仍应侧写，以示谦卑 ②昔日对机关常用之“草民”、“仆”、“窃”等，皆已陈腐，不必再用
	本人、名字	人民对机关自称时用	
	全衔（简衔）、该、职称	机关全衔如一再被提及可称“该”，例如“该局”；对职员则称“该员”或用职称称呼	间接称谓时用之

（续上表）

语别	用语	用法	备注
引叙语（引据其他机关或发文者来文时之用语）	奉	开始引叙上级机关或首长公文时用	①尽量少用 ②“准”、“据”亦可改用“接” ③间接转引时，不论上行文、平行文，还是下行文，一律用“依据”或“据”字
	准	开始引叙平行机关或首长公文时用	
	据	开始引叙下级机关、首长、属员或人民公文时用	
	奉悉	接获上级机关或首长公文，于引叙完毕时用	“奉”字在应用文中，可当作“恭敬地送给或接受”；此处“奉悉”，意谓恭敬地接获指示，了解一切
	敬悉	接获平行机关或首长公文，于引叙完毕时用	
	已悉	接获下级机关公文，于引叙完毕时用	
	复（来文机关发文年月日、字号及文种）函	复文时用	目前公文用语，“答复”、“回复”时都用“复（繁体作‘復’）”字，不用“覆”字
	依（依据）（来文机关发文年月日、字号及文种或有关法令）办理	告知办理的依据时用	
	（发文年月日、字号及文种）谅蒙、钧察	对上级机关去文后续函时用	
	（发文年月日、字号及文种）谅达（计达）	对平行或下级机关去文后续函时用	①谅达，料想已经寄达 ②计达，算算应已寄达

（续上表）

语别	用语	用法	备注
经办语	遵经、遵即	对上级机关或首长用	“嗣经”，即接着经；“业经”，即已经；“迭经”，即履经
	兹经、嗣经、业经、经已、复经、并经、均经、迭经、前经	通用	
准驳语	应予照准、准予照办、准予备案、准予备查、可照准、准如所请、如拟办理、准如所拟、符合规定	上级机关对下级机关或首长用	“备查”指供查考；“碍难”指至难、很难之意；“缓议”指延后讨论
	未便照准；碍难照准；应从缓议；应予不准；所请不准；不合规定；与规定不合；不予照准；某项不合规定，其余均合规定	机关首长对属员或其所属机关首长用	
	敬表同意、同意照办	对平行机关或人民团体表示同意时用	
	不能同意办理、歉难同意、无法照办、碍难同意	对平行机关或人民团体表示不同意时用	“歉难同意”指遗憾并难以同意
请示语	是否可行、是否有当、可否之处、如何之处	通用	

（续上表）

语别	用语	用法	备注
期望或目的语（对受文者表达行文期望或目的之用语）	请鉴核、请核示、请释示、请鉴察、请核转、请核备、请核准施行、请核准办理、复请鉴核	下级机关（属员）对上级机关或首长用	“鉴核”：报核案件；“核示”：请示案件；“鉴察”：仅供了解；“核备”：核备案件
	请查照办理、请查核办理、请查照见复、请同意见复、请惠允见复、请查照转告、请查照备案、请查明见复、请查照、请察照、复请查照	请平行机关知悉办理时用	①“请察照”：请明察照办之意，带有谦求的语气；“请查照”：请查明照办，属一般请求 ②“惠允见复”：惠予答复之意；“见复”：请答复之意 ③常见用“惠请”一词，请受文者协助；但字面意思成了“惠予请求”，义理不通，宜戒用之
	希查照、希查照转告、希照办、希办理见复、希转行照办、希切实办理、请照办、请办理见复、请查明见复、请查照转知	请下级机关知悉办理时用	①用“希查照”时，由于仍请下级机关查明，因此“查”字前宜挪抬以示客气 ②“希照办”、“希办理见复”等，均带有命令语气，一般少用
附送语（检陈或检送数据、文件之用语）	检陈、附陈	对上级机关检送附件时用	亦可当成起首语
	检送、检附、附送、附	对平行或下级机关检送附件时用	

（续上表）

语别	用语	用法	备注
结束语(签文或便笺的总结用语)	谨呈	对台湾地区领导人上签时用	①“呈”仅限于对台湾地区领导人用；对其他行政主管则一律用“陈”，以示区别 ②“便笺”用于平行或下级单位主管，对上级长官宜避用之
	谨陈、敬陈、右陈此致、敬致、此上	对上级行政主管或首长上签时用，用于便笺文末	

（2）港澳地区公务信函。港澳地区公务信函的正文与台湾公函形式方面的不同，首先是不使用台湾公函的“三段式”结构，而是按一般信函的写法撰写，该分段则分段，不用分段则一段到底；其次是有结束语部分，如“专函奉复，并申谢忱”之类，偶尔还使用祝颂语，如“祝生意兴隆”之类。

正文主要包括以下三部分：①开头，写明发文依据或事由，如答复对方来函、咨询事宜等；②主体，表明发文机关态度及处理意见，如同意与否、如何处理等；③结尾，即结束语，可使用祝颂语，亦可表明要求、期望或谢意、歉意等。

正文撰写时使用的语言，香港要求使用白话（口语化的书面语言），特别的用途可使用浅白流畅的文言；澳门则规定“以白话文撰写，忌用口语词、方言词；而为求文雅庄重、简洁凝练，建议适当运用浅白和通用的文言词语”。除此之外，澳门还列出信函类公文的参考用语。如传阅公函的参考开端用语为：“鉴于……请阁下……”、“兹通知阁下”、“关于（重写事由）一事，兹通知/澄清如下”、“兹就××××年××月××日第×号公函通知（回复）阁下”、“××××年××月××日第×号来函收悉，现随本函寄上……”、“经（早上、昨日等）的电晤，现随函寄上……”、“为了（具体事项），兹随函附上……”；参考结尾用语为：“顺颂　台祺”、“请予支持”。

6. 附件

台港澳地区信函类公务文书若有附件，也必须写明附件目录。它们之间的不同之处在于附件目录的位置：台湾的在正文之上，作为文头部分的最后一项；香港的则在署名与日期之间；澳门的则在正文与落款之间。

7. 落款

台港澳地区公文落款的写法与大陆明显不同的是，台港澳地区公文落款处必须是部门首长签名章而非发文机关名称。其内容格式是：首长职务+首长姓名，如局长×××。香港公函稍有不同，一是在首长职务之前可加上发文机关名称，如民政事务总署署长×××；二是在首长签名章之下可以加括号注明代行人（承办人）姓名并加盖代行者姓名章。

台港澳地区信函类公务文书的发文日期与大陆完全不同。首先是位置不同：台湾放在文头的“受文者”之下；澳门置于标题之上；香港则位于全函所有内容之下，且居左顶格书写，而不像一般书信或大陆公函那样居右书写。其次是写法不同：台湾使用民国纪年；香港、澳门使用公元纪年，香港用汉字书写但其中的“零”不写作“〇”；澳门日期的写法，有的与香港相同，有的则用“年+月+日”或“日+月+年”的阿拉伯数字格式，如2011-04-07或08/11/2013。

三、台港澳地区告启类公务文书

（一）含义及用途

告启类公务文书，主要指用于发布各类公共或内部信息的公务文书，包括公告、通告、布告等，这是台港澳地区公私机构常用的公务文书。其最大特点是具有普泛性，即受文者通常较为广泛，这是它与其他具有发布信息作用的公务文书（如通知）的明显区别。

台港澳地区的公文写作及办理的法规，对常用告启类公务文书的种类、用途之规定各异，详见表6：

表6　台港澳地区告启类公务文书的种类及用途一览表

地区	文种	用途
台湾	公告	各机关就主管业务或根据法令规定，向公众或特定之对象宣布周知事项时使用
	通告	机关内部主办单位将其事项告知员工时，用张贴的方法行之

（续上表）

地区	文种	用途
香港	通告	一般是针对下属雇员、成员发布，用以在一定范围内公布应当遵守或周知的事项
	布告	用于向大众公布、宣传政策法令、规定，以便周知和执行
	公告	泛指政府向公众发出的通告，对象是广大市民，一般无须特别注明，但也可视情况指明读者
澳门	公告	官方向公众发布一项重大事件或事项的文件
	通告	向公众或某部门发出消息的文件
	布告	张贴于公共场所或刊登于报章的政府或司法命令，并在一定限期内生效

（二）分类及基本格式

1. 分类

（1）台湾告启类公文。从公文写作规定看，台湾的公告用于发布重大事件及事项，受文者一般为广大市民，发布方式一般都是公开张贴或媒体传播（包括广播、电视、网络等）。这些特点与大陆乃至港澳的公告基本相同。台湾的通告，使用于单位内部，其基本特点是以张贴的形式公布，而不是以印发文件的形式公布。

（2）香港告启类公文。香港公告的用途与台湾、大陆大致相同。香港的通告用于在一定范围内公布需要受文者遵守或周知的事项。需要大家遵守的事项，可能会具有行政甚至法规的约束力；需要周知的事项，则通常不具有约束力，但有助于事情的处理。一般而言，通告会有一定的时效性。香港的布告用于公布应当遵守或周知的事项，内容通常涉及政策法令、重大事项等。一般会以张贴或媒体发布等形式行文，不以文件方式印发。

（3）澳门告启类公文。澳门告启类公文的用途与香港大致相同。

2. 基本格式及例文

例①：台湾公告

台北市北投区智仁里办公室公告

发文日期：中华民国××××年××月××日　　　　（发文机关印信）
发文字号：××字第××××××号

主旨：第×届立法委员选举即将于本年××月××日举行，届时请全体里民踊跃前往投票。

依据：依台北市选举委员会××××年××月××日××字第××××××号函。

公告事项：

一、投票日期：××××年××月××日（星期×）。

二、投票时间：早上×时起至下午×时止。

三、投票地点：本里秀山国民小学。

四、注意事项：务须携带身份证、私章及投票通知单。

里长　×××

例②：香港公告

××署公告

本告示板方圆五百码皆为官地，不论擅自闯入或私自占用，均属违法，罚款最高可达港币二十万元。

××政府地政监督

一九××年××月××日

例③：澳门公告

澳门特别行政区
政府机关通告及公告
行政长官办公室
公告

按照行政长官二零零一年五月十八日批示，现根据经十二月二十一日第87/89/M号法令核准并经十二月二十八日第62/98/M号法令修订的《澳门公共行政工作人员通则》的规定，以文件审阅、有限制的方式，为政府总部辅助部门的公务员进行一般晋升开考，以填补本辅助部门编制内以下空缺：第一职阶一等高级信息技术员一缺；第一职阶一等信息技术员一缺。

上述开考通告已张贴于南湾大马路一百三十一号政府总部辅助部门人力资源暨档案处，有意报考者请自本公告刊登于《澳门特别行政区公报》后第一个工作日起计十日内递交有关资料。

二零零一年五月二十二日于行政长官办公室
办公室主任　×××

例④：香港通告

通　告

香港高等法院
二零零一年破产案第A66宗
关于：温××
单方诉讼人：××商业银行
有关于一九九九年四月发出之破产通知书
启者：控告阁下之破产通知书，已由××商业银行之代表律师，李××律师行向法院呈递。而法庭已谕令将该破产通知书以告示形式，在香港发行之中文报刊刊登一次，并以平邮方式寄往香港××楼地下，作为有效和正式之通知。阁下可向法院申请查阅该通知书。

司法常务官　×××

二零零一年四月十四日

例⑤：澳门通告

通　告

行政法务司司长着令，所有法定穿着制服人员由二零一二年十一月十二日起改穿冬季制服。

二零一二年十月二十二日于行政公职局
局长　×××

例⑥：香港布告

香港政府海事处关于
中国客运码头付运行李限制布告

本处为减少乘客通过客运码头所需时间，现实施限制行李政策，有关详情，特布告如下：

凡使用中国客运码头的乘客，每人最多可以付运三件行李，其总重量不得超过六十千克。每件行李的体积，不得超过六十五厘米乘五十五厘米乘三十厘米的规定。

由于使用中国客运码头往返内地的乘客众多，当局需要实施此项安排，以减少乘客滞留的时间，使乘客流量增多，不致因乘客提取过多付运行李，造成阻延。

凡不遵守规定的乘客，本处有权拒绝办理其付运行李的手续。

本布告自公布之日起生效。

海事处处长
×××

二零零一年××月××日

（三）文章构成及写法

1. 台湾告启类公文

台湾的公告，主要由标题、发文日期、发文字号及印信、正文、签署等部分构成。通告的结构及写法与公告相似。各部分的基本写法如下：

（1）标题。公告的标题应写明发文机关及文种，如例①。通告则可省略发文机关。

（2）发文日期、发文字号及印信。发文日期位于标题之下，顶格书写。公告在日期之下还应有发文字号。如有必要，在其右侧加盖发文机关印信。

（3）正文。告启类公文的正文可以沿用台湾公文常用的“三段式”结构来写，但也有用“条列式”写作的。不管用哪种方式，都要求用简明扼要的语言写明需要公布的信息。

“三段式”结构一般分为主旨、依据、公告事项（说明）三部分。当然，如果需要公布的信息比较简单，在“主旨”部分就能够全部说明，则后面两个部分可以酌情省略。“主旨”部分，主要写明公布信息之目的、要求。“依据”部分，应写明发布信息的缘由，包括依据的法规名称或机关来文。若有两项以上，须分条列举。“公告事项”（说明）部分，主要写明公布的信息。如果这一部分的内容只是就“主旨”部分补充说明事实经过或理由，可改用“说明”作为段落名称。这一部分如内容较多，也可用“条列式”列举。

（4）签署。公告与通告正式行文时，须在正文下方落款，写明发文机关首长职务及姓名，如例①。但若使用大字抄写或印刷，且以张贴的形式公布，则签署部分也可省略。

2. 港澳地区告启类公文

港澳地区告启类公文的基本结构，可分为标题、正文、落款三大部分，其基本写法如下：

（1）标题。标题有“发文机关＋事由＋文种”三要素齐全式的，如例⑥；也有“发文机关＋文种”两要素式的，如例②、例③；也有仅用文种的，如例④、例⑤。

有些非政府机关或社团的公告、通告，会在标题之下、正文之上写明受文者，如“各位业主”、“各位同事”之类。但政府公告、通告较少出现这类情况。

（2）正文。正文通常可分为开头、主体、结尾三部分。

①开头。开头部分，主要写明发文缘由或依据，如例③写明根据行政长官命令及某法规发文，例⑥写明发文原因。但也有不写开头部分的，如例④。

②主体。主体部分，主要写明要公布的信息的详情：哪些信息需要周知、哪些规定必须遵守、哪些法规不能违反等，要一一写清。如果有对受文者的要求，也在此说明。如例②中说明如有违反规定者处以罚款，例⑥中说明如不遵守规定则有权拒绝付运等。如有时效规定，一般也在主体部

分说明，如例⑤、例⑥。

③结尾。正文结尾，可以用常用结束语结束，如“特此布告”、“此布”、“特此通告”、“特此公布，俾众周知”等。这一部分也有省略不写的。

（3）落款。落款包括发文机关署名、成文日期。发文机关署名的写法，澳门的告启类文书通常使用“长官职务+长官署名”的形式；香港则既有与澳门相同的形式，如例④，也有仅署机关名称的，如例②。成文日期的写法，一般都是顶格书写。澳门略有特殊之处：日期之后还可加上“于”字再写明发文机关名称，如“二零××年××月××日于卫生局”。

四、台港澳地区会议文书

（一）含义及用途

会议文书，即举行会议时使用的各类文件。常用的会议文书包括会前使用的会议通知、会议议程、提案；会中使用的选票、会议记录；会后使用的会议纪要等。

会议文书，主要是用于筹备并保证会议议事程序正常进行的。本节主要介绍几种最常用的会议文书：会议通知、会议议程、会议记录。

值得注意的是，除了会议通知以外，港澳还有使用公函、请柬或传真等形式发布会议通知的。此外，澳门还有专门用于召集团体成员开会的“召集书”。

（二）分类及基本格式

1. 台湾会议文书

例①：会议通知（公文式）

中华民国理发同业公会理事会　开会通知

地址：台北市××路××号

联络人：×××

电话：（××）×××××××××

电子信箱：××××××@××.com

110

台北市××路××号

受文者：××××××××××××××
发文日期：中华民国××××年××月××日
发文字号：××字第××××××号
速别：最速件
密等及解密条件或保密期限：
附件：议程一份暨有关资料三份

主旨：召开本会××××年度第×次理事会，请拨冗出席。
说明：

一、时间：××××年××月××日（星期×）×午×时。
二、地点：台北市××街国军英雄馆二楼忠诚厅。
三、提案：如有提案，须有三人以上附署，并请××月××日前送交本会秘书处汇办。

正本：全体理监事
副本：内政部

理事长：×××（签名章）

例②：会议议程（条列式）

××大学××××学年度第×学期第×次校务会议议程

时间：中华民国××××年××月××日（星期×）×午×时
地点：本校××大楼国际会议厅
一、报告事项
（一）宣读上次校务会议记录，并报告决议案执行情况。
（二）主席报告。
（三）各单位工作报告（均附书面资料）。
1. 教务处
2. 学务处
3. 总务处
4. 图书馆
5. 进修部

6. 会计室
7. 人事室

二、讨论事项

（一）案由：拟修订本校组织规程部分条文，报请讨论案。

（二）案由：本校××××会计年度经费稽核委员会××任期届满，依规定应予改选案。

（三）临时动议。

（四）散会。

例③：会议记录

××中学教职员工福利委员会××××年度第×次会议记录

时间：中华民国××××年××月××日（星期×）×午×时
地点：本校行政大楼第一会议室
出席：×××、×××、×××、×××、×××
列席：×××、×××
缺席：×××、×××
主席：×××
记录：×××
主席致辞：……
报告事项：

一、员工福利社本年××月至××月之业务报告。

二、本福利社因业务繁忙，自本年××月起增聘临时职员一名，报请追认。

决议：准予追认。

讨论事项：

一、为增进本校教职员工福利，特拟订本会新年度工作计划草案（如附件），报请讨论案。

二、拟动用上年度业务费结余金额新台币××万元，移作添购书刊及康乐器材之用，以充实员工同人精神生活，提请公议案。

决议：照案通过。

临时动议：

委员×××提：建议利用星期假日举办登山健行活动，以增进同人与眷属情谊，是否可行，提请公决。

决议：原则通过。并推请×××及×××两位委员负责筹办。

散会：×午×时×分

主席 ××× 记录员 ×××

2. 港澳地区会议文书

例④：香港会议通知（简易式）

××委员会第×次会议开会通知

××委员会定于××××年××月××日（星期×）×午×时在××署总部七楼会议室举行第×次会议，特此通知。

秘书 余××（签名）

分发名单

××组×××主任

××组×××工程师

……

××署××组

××××年××月××日

档号：OLA 4/08

例⑤：澳门召集书

（部门信笺）

召集书

根据澳门特别行政区立法会议事规则第十条a)项的规定，兹召集立法会议员于二零一四年一月二日（星期四）下午三时整，在立法会大楼地下会议室举行全体会议，议程如下：

1）引介、一般性讨论及表决《不动产的租金调整制度》法案；

2）根据立法会议事规则第一百五十四条的规定，审议第二常设委员会关于《2012年度预算执行情况报告》的意见书及表决有关决议案。

立法会主席

（签字）

×××

二零一三年十二月二十六日

例⑥：香港会议议程

××中学20××—20××年度第×次教务会议议程

日期：二零××年××月××日

时间：×午×时整

地点：二楼会议室

1. 开会词
2. 通过上次会议记录
3. 报告事项
4. 续议事项
5. 新议事项
   5.1 本年度结业嘉年华会的安排事宜
   5.2 更换膳食供应商的建议
6. 其他事项
7. 下次会议日期

校务书记：（签字）

×××

分发名单

×××
×××
×××

日期：二零××年××月××日
档号：……

例⑦：香港会议记录

××区议会
第24/97次会议记录

日期：××××年××月××日
时间：×午×时×分
地点：××民政事务处会议室
出席者：
梁××先生（主席）
陈××先生
郑××先生
张××先生
赵××先生
周××先生
钟××先生
邝××先生
李××女士
麦××先生
谭××先生
王××先生
黄××先生
列席者：

谭××女士	民政事务总署××民政事务专员
董××先生	拓展署××拓展处副处长
程××先生	香港警务处××区指挥官

贺××先生	香港警务处候任××区指挥官
魏××先生	房屋署总房屋事务经理（××区）
吴××先生	社会福利署××区总福利主任
林××女士	运输署高级运输主任（××区）
李××先生	教育统筹局首席助理局长（特别职务）
张××先生（秘书）	民政事务总署××民政事务处高级行政主任

缺席者：

徐××先生（因事离港）

沈××先生（因病告假）

任××女士（休假未返）

章××先生（因事告假）

陆××女士（未有告假）

1. 会议开始。

开会词

主席表示，由于旁听人数太多，会议过程会在演讲厅实时转播，供未能进场的人士收看。

通过上次会议记录

（××区议会文件第42/97号）

2. 上次会议记录按××区议会文件第42/97号所载修订后，获大会通过。

（王××先生于×午×时×分到席。）

报告事项

深圳市考察报告

（××区议会文件第41/97号）

3. 会上省览有关的文件。

前议事项

（××区议会文件第43/97号）

4. 会上省览有关的文件。

设置自动电梯连接××邨和××邨（上次会议记录第37段）

5. 魏××先生汇报，由于两个屋邨的设施都十分完备，房屋署最后决定不设置自动电梯连接两邨。

（谭××先生和黄××先生于×午×时×分到席，赵××先生则于下午三时到席。）

新议事项

老年退休金计划

（××区议会文件第44/97号）

6. 李××先生向与会人士讲解老年退休金计划。……李先生欢迎议员就计划提出意见。

7. 李××先生在响应议员的询问时，提供下述资料：

（a）……

（b）……

8. 议员普遍认为，拟议的老年退休金计划原则上可取。

9. 麦××先生、周××先生和王××先生建议先调整现有的各种高龄津贴，为最有需要的人士提供适当的经济援助。

10. 李××女士则主张及早实施老年退休金计划，以免政府因为要提高高龄津贴金额而加税。

11. 主席多谢李××先生出席会议。李××先生向提出意见的议员致谢，并表示会向政府和顾问公司转达他们的意见。

××巴士公司调高车费

12. 赵××先生认为××巴士公司去年的利润增幅比通胀率还要高，而且服务未如理想，实在没有理由大幅加价……

13. 主席补充说，××巴士公司应把卖地收入拨入发展基金，用以改善服务，不应把这部分的收入当作红利，分给股东。

14. 基于上述原因，赵××先生提出下列动议：

“××区议会反对××巴士公司加价。”

钟××先生附议。

15. 邝××先生说，赵先生的动议容易使人误以为××区议会盲目反对加价。因此，他提出下列修订动议：

“××区议会反对××巴士公司无理由申请加价。”

郑××先生附议。

16. 大会同意进行不记名投票。结果，邝先生的修订动议以9票赞成、3票反对、1票弃权，获大会通过。秘书会把大会的决议函告知交通咨询委员会。

（邝××先生于×午×时×分离席。）

（于×午×时×分开始休会十五分钟。）

一九九八年××区扑灭罪行委员会委员人选

17. 大会获悉，根据地区扑灭罪行委员会指引，每区委员须有半数或以上是该区区议员。因此，本区必须最少委任14名区议员加入××区扑灭罪行委员会。

18. 主席建议议员自行向秘书报名；如人数过多，则由××民政事务专员酌情决定。与会者一致赞成。

（会后补注：共有16名议员报名，名单已于××××年××月××日送交××民政事务专员考虑。）

其他事项

区节庆祝活动

19. 蓝鸟会提交的建议连同花车巡游路线图于会上分发各议员备考。（××区议会文件第46/97号）

下次会议日期

20. 下次会议定于××××年××月××日×午×时举行。

散会时间

21. 余无别事，会议于×午×时×分结束。

本会议记录于××××年××月××日正式通过。

（签名）
主席　梁××
（签名）
秘书　张××

××区议会秘书处
××××年××月××日
档号：HD 9/19A

（三）文章构成及写法

1. 台湾会议文书

（1）会议通知。台湾的会议通知可以一般性非公务文书形式发布，但例①属于公文，故以公文的标准格式发文。其文头部分与台湾公文标准格式完全相同。其基本构成要素及写作要点如下：

①标题。标题使用“发文机关（社团）+主题+文种”三要素式的结构撰写，比之仅用“会议通知”作为标题显得更为正式。

②受文者。受文者多为个人，书写形式为“姓氏+职衔+名字”，如“张委员××”；也可用“姓名+职衔或职称”形式，如“张××教授”。

③正文。正文部分由“主旨+说明”两大部分构成。“主旨”部分说明会议性质，并对受文者发出与会邀约；“说明”部分交代会议时间、地点及与会议相关的注意事项（例①为提案问题）。需要注意的是，会议日期通常应写明星期几。

④正副本发送范围。正本写明所有与会者，副本则为抄送对象。

⑤落款。落款以“职衔+姓名”形式撰写，其中“姓名”用签名章或直接签署。

（2）会议议程。会议议程通常可以有多种形式，台湾亦然。但不管用什么形式，会议议程都是由标题、会议时间与地点、正文（会议讨论及决定事项或活动事项）等部分构成。

①标题。标题通常写得较为详细，如例②用“发文机关+会议次序+会议主题+文种”四要素的形式。若议程是作为会议通知的附件的，则简略地用“议程”、“会议议程”即可。

②会议时间与地点。会议时间与地点分行列举。其中“时间”包括星期，这是其与香港的会议议程略有不同的地方。

③正文。正文最常见的是按照主席致辞、报告事项、讨论事项的次序分条写明需要在会上报告及讨论、决定的预定事项，如有临时提出的议程，则增加“临时动议”部分。若每一项内容较多，则使用分条列举的形式撰写。如例②中的“报告事项”、“讨论事项”就是分条列举。

当然，若会议时间较长，则可能还会有会间休息、茶叙、餐饮等环节，此时则可采用按时间段安排各项议程的形式撰写会议议程。这种写法与大陆的近似，可参考本章第三节“大陆地区常用公文写作”中“七、会议方案”的写法。

（3）会议记录。会议记录在台湾是较为重要的文件，位居例会的议程之首，除非有主席致辞，否则讨论、批准上一次的会议记录往往是会议的首要之事，不仅如此，会议记录还要正式编号归档。

会议记录的基本结构包括标题、会议时间及地点、与会者及工作人员、正文、签署等。其基本构成要素及写法如下：

①标题。会议记录的标题一般各项要素都写得比较齐全。如属例会，

则标题通常是由“开会机构+会议时间（年度）+会议次序+文种”构成，如例③。

②会议时间及地点。会议时间及地点的写法与会议通知、会议议程相同，即时间包含星期几。

③与会者及工作人员。这一部分内容通常用分条列举的方式记录。其内容为：出席者名单、列席者名单、缺席者名单、会议主席、记录员。

④正文。正文通常按照议程的顺序逐一记录。但与会议议程不同的是，会议记录除了记录每项议程外，还需记录该项议程讨论的意见、表决的结果、形成的决议等。如例③中“报告事项”的第二条就记录了其表决结果为“准予追认”；“临时动议”一项，形成的决议是“原则通过”等。

需要注意的是，如要记录讨论者发表的意见，通常有原文记录或撮要两种形式，可视讨论问题的重要性选用其一。一般而言，以撮要式写法为常见。此外，台湾会议记录还须在正文结尾专门标明散会时间。

⑤签署。正文之下，会议主席和记录员均需签名确认。经过上述程序完成的会议记录，通常需在下一次例会上由全体与会者讨论通过，而后方可归档。

2. 港澳地区会议文书

（1）会议通知。港澳地区的会议通知，有使用非公文形式者，如例④；也有以正式公文形式发布的，如例⑤。其基本构成要素，大致可分为文头、标题、正文、签署、其他项目等。其基本构成要素及写作要点如下：

①文头。文头部分，澳门使用事先印制好的含有特区区徽、发文机关名称的标准公文文头；香港则可以无文头。

②标题。香港的标题可使用“发文机关+会议次序+文种”三要素式的写法，如例④；澳门的标题因已有公文文头，故仅有文种即可，如例⑤。需要说明的一点是，澳门的“召集书”是专门用于召集团体成员开会的。

③正文。正文有两种写法：第一种写法包含会议时间、地点和会议议程三项内容，如例⑤，这种写法通常用于给本机构成员发送会议通知。第二种写法是只有会议时间、地点，有时会加上会议主题，这种写法除了可以通知本机构人员开会外，还有一个用途，就是可用于向其他机构或私人发送会议通知。

还有一点值得注意，一般而言，正文如使用第一种写法，即会议通知中包含了议程，则不用再发会议议程文件；反之，若发送会议议程文件，则可省略会议通知中的议程部分，以免内容重复。

④签署。港澳地区会议通知的签署部分各有特点：香港会议通知由秘书签名，如例④；澳门则既有发文机关首长职衔、签名（签名章），又要在签名之下打印签署者姓名，其下再加上发文日期，如例⑤。

⑤其他项目。香港会议通知由签署者签名之后，其下还有不少其他项目，依次为：分发名单（即受文者、与会者名单）、负责拟制会议通知的部门或组别、发文日期、档号（归档编号）等。

（2）会议议程。会议议程在香港属于政府公文，一般由标题、会议时间及地点、正文、签署、其他项目等构成。其基本构成要素及写作要点如下：

①标题。标题一般各项要素都写得比较齐全，如属例会，则标题通常由“开会机构＋会议时间（年度）＋会议次序＋文种”构成，如例⑥；也可使用“发文机关＋会议次序＋文种”三要素式的写法。

②会议时间及地点。这一部分分三行写明开会日期、时间、地点。

③正文。正文通常视内容而定，但一般会包括以下内容：通过上次会议记录、报告事项、前议事项（亦称“续议事项”）、新议事项、其他事项、下次会议日期。

通过上次会议记录：除首次召开或只举行一次的会议外，一般会议在正式议事之前，会先讨论是否通过上次的会议记录。

报告事项：凡无须讨论的事项，都应归入报告事项。报告事项较多时，可分条列举。

前议事项：指上次会议未办理完毕的事项，主要记录上次会议记录所提事项的跟进行动、工作进展等，或上次会议尚未讨论完毕而须在本次会议继续讨论的事项，都集中记录在这个项目之下。不论是有待跟进的还是需要继续讨论的，都要一一分条列举，加上标题，并注明上次会议记录的段号。

新议事项：指新列入本次会议议程的事项，这类事项通常也应逐一列举，并加上标题。其排序为重要者在前，次要者在后。

其他事项：其他事项是为方便讨论与会者在会上临时提出的、来不及列入议程的动议而预留的一个环节。凡是没有被列入议程，只是在开会时临时提出讨论的事项，都集中记录在这个项目之下。每条事项都应分开记录，并加上标题。

下次会议日期：如果属于例会，日后还要继续召开会议，则须设立此项，以便在会上议定下次开会的时间、地点。但是，仅举行一次的会议可省略此项。

正文写作还应注意以下问题：首先，会议议程的项目并非一成不变，可以因应会议需要而有所增删（如例⑥增加了第一个环节“开会词”，有的则会有“散会词”）；其次，如有需要，可在有关议程项目下注明应邀前来讲解或参与讨论商议的人士的姓名及身份。

④签署。这部分应列明发文者的职衔并签名。

⑤其他项目。签署之后，会议议程还会有其他项目。这部分内容与会议通知相似，包括分发名单、负责拟制会议议程的部门或组别、发文日期、档号等。

（3）会议记录。会议记录在香港仍是法定公务文书，因此每次例会的首要事项往往就是讨论通过上次会议记录，并须编写档号存档。

会议记录的构成要素及撰写要求与会议议程大体是相同的，但会议记录的构成要素更多，可分为标题、会议时间及地点、与会者情况、正文、通过日期、签署、拟制机构名称、发文日期、档号等，如需将副本抄送给其他受文者，还可加上副本抄送机关名称或受文者姓名。这些要素的写作要点如下：

①标题。标题的写法与会议议程相同。

②会议时间及地点。会议时间及地点的写法与会议议程相同。

③与会者情况。与会者情况包括出席者、列席者、缺席者。列席者除列举出其姓名外，通常还须写明其身份（包括其工作单位及职衔）；缺席者则可写明其缺席原因。此外，如果缺席者中途到会或与会者中途离开，也可一一记录在案，如例⑦。

④正文。正文按照会议议程所列各项逐一记录，如例⑦分别记录开会词、通过上次会议记录、报告事项、前议事项、新议事项、其他事项、下次会议日期等。此外，比之会议议程，有的会议记录还会记录“散会词”，以及最后的“散会时间”等。

正文各部分写作时应注意：

各个商议事项，如有表决，要记录表决结果或最终决定；如属跟进事项，要记录最后结果。如例⑦第2项记录“通过上次会议记录”的决定、第5项记录跟进上次会议未解决事项的结果是“房屋署最后决定不设置自动电梯……”等。

每一议题项目如附有文件，须注明文件编号和文件于何时发送，如例⑦中的第 2 项列明所附文件及其编号。

如有必要，写明就某一议题进行讨论时与会者的意见。如例⑦第 8 项记录“议员普遍认为……”、第 9、10 项记录麦 × ×先生、李 × ×女士等议员的意见等。

如有临时动议，也应在“其他事项”中详细列出，并加上标题，同时记录针对该议题的意见、结果。如例⑦第 19 项记录“区节庆祝活动”的结果——分发“蓝鸟会提交的建议”等材料供议员审议——自然地，最后的审议结果要到下次会议才能决定。

要记录会议议决的下次例会时间（只开一次的会议可略去此项)。

最后，须记录散会时间。

⑤通过日期。这一项是会议议程没有的。一般是先预留年、月、日等的位置，待下次会议通过本次会议记录并经主席、秘书签署确认后再填写上去。因此，这个日期肯定会迟于位置在其下的发文日期。

⑥签署。会议记录一般由两个人签署：会议主席和会议秘书。但要注意：签署的时间不是会议开完之后立即签字。一般而言，在会议结束后，秘书通常会把会议记录的拟稿先行分发给与会人士审阅，以便收集修订建议，待订正整理后才在下次会议上提出，由出席者正式通过。通过后才交由会议主席和秘书签署确认。签署确认后才能具体填写上一项的“通过日期”。

⑦拟制机构名称。这一部分写明拟制会议记录的部门及其组别，如例⑦中的“× ×区议会秘书处”。

⑧发文日期。发文日期指该会议记录拟制完成后发送给与会者审阅的日期，即会后不久。这个日期肯定比“通过日期”要早。

⑨档号。档号为该会议记录的存档编号。

⑩副本抄送。有的会议记录在档号之下还会有副本抄送名单，这主要是用于发文给有关机构或会议缺席者的，以供其了解会议情况。这一项逐一写明受文者姓名或机构名称即可。

参考文献

1. 叶圣陶:《叶圣陶论创作》，上海：上海文艺出版社 1982 年版。

2. ［英］艾·阿·瑞恰慈著，杨自伍译:《文学批评原理》，南昌：百花洲文艺出版社 1992 年版。

3. 李良荣:《新闻学概论》，上海：复旦大学出版社 2001 年版。

4. 孙发友:《当代新闻写作学》，武汉：华中科技大学出版社 2002 年版。

5. 《党政机关公文处理工作条例》，中办发〔2012〕14 号。

6. 法定语文事务署编:《香港政府公文写作手册：公函》，香港：法定语文事务署 1997 年版。

7. 澳门特别行政区政府行政暨公职局编：《中文公文写作手册》，澳门：澳门特别行政区政府行政暨公职局 2000 年版。

8. 林安弘编著:《应用书信与公文》，台北：全华科技图书股份有限公司 2005 年版。

编写说明

本教材适用于高校文史类、管理类、经济类全日制内外招本科生，由暨南大学中文系、大学写作教研室全体同人共同编写。全书共八章，其中各章节的具体分工如下：第一章和第二章由罗执廷、聂巧平合撰，第三章由闫秋红撰写，第四章由盛永生撰写，第五章由罗执廷撰写，第六章由聂巧平撰写，第七章由花红艳撰写，第八章由倪列怀撰写。全部书稿经聂巧平主编统稿审定。